JIAZU CAIFU GUANLI XILIE LUNCONG
家族财富管理系列论丛

家族企业文化
JIAZU QIYE WENHUA

李繁 任黛藤 ◎ 编著

中国财经出版传媒集团
经济科学出版社
Economic Science Press

图书在版编目（CIP）数据

家族企业文化/李繁，任黛藤编著. —北京：经济科学出版社，2017.12
ISBN 978-7-5141-8861-5

Ⅰ.①家… Ⅱ.①李…②任… Ⅲ.①家族企业-企业文化-研究-中国 Ⅳ.①F279.245

中国版本图书馆CIP数据核字（2017）第320399号

责任编辑：杜 鹏 刘 瑾
责任校对：王苗苗 靳玉环
责任印制：邱 天

家族企业文化

李 繁 任黛藤 编著

经济科学出版社出版、发行 新华书店经销
社址：北京市海淀区阜成路甲28号 邮编：100142
总编部电话：010-88191217 发行部电话：010-88191522
网址：www.esp.com.cn
电子邮件：esp_bj@163.com
天猫网店：经济科学出版社旗舰店
网址：http://jjkxcbs.tmall.com
北京季蜂印刷有限公司印装
710×1000 16开 16印张 270000字
2017年12月第1版 2017年12月第1次印刷
ISBN 978-7-5141-8861-5 定价：37.00元
（图书出现印装问题，本社负责调换。电话：010-88191502）
（版权所有 翻印必究 举报电话：010-88191586）
电子邮箱：dbts@esp.com.cn

前　　言

家族企业是人类社会发展历史中出现最早的企业形式，也是当今世界普遍存在的一种企业组织形态。在现实经济生活中，家族企业分布十分广泛，它在世界各国经济发展中都扮演着重要角色，对世界经济发展起着重要作用。目前，中国家族企业正在面临双重挑战，其内部面临传承、转型等问题，外部与经济增长放缓等新常态相叠加，各种新情况和老问题交织，其中有制度原因、市场原因也有自身原因，使家族企业发展不容乐观。因此，重视家族企业问题的研究具有高度现实性和紧迫性，特别是中国家族企业的"短寿"现象引起了人们的关注，成为学术界研究的焦点之一。

家族企业文化是家族企业的精神支柱和灵魂，它引领着家族企业的发展方向，是在核心家族成员所拥有的价值观的指导下，在企业长期的生产经营实践活动中所形成的，被全体员工共同遵守的，具有浓厚的"家（家族）文化"色彩的价值观念、道德规范、行为准则及风俗习惯的总和。家族企业文化能够降低家族企业运行成本，提高家族企业绩效，并有利于家族企业核心竞争力的培育，是家族企业可持续发展的内在动力。特别是在家族企业生命周期的每个阶段，家族企业会面临不同的问题，家族企业文化所起的作用也会有所不同。我们只有正确认识每一阶段家族企业内外环境的特征，深入把握家族企业文化对企业的影响，充分发挥家族企业文化的功能，才能更好地促进家族企业可持续发展。

作　者

2017 年 12 月

目　　录

第一章　企业文化概述 ………………………………………………… 1

 第一节　企业文化的兴起与发展 ……………………………………… 1
 第二节　企业文化功能与地位 ………………………………………… 9
  案例思考　先给谁换 …………………………………………… 13

第二章　家族企业文化理论阐述 ……………………………………… 14

 第一节　家族文化与家族企业文化 …………………………………… 14
 第二节　家族企业文化发展问题 ……………………………………… 25
  案例思考　李嘉诚家族及其企业文化 ………………………… 28

第三章　家族企业文化与企业竞争力 ………………………………… 30

 第一节　家族企业文化能否提升企业竞争力 ………………………… 30
 第二节　家族企业文化促进企业可持续发展 ………………………… 42
  案例思考　华为的"狼性"企业文化 ………………………… 55

第四章　家族企业文化体系的构建与传播 …………………………… 57

 第一节　家族企业文化设计 …………………………………………… 57
 第二节　家族企业文化体系构建 ……………………………………… 87
 第三节　家族企业文化传播 …………………………………………… 98
  案例思考　茅忠群：方太"中学明道"的企业文化 ………… 122

第五章　家族企业文化建设的保障与评价 …………………………… 124

 第一节　家族企业文化建设的保障 …………………………………… 124

第二节　家族企业文化建设的评价 ………………………………… 138
　　　案例思考　"蒙牛速度"、"蒙牛奇迹" ……………………………… 155

第六章　家族企业文化传承、创新 ………………………………… 158

　　第一节　家族企业文化传承 ………………………………………… 158
　　第二节　家族企业文化创新 ………………………………………… 191
　　　案例思考　娃哈哈——笑到最后 ………………………………… 217

参考文献 …………………………………………………………………… 220

第一章 企业文化概述

第一节 企业文化的兴起与发展

一、企业文化产生的背景

企业文化理论是反映现代化生产和市场经济一般规律的新兴管理思想和理论。它是在经验主义管理、科学管理、行为科学管理的基础上，逐步演变产生的现代管理学说。人们在研究企业管理理论和实践的过程中，越来越清楚地认识到，对人的管理是现代企业管理的核心，现代企业管理的重心已经从过去对物的管理转移到对人的管理。"它在管理上以人为中心，重视文化和精神因素，运用新的思维方式和选择标准，但它并不忽视经济、技术因素的重要性"。企业文化理论是在科学技术迅速发展，生产过程的现代化、社会化水平不断提高，市场竞争日趋激烈的背景下发展起来的。

1. 国际经济关系变化使企业文化的融合和发展变成可能

在20世纪后半期，世界已经是一个空前开放的世界，表现在信息、科学技术、文化思想、市场、经营的开放等。世界上绝大多数国家都允许其他国家来本国投资，开工厂、办企业，并给予种种优惠条件。各国之间的关系也由高度重视政治关系逐渐转为重视经济关系，甚至不同的政治阵营也可以发生经济关系，政治对抗逐渐转为经济对抗，竞争也逐渐由政治领域转为经济领域。开放的世界，必然带来开放的视野、开放的思维，也带来不同民族、不同地域、不同国家、不同历史的文化大交流、大碰撞、大学习、大融合，企业文化也在文化的开放性和创新性中不断发展。

2. 新技术革命促进企业管理出现新趋向

第二次世界大战后，一场以电子技术为中心的新技术革命在西方发达国家中蓬勃兴起，微电子技术等的广泛应用，带来了社会生产的新发展和社会生活的新变化。世界范围内的科学技术新发展，突出了人和人智力的重要性。国际上的经济竞争将是知识的竞争、教育的竞争、人才的竞争、文化的竞争，突出表现在：人和人的素质受到重视；人的非经济需求——精神需求日趋强烈；个体员工增强了对企业的依赖性和归属感；人们消费观念的改变，使企业的生产经营与文化融为一体。新技术革命所带来的社会生产的新发展和社会生活的新变化，使企业管理出现日益明显的人文化趋向，从而为企业文化的形成奠定了基础。

3. 企业文化理论的兴起是管理科学不断发展的必然结果

从管理科学发展的过程来看，传统的管理科学已经不适应现代企业管理的需要，西方古典管理理论的奠基人泰勒的"科学管理"理论曾在管理思想发展史上占有重要地位，是人类第一次尝试以科学的、系统的方法来探讨管理问题，使管理由经验上升为科学，为现代管理科学的发展奠定基础。但是在实践中，科学管理的弊端逐渐显露出来，严重地影响了劳动生产率的提高，必然被新的管理理论所取代。在新管理理论学派中，行为科学理论适应了现代工业文明及新技术革命发展的需要，在20世纪60~70年代受到极大的重视，但行为科学也需要上升到新的高度，管理科学也需要进一步发展，企业文化理论的兴起就是管理科学发展的结果。

4. 企业文化的兴起是企业发展的内在需要

随着劳动生产率的提高，科学技术的进步，企业自身发展要求企业经营规模不断扩大，美国、日本的许多大企业实现了跨国经营，跨国公司、企业联合体、企业集团不断出现，导致企业经营的范围和分布空间越来越广。而各个国家、各个民族之间在文化上都有不同的差异，这就提出了不同文化如何协调、如何融合的问题。要想解决这个问题，泰勒的科学管理和行为科学都不能做出满意的回答，这需要建立一个共同的价值观念、共同的哲学思想、共同的奋斗目标、共同的文化氛围，企业文化正是适应了企业发展的这种内在需要，从而适时产生。

二、企业文化形成相关理论

企业文化理论源于美国和日本比较管理学热潮的兴起。企业文化理论的形成，起源于日本经济的崛起和美国的思考所引起的美国和日本管理学的比较。第二次世界大战以后，美国成为世界头号经济强国，而日本作为战败国政治、经济、文化都曾受到严重打击，几乎到处都是一片废墟，百废待兴。但就是在经济基础几乎为零的情况下，日本在20世纪60年代经济开始腾飞，70年代安然渡过石油危机，在不足20年的时间里，不但赶上了西方发达国家，而且一跃成为世界第二经济大国，创造了20世纪世界经济的一大奇迹。美国人在震惊之余开始思考日本人凭借什么来实现经济的恢复和崛起？是什么力量促使了日本经济的持续、高速增长？美国的经济增长速度为什么会远远低于日本？20世纪70年代末80年代初，美国派出了由几十位社会学、心理学、文化学、管理学方面的专家学者组成考察团，赴日本进行考察研究。沃格尔在谈到研究日本的目的和意义时，明确表示"是为了促进美国的复兴"。

美国专家学者的考察结果表明，美国经济增长速度低于日本的原因，不是科学技术落后，也不是财力、物力缺乏，而是因为美国企业的管理与日本企业的管理方式之不同。其中更深层次的原因，则是两国的文化差异，日本经济的崛起和腾飞，内在原因是在日本企业内部有一种巨大的精神因素在起作用，这个内在因素就是日本的企业文化、企业精神。日本人之所以如此成功，主要原因之一就在于他们能够在全国范围内维持一种十分强烈而又凝聚的文化。不仅是单个企业具有强烈的文化，而且企业界、银行界以及政府之间在文化上的联系也是十分强有力的，日本企业文化从总体来看表现为员工对企业的忠诚、强烈的团队精神，以及日本人所特有的拼命奋斗、自强不息的创新开拓精神等，日本企业在管理中经常培育职工的这些精神。不难看出，无论任何角度或层面都直接或间接地与日本这一因素相关，是日本的挑战重塑了美国企业文化的"管理革命"，是日本企业文化模式构成了美国的参照系和反思源。

企业管理新潮流的"四重奏"，标志着企业文化理论的诞生。美国学者通过对日本的企业文化实践经验的调查、总结、研究、分析，并进行理论上的概括，上升到理论高度，使之成为可以指导美国企业管理改革的管理理论。20世纪80年代以来，美国管理界接连出现四部关于企业文化的重要著作，被称为企业管理新潮流的"四重奏"。

（1）威廉·大内著的《Z理论——美国企业怎样迎接日本的挑战》。作者在美国和日本对比基础上详尽剖析了美国"A型"模式和日本"J型"模式，进而为美国企业勾画了一个兼有美国和日本所长的"Z型文化"新模式：长期或终身雇佣制；长期考核和逐级晋升制；培养能适应各种工作环境的多专多能人才；集体研究与个人负责相结合的决策；树立员工平等观念；企业以价值观为首要目标。

（2）查理德·帕斯卡尔和安东·尼阿索斯合著的《日本企业的管理艺术》。该书最大贡献在于提出了企业成功不可忽视的七个变量（"麦肯齐7S框架"），即战略（strategy）、结构（structure）、体制（system）、人员（staff）、作风（style）、技能（skill）、共同的价值观（shared values），这七个方面是导致企业成功不可缺少的因素，其中战略、结构和体制是"硬"性的；作风、人员、技能和共同的价值观，则是"软"性的，认为美国企业比较重视前者，日本企业则特别重视后者，注意到"来自社会内部价值观转变的挑战，这种转变使人们对企业抱有另外的期望，并想从工作本身寻求另外的意义"，日本企业充满活力、人文色彩浓厚的根源即在于此。

（3）泰伦斯·狄尔和爱伦·肯尼迪合著的《企业文化——现代企业的精神支柱》。这是第一部把企业文化作为系统理论加以研究的著作。作者认为，企业文化理论体系包括企业环境、价值观、英雄人物、仪式和文化网络五要素，其核心是价值观。该书中响亮地提出了"杰出而成功的公司大都有强有力的企业文化"的命题。该书从企业表层外部环境到中层组织系统、企业制度再到深层价值观念和心理态度，作了生动而全面的阐述，有较强的权威性。

（4）托马斯·彼得斯和小罗伯特·沃特曼合著的《寻求优势——美国成功公司的经验》（又译为《成功之路》）。通过对全美国62家最成功企业的调查和经验总结归纳出美式企业文化八大特征：乐于采取行动，接近顾客；自主和企业家精神；通过发挥人的因素来提高生产率；领导身体力行，以价值准则为动力；发挥优势，扬长避短；简化组织结构与层次；宽严相济，张弛结合。这八条似无惊人之处，但无疑都是以人为中轴的，彼得斯后来将上述八原则进一步提炼成三项："面向顾客"、"不断创新"和"以人为核心"足以说明这一点。到1985年美国的托马斯·彼得斯和南希·奥斯汀又推出了新作《赢得优势》。这几本书以其全新的思路、生动的例证、独到的见解和精辟的论述阐述了企业文化的理论。其后，日本和西欧各国也纷纷致力于企业文化的研究，由此逐渐促进了企业文化理论的形成和发展。

三、企业文化形成演化机制与发展阶段

企业文化的整个演化过程，既有内容的演化，又有形式的演化，企业文化内容的演化过程表现为企业领导和员工思维方式、行为方式的同质化（homogeneity）过程，企业文化形式的演化过程表现为企业文化逐步显性化的过程。企业文化的演化按其演化动力来源的不同可分为自然演化和强制演化，自然演化的动力来自内部，表现为企业员工对企业文化的影响过程；而强制演化的动力来自企业危机或外界压力，表现为企业上层对企业文化的革新过程。

1. 自然演化

自然演化是指企业文化在员工的共同劳动过程中逐渐形成和发展变化的过程。企业员工在从事一项组织工作时，起初并不知道怎样做是最有效率的，在他们面前有很多种选择。但是，随着时间的推移和工作的重复进行，他们逐渐从中找到一种比较有效的方式，通过团队学习，久而久之，他们有了一种重复的工作行为，对于在组织中应该怎么做，以及什么不能做，有了自己的体会和看法。当某种解决问题的方式可以持续有效地解决问题时，则该解决之道被视为理所当然。它起初只是被推论或价值观所支持，后来则逐渐不容置疑地成为真理，而人们在不知不觉中也认为这是解决问题最理想的方法。共同的经验和假设前提，导致一种集体层面的重复的行为模式。随着企业年龄的增长，企业越成熟，这些方面的同质性会越来越强。虽然企业员工的流动或工作中的偶然性发现会影响这种同质性，但是一旦新员工加入老团队，新方法为众人所接受，通过新员工本人的学习，以及其他员工做事方式对他的影响，其他员工对新方法的了解和模仿，这个团队将很快又变得同质化，这就是企业文化自然演化的结果。自然演化是一个企业的文化得以形成和传承延续的主要原因。

2. 强制演化

企业文化的自然演化是一个内生态过程，企业通过自然演化所形成的价值取向、工作方式最终还要受到内外部环境的影响。由于企业间竞争机制的存在，企业会通过和环境的动态交互过程，反思自己的思维方式、行为准则、价值观念等。当企业管理层发现他们的理念、行为与环境不相适应时，他们就会致力于自己理念和行为的改变。在这种情况下，企业往往会通过新的文化理念的倡导、公司战略的调整、组织结构的重新设计、业务流程的重组等行为来打破企业文化的

自然演化进程，强迫改变原有的企业文化，以适应新环境的要求。这一由上而下强制改变原有的企业文化以适应环境变化的过程就是企业文化的强制演化过程。强制演化是一个组织的文化之所以得以变异和发展的主要原因。

演化理论认为，系统的演化过程，既带有随机性又具有系统性，系统的演化过程既有一定的不确定性又在很大程度上带有因果性。企业文化的演化过程也一样，由于系统内部成员之间的差异性和易变性，从而导致系统的选择结果具有不确定性，然而通过筛选机制生存下来的特征具有一定的惯性，也就是说，企业文化具有稳定性和遗传性。企业文化的自然演化过程强调企业员工自身的主导作用，在组织的分工协作过程中通过个体和群体的学习推动企业文化的形成与发展，它是一种由下而上的作用机制；企业文化的强制演化过程强调企业管理层根据外部环境的变化对企业文化演化路径所做的调整，它是一种由上而下的作用机制。两种机制相辅相成，共同推动着企业文化从一种状态演化到另一种状态。正因为这两种机制的存在，使企业在多变的环境中既能通过自然演化保持一致性，又能通过强制演化变异文化以适应环境的变化。

3. 影响企业文化演化的因素分析

分析企业文化自然演化和强制演化过程，可以看到，企业文化的演化受到多种因素的影响，从企业文化演化影响因素的主客体角度，大致可归结为作为企业文化主体的企业领导人和企业员工的变化，作为企业文化客体的企业长期渐变因素（企业的发展）和企业突变因素（企业关键事件）等四个影响因素，企业文化主客体的变化导致了企业文化的演变。

（1）企业领导人思想观念的变化对企业文化的影响。由于企业领导人拥有企业重大问题的决策权，因此，当企业领导人的思想观念发生重大变化时，往往会引发企业文化的变化，这时企业文化的演化以强制演化机制为主。企业领导人思想观念的变化有两种情况：一是原有企业领导人的思想发生变化；二是企业更换了领导人，带来了新的思想观念。企业领导人思想观念的变化会使得企业的追求发生变化，从而导致企业经营哲学、价值观念、思维方式和行为模式的改变。例如，企业领导人在企业发展到一定程度以后，意识到要进一步发展必须从以前的"人治"逐步走向"法治"，在这种思想的指导下，他就会通过一系列手段使员工认识到"法治"的重要性，并致力于企业制度的建立和完善以及"按章办事"的行为规则的形成，从而引发原有文化的改变，即企业员工素质或需求的改变对企业文化产生影响。企业文化的核心是存在于企业之中的共同价值观，因此企业文化的演变必然受到企业领导人和企业员工的价值观的共同影响。一般来说，在企业发展过程中，员工的素质会不断提高，企业员工的需求也会发生变化，并因而导致员工的价值观和追求随之变化，因而这个影响因素常常以自然演化机制作用于企业文化的演化。例如，在企业初创时期，员工由于对所要从事的工作理解不深，因而乐于接受领导的指示和关心，所以也乐于接受"能人至上"的文化；但是，随着员工素质的不断提高，他们开始喜欢接受挑战和需要有较大的自主权，自我意识不断加强，在这种情况下，"能人至上"的文化开始为员工所不喜，员工将通过各种方式表现出其不满，并最终导致企业"能人至上"文化的终止和尊重员工、信任员工的"授权文化"的诞生。因此，企业员工素质或需求的改变也会导致企业文化的变化。

（2）企业的发展对企业文化的影响。企业的发展主要表现为企业规模的扩大和经营范围的扩大。企业规模的扩大导致人员增多、企业组织结构变化。新人员的进入会带来新的观念，导致文化的多元化和变异的可能性；企业组织结构的变化，使得人与人的关系（责权关系、互动关系、团队精神等）以及做事方式发生改变，因此引发企业行为变化。经营范围的扩大（包括企业经营地域和企业经营行业的扩大）会带来新的经营要求，从而导致原有文化的不适应。一方面，中国幅员辽阔，各地历史文化、风俗习惯、经济形势以及当地政府的政策，区别甚大，不同地方的人有不同的性格和思维方式，对企业文化的内容会提出不同的要求。另一方面，不同的行业处于不同的内外环境中，客观上需要有不同的经营理念、行为准则和形象要求，从而会导致企业原有文化的演变。例如，当一个企业从国内市场走向国际市场时，其经营思路、经营准则和品牌塑造都会发生相应的改变。企业的发展是个长期渐变的过程，时间跨度较长，短期内看不出企业文化的明显变化，因而其对企业文化的影响常常表现为企业文化的自然演化。

（3）企业重大事件（内部或外部）对企业文化的影响。重大事件会在很大程度上改变企业的经营环境，形成企业突变过程，企业的突变会促使人们对原有的定位、经营观念和行为准则进行反思，因而引发企业文化的改变（通常以企业文化强制演化机制为主）。例如，在企业的发展过程中，主要顾客的流失、经营业绩的大幅度下降、企业流程再造（BPR）、企业的多元化经营、企业改制或上市、异地化经营、竞争对手重大的技术突破、重大的政策调整等内外部重大事件的发生，会使企业面临很多新问题，并因此将引发企业对原有经营思路、经营准则和经营行为的反思，从而导致企业文化的相应变革。除上述这些主要影响因素外，经济政治体制的变化、生产力发展水平的提高、社会风俗习惯的改变等也会对企业文化产生一定的影响，但这些不是企业文化演化过程中最主要的影响因素。

企业文化从默契文化状态演变到离散文化状态，以自然演化机制为主，通常随着企业的发展或企业员工素质和需求的变化而逐渐变化。从离散文化到形式文化，则通常是由于企业领导人认识的提高或企业重大事件促使企业反省而导致的强制演化。形成了形式文化后，能否进入到系统文化状态，不仅取决于企业领导人强制推行的力度、伴随着对企业重大事件的反思而导致的群体意识的改变程度，而且取决于员工对形式文化的认同程度和行为的固化程度，因此，从形式文化到系统文化，是领导者不断地强调和员工逐渐成为习惯的过程，是自然演化和强制演化共同作用的结果。具体如图 1-1 所示。

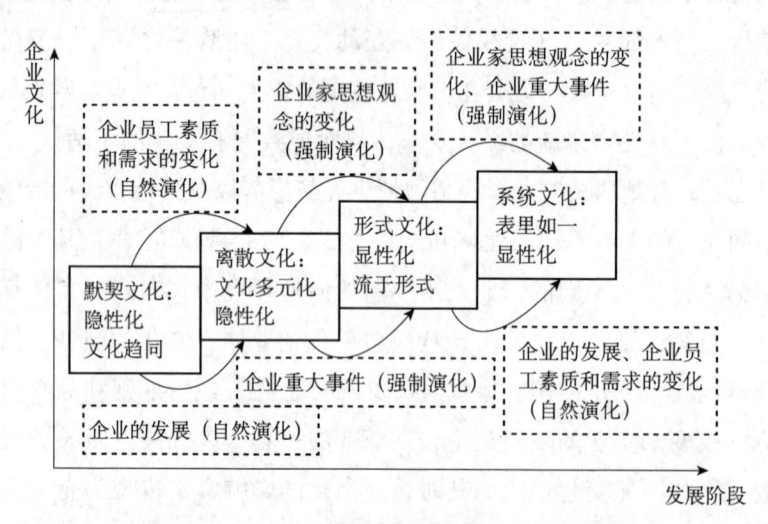

图 1-1 企业文化演化与影响因素之间关系示意

由于企业文化是由经营理念、行为准则、企业形象三部分构成的，因而我们可以从企业经营思想、群体行为、企业形象三个维度来判断企业文化是否发生了变化，由于它们总是和企业文化状态协同演变，因此，我们也把它们称为企业文化状态的判断因子。结合图 1-2，我们将企业文化从一种状态演化到另一种状态的过程归纳成一个模型。

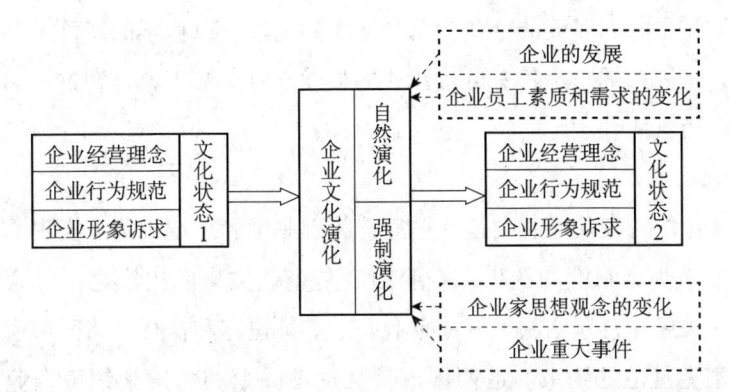

图 1-2　企业文化演化模型

该模型是一个解释组织演变过程的理论框架，将组织进化描述为一个相对长期稳定的阶段（均衡阶段），这些阶段会被相对短暂的重大变革所打断（革命阶段）。类似地，企业精神层面的演化也具有稳定阶段和变革阶段。企业文化的自然演化过程所形成的企业文化均衡状态，也可能是两种状态之间的过渡状态。它们会被短暂的变革阶段以强制演化的方式所打断。而纵观企业文化的整个演化过程，就是在企业文化演化影响因素的作用之下，通过自然演化和强制演化方式，从一种状态向另一种状态演化的过程，外显为企业文化状态的不断更迭。

第二节　企业文化功能与地位

一、企业文化功能

1. 导向功能

所谓导向功能就是通过它对企业的领导者和职工起引导作用。企业文化的导向功能主要体现在以下两个方面。

（1）经营哲学和价值观念的指导。经营哲学决定了企业经营的思维方式和处理问题的法则，这些方式和法则指导经营者进行正确的决策，指导员工采用科学的方法从事生产经营活动。企业共同的价值观念规定了企业的价值取向，使员工对事物的评判形成共识，有着共同的价值目标，推动企业的领导和员工为着他们所认定的价值目标去行动。

（2）企业目标的指引。企业目标代表着企业发展的方向，没有正确的目标就等于迷失了方向。完美的企业文化会从实际出发，以科学的态度去制定企业的发展目标，这种目标一定具有可行性和科学性。企业员工就是在这一目标的指导下从事生产经营活动。

2. 约束功能

企业文化的约束功能主要是通过完善管理制度和道德规范来实现。

（1）有效规章制度的约束。企业制度是企业文化的内容之一。企业制度是企业内部的法规，企业的领导者和企业职工必须遵守和执行，从而形成约束力。

（2）道德规范的约束。道德规范是从伦理关系的角度来约束企业领导者和职工的行为。如果人们违背了道德规范的要求，就会受到舆论的谴责，心理上会感到内疚。同仁堂药店"济世养生、精益求精、童叟无欺、一视同仁"的道德规范约束着全体员工必须严格按工艺规程操作，严格质量管理，严格执行纪律。

3. 凝聚功能

企业文化以人为本，尊重人的感情，从而在企业中营造了一种团结友爱、相互信任的和睦气氛，强化了团体意识，使企业职工之间形成强大的凝聚力和向心力。共同的价值观念形成了共同的目标和理想，职工把企业看成是一个命运共同体，把本职工作看成是实现共同目标的重要组成部分，整个企业步调一致，形成统一的整体。这时，"厂兴我荣，厂衰我耻"成为职工发自内心的真挚感情，"爱厂如家"就会变成他们的实际行动。

4. 激励功能

共同的价值观念使每个职工都感到自己存在和行为的价值，自我价值的实现是人的最高精神需求的一种满足，这种满足必将形成强大的激励。在以人为本的企业文化氛围中，领导与职工、职工与职工之间互相关心，互相支持。特别是领导对职工的关心，职工会感到受人尊重，自然会振奋精神，努力工作。另外，企业精神和企业形象对企业职工有着极大的鼓舞作用，特别是企业文化建设取得成功，在社会上产生影响时，企业职工会产生强烈的荣誉感和自豪感，他们会加倍努力，用自己的实际行动去维护企业的荣誉和形象。

5. 调适功能

调适就是调整和适应。企业各部门之间、职工之间，由于各种原因难免会产生一些矛盾，解决这些矛盾需要各自进行自我调节；企业与环境、与顾客、与企业、与国家、与社会之间都会存在不协调、不适应之处，这也需要进行调整和适应。企业哲学和企业道德规范使经营者和普通员工能科学地处理这些矛盾，自觉地约束自己。完美的企业形象就是进行这些调节的结果。调适功能实际也是企业能动作用的一种表现。

6. 辐射功能

文化力不只在企业起作用，它也能通过各种渠道对社会产生影响。文化力辐射的渠道很多，主要包括传播媒体、公共关系活动等。社会学家、《工会博览》杂志副主编艾君认为，计划经济、自由经济和有计划的商品经济所表现出来的企业文化现象是不同的。可以这样理解，自由经济下的企业文化是建立在追求物质财富的基础上发展起来的；计划经济条件下的企业文化往往带有意识主导物质的发展痕迹；而有计划的商品经济条件下的企业文化实际是建立在物质决定意识的基础前提下，同时又会受到来自上层建筑这种意识的制约的企业文化现象。

二、企业文化地位

一个企业仅仅有领先的高科技，并不一定就高速发展；高科技只有与优秀的企业文化相结合，才能产生理想的效果。微软的成功，在于比尔·盖茨较早地认识到了企业文化对企业发展的重大意义。

1. 增强企业的核心竞争力

企业文化的核心是精神文化。如果说企业制度创新能力、技术创新能力和管理创新能力从不同的方面对企业核心竞争力起着决定性作用的话，那么企业文化则渗透到上述各个方面之中，为提升企业核心竞争力提供精神支持。众所周知，海尔用了仅仅20多年的时间，就从一个接近倒闭的集体家电小厂发展到现在的国际跨国大公司，其成功的关键就在于它的独特先进的企业文化。在它独有的"人单合一双赢"的文化模式下，每一个员工都成为自己的CEO，每一个人都有自己的创新空间，每一个人都必须具备自己创新的能力，每一个人不是为了产品本身而是为了满足消费者需求、梦想而创新，并通过创新实现自我价值、自我梦想。海尔的超速发展与壮大，得益于以创新为典型特征的海尔文化。海尔的企业文化已经成为支撑它过去、现在和未来的竞争优势，并使它在激烈的竞争环境中取得了引领全球家电发展趋势的核心能力。

2. 提高企业的品牌效应

在知识经济时代，知识、技术这些无形资产正在成为推动新世纪经济发展的主要动力。面对当前日益严峻的竞争形势，企业要生存发展壮大，其实力正越来越取决于它所掌握和拥有的独特而先进的企业文化这一无形资产。而产品品牌就是其十分重要的一环。企业通过持之以恒地培育企业文化，就会在员工心目中，形成讲质量、讲品牌的自觉行动，形成人人关心品牌的氛围，自觉维护品牌的形象，为企业品牌影响力的不断扩大提供强有力的精神文化支撑。

3. 全面提高职工素质

人是企业发展的最关键性因素。启动一个企业，要从启动人开始。可以这样说，没有人的发展，就没有企业的发展。同样，没有职工队伍的素质，也就谈不上企业文化。职工素质是企业文化的重要内容，职工素质上去了，企业的创新能力、竞争能力才能不断增强。不论是抓品牌还是抓管理，都是为了提高职工队伍素质，为了抢市场、创效益，更重要的是培养职工开拓进取、积极向上的精神，培养职工敬业爱岗、甘于奉献的精神，培养职工勤学苦练、勇于创新的精神，培养职工遵章守纪、热心服务的精神。有了这些精神，企业就会立于不败之地。

4. 更好地树立企业的形象

每个企业都有自己的形象。企业在生产经营过程中，实际上就是在培育企业文化，创立有自己特色的企业文化。同时也是企业宣传自己形象的过程。企业环境建设是企业文化的重要组成部分，而环境建设又是企业形象的突出表现。所以说，环境建设的过程就是企业形象树立的过程，也是企业文化对企业形象作用的过程。当前，很多企业之所以十分重视厂区的美化、绿化、净化，是因为这不仅仅是树立企业良好的环境形象，从企业文化这个角度来看，环境形象好，体现了管理水平高；管理水平高，产品的质量就有保障，用户就放心；环境形象好，体现了一个企业的精神风貌，它象征着这个企业蓬勃向上勇于进取；环境形象好，让人们感到舒心舒适，增添工作热情，增加企业的凝聚力。综观世界500强企业，它们都十分重视企业的环境建设。加强企业环境建设，可以向社会展示企业良好的形象，扩大企业在社会中的影响，这是企业宝贵的资源和财富。

企业文化是在企业管理不断创新的过程中概括、总结、提炼而成的产物，是为企业管理服务的，企业管理是企业文化的一种强有力的措施和手段，当今时代，企业管理模式从经验型向文化层面飞跃，从过去的生产现场组织到以人为本，以文化力推动生产力水平的提高并最终推动企业的发展，这已成为现代企业管理的潮流。因此要强化企业文化力在企业经营管理中的作用，发挥企业文化的渗透作用，促进企业文化与企业发展战略、市场营销战略的有机结合，实现制度与文化理念的对接，使员工既有价值的导向，又有制度化的规范，推动企业管理水平不断提升。

企业文化是一种隐形的生产力，是现代企业管理的重要手段和持续发展的不竭动力。企业文化具有导向作用、凝聚作用、激励作用、规范作用、社会影响。企业在具备了较先进的企业文化后，企业内部才会具有较强的凝聚力、吸引力、竞争力和外在的公信力，企业才能快速发展，而这些动力的形成恰是良好的企业文化。

案例思考

先给谁换

走进任何一家南方李锦记的分公司，都会发现，所有员工桌面上的电脑显示器全是液晶的，因为液晶显示器没有辐射，不伤眼睛，还能节省办公空间，提高工作效率。所以公司在2003年决定，把原来的普通显示器全部换成液晶产品。由于当时液晶产品还没有大规模上市，需要分批购买更换。那么，先给谁换呢？是老总、总公司员工，还是一线人员？

按照一般企业习惯，从上到下的顺序是"老板、管理层、员工、顾客"。但是，南方李锦记认为：优质的顾客来自优秀的员工，一切销售目标都是靠前线销售队伍完成的。南方李锦记的企业意识形态是一般习惯的翻转，是"顾客、员工、管理层、老板"。因此，第一批液晶显示器给了业务部输单组，这些最一线的同事需要一天到晚对着电脑工作，还经常加班加点；第二批更换显示器的是各地分公司，它们直接面对市场、消费者和业务伙伴；第三批换的才是总公司其他各部门的员工。

资料来源：李雪松，载于《中外管理》2014年第3期。

问题：用你学习过的企业文化基本理论分析南方李锦记的做法反映出什么样的企业价值理念？

第二章　家族企业文化理论阐述

第一节　家族文化与家族企业文化

一、家训与家族文化

家庭是社会的细胞，家庭稳定则是社会稳定的基础。古往今来，有无数思想家从社会稳定、社会发展的高度来探讨、研究家庭问题。历朝历代，都存在着大量社会问题，而其中有不少都是由家庭问题引发的。因此，重视家庭问题、研究家庭问题，事关整个社会的发展稳定。

促进家庭稳定和幸福的因素有许多。其中，家训就是一个重要的因素。家训是中国家庭教育的优良传统，是中国家庭教育的方法之一。关于家训的说法很多，有人做过统计和专述，有包括家范、家戒、家教、家规、家法在内不下 70 种说法，然而其中被使用得最为广泛的还是"家训"。

1. 家训文化的发展历程

中国的家训文化可分为萌芽期、发展期、成熟期、衰败期、蜕变期，但不管是在哪一个时期，家训都离不开对子女的教育。中国的家训文化可谓源远流长。家训最早出现，是通过父母对子女的当面训诫来体现的。父母对子女面对面的训诫，用文雅的词来说，就是"庭训"。"庭训"典出《论语·季氏》，讲的是孔子当面训诫儿子孔鲤的故事。由此，"趋庭"、"鲤对"、"庭对"也成为中国家训文化的代名词。后来，中国的家训通过书信、训词和遗嘱等形式传递；再后来，家训又通过制定完整的家规、家约、家范来体现，形成了家庭内部所有成员的行为准则。中国的家训文化从一开始就有着明确的指向。综合起来，它有以下几项基本功能：训导教育子女成人成才。这是家训最基本的一个功能。前文说到周公戒子、孔子庭训，都体现了这一点。

2. 实行家庭的自我控制

任何一个家庭都不是孤立的。它作为社会细胞、社会的基本单位，必须接受来自外在的社会控制。这种社会控制包括法律控制、行政控制、道德控制以及习俗控制。同时，为了维护家庭内部的稳定、调整和处理好家庭内部关系、将子女培养成人，使家庭得以承继和绵延，还必须有家庭的内在控制及家庭的自我控制。这种自我控制的一个主要方面，就是通过家训（包括家规、家约、家范等），以口头或书面的各种形式来体现，从而起到对子女、对全体家庭成员的教育、引导和约束作用。

3. 确立良好的家风

家风是指一个家庭的传统风习，是人们在长期的家庭生活中逐渐形成和世代沿传下来的生活作风、生活习惯、生活方式的总和。家风的形成，是家庭长辈和主要成员潜移默化的影响和教诲的结果，而家训和家风有着密切的联系。隋朝初年的颜之推在《颜氏家训·治家篇》中说过这样一段话："夫风化者，自上而行于下者也，自先而施于后者也。是以父不慈则子不孝，兄不友则弟不恭，夫不义则妇不顺矣。父慈而子逆，兄友而弟傲，夫义而妇陵，则天之凶民，乃刑戮之所摄，非训导之所移也。"在这里，作者强调了家风引导和家庭中长者、尊者的表率作用的重要性。在近现代，江南钱姓家族人才辈出，若星河灿烂。这和其先祖制定的《钱氏家训》并代代相传、恪守不移、形成良好的家风是分不开的。

辩证地看待和批判地继承历史文化传统固然是不应被忽略的必要步骤，但如果凡此种种讨论最后只是得出一个类似"国人议论未定，孝道仍在滑坡"这样的结论，就颇令人堪忧了。孝道文化是中国家训文化的一大亮点，它对于子女的教育、成才，对于家庭成员互尊互爱、和睦，对于优良门风的确立、传承，都有着不可替代的作用。那么，它在经典著作及其流转中有哪些体现呢？又如，隋唐五代是中国古代家训文化的成熟时期。其标志就是出现了由颜之推撰写的中国第一部专门的、成本的、完整的家训著作《颜氏家训》。它对后世产生了极大的影响。到了宋元明清，家训文化进入繁荣时期，先后出现了北宋司马光的《家范》、南宋袁采的《袁氏世范》等。这些专门的、成本的家训，内容涉及家庭生活的方方面面。但总体而言，孝道都在这些家训著作中占据了重要的位置。颜之推在《颜氏家训·教子》中说："父母威严而有慈，则子女畏慎而生孝矣"，"父子之严，不可以狎；骨肉之爱，不可以简。简则慈孝不接，狎则怠慢生焉。"《颜氏家训·勉学》中有言，"孝为百行之首，犹须学以修饰之，况余事乎！"司马光在《家范》中则说，"父慈而教，子孝而箴，兄爱而友，弟敬而顺，夫和而义，妻柔而正，姑（指婆婆）慈而从，妇听而婉，礼之善物也"。袁采在《袁氏世范·睦亲》中提出，"为人父者，能以他人之不肖子喻己子，为人子者，能以他人之不贤父喻己父，则父慈而子愈孝，子孝而父益慈，无偏胜之患矣"。又说，"人之孝行，根于诚笃，虽繁文末节不至，亦可以动天地、感鬼神"。

在以上这些关于"孝道"的论述中，有一点很值得重视，那就是，他们都认为，孝道是父母和子女双方的事情，而不是做子女的单方面地行孝。中国"孝道"大都强调了父子间双向的良性互动，盖因有此双向互动，父慈才能子孝，子孝而父益慈。这里面讲究父母对子女的严格要求，强调父母长辈在孝道文化中必须以身作则，按父母的角色规范在家庭生活中为子女树立榜样，如前文所引《颜氏家训》中的"父母威严而有慈"所示，这句话将"威严"与"有慈"并立。换言之，其所讲的父母对孩子的威严和慈爱从来不是对立的，而是互为一体的。这样的家训，这样的孝道文化，有着积极的意义，是值得提倡的。

无可否认，在中国不同的历史发展时期，无论是在统治阶层还是在民间，都出现过提倡孝道过头、使孝道文化呈现出其消极一面的情况。从这个意义上讲，我们在一定时期对中国孝道文化进行批判也是可以理解的。但是，正如对孝道文化的倡导有时会过头一样，我们对孝道文化的几次猛烈批判也早已被历史证明是过头了。过头到现在我们要"挽狂澜于既倒"，重建孝道文化在今日几乎已成相当艰难之事。如今，在父母膝下尽孝几成渴盼而不可及之事，以至于"常回家看看"到了要入法的地步。而用法律来约束本应归于伦理道德范畴的孝道究竟是否合适，是值得讨论的。

《诗经·大雅·既醉》有言，"威仪孔时，君子有孝子。孝子不匮，永锡尔类"。这是一句将孝子和家族的幸福美满紧密联系在一起的祝愿之辞。但这只是一句祝愿吗？历史已一次又一次证明，在中国，孝道文化是检验和测量社会精神文明程度的试金石，孝悌也是社会和谐、家庭和睦的基础。只要人类存在一天，家庭和社会对孝道文化的提倡就不该须臾离开。然而令人遗憾的是，至今我们还在要不要继承中华民族的孝道文化这个问题上争论不休；还在衡量中国古代的孝道文化里，究竟是积极因素多一点，还是消极因素多一点。

从中华民族孝道文化的式微以及当下社会上存在的各种家庭伦理困境，我们不难看到，中国历史上的家训文化对家庭建设是有重要作用和积极意义的。中国家训文化的起源虽然很古老，但中国家训这一形式及其所能承载、体现的功能并没有过时，也不会过时。它对我们今天的家庭建设依然可以具有重要的引导和教育作用。与时俱进地介绍并继承中国家训文化及其优良传统，该是新时期家庭建设的题中应有之义。

中国文化的传承是家庭、社会、文化三位一体。在家国同构、差序格局的文化、社会布局下，家庭成为文化传承的最主要载体。家庭传承文化，主要方式通过初级承传得以实现。这表现为早期的文化启蒙和社会化，其中最突出的便是家训。"人必有家，家必有训"的中国家训智慧内容十分宽泛，包括家庭生活、言行举止、个体修身、交友处世，乃至出仕从政、建功立业等各个方面。家训的作用集中地表现在两个方面：一是家训所代表的家庭教育形式成为当时教育的主流形式；二是家训所涵括的教育内容成为当时教育的主要内容。而无论是家训中的内容还是作用，其中特别注重的"秩序"成为文化传承的关键。文化为社会提供了价值系统，为人们做出这样的规范：什么东西可以追求，什么东西不可以追求；也为社会中的人群提供规章、制度：什么是应该的，什么是不应该的。这些规范、规章、制度，一般来讲都具有一定的约束力，可以满足人群的生存与生活之需要，并以此为社会提供秩序的基干。古人对家训的重视，与他们对社会秩序的体认有关。《周易》的《序卦》篇中说，"有男女然后有夫妇，有夫妇然后有父子，有父子然后有君臣，有君臣然后有上下，有上下然后礼义有所错。"在先秦时代的古人看来，先确立家内秩序，才能建立政治秩序和社会秩序，因此，规范家庭成员的言行、维护家内之礼，才能拥有正常的社会秩序。《礼记·大学》篇中认为"欲治其国者，先齐其家，欲齐其家者，先修其身"，古人不但强调家族社会地位的稳固，也重视良好家风的维护，就是基于这种社会责任。中国社会是由中国文化塑造而成的，中国社会之所以为中国社会，就是因为中国文化长期存在的缘故。直到今天，中国社会还在受到中国传统文化的深刻影响。中国传统文化中形成长久而广泛影响的文化素质便是中国的文化传统，这些文化传统通过家训一代一代地传承下来，构成了中国传统社会文明秩序的基干。

二、家族企业文化内涵

中国传统文化经过数千年的制度强化，所产生的社会心理积淀使整个国家的上、中、下各层对传统文化达到很高的共识度，对人的心理、行为及企业的组织模式和经营活动都产生着重大影响。"家文化"体现了中国传统文化的突出特征，是中国家族企业的核心。大量中西方文化的比较研究表明，中国人"家"观念之重，"家文化"积淀之厚，"家文化"规则对中国人的社会、经济、政治等各方面的活动影响支配之大，同时也对家族企业文化的形成而具有重大影响。

但随着中国企业管理与世界接轨，以中国传统文化为基础的家族文化正受到来自现代企业管理文化的挑战。在商业竞争中如何化解文化差异冲突，融合先进理念，保持家族企业文化活力，已经受到越来越多的关注。

一般认为，我国家族企业是在家（家族）文化的根基上完成其企业文化构建的。中国是一个家（家族）文化传统极为悠远与厚重的国度。在中国传统文化中，家是一种具有超常稳定性的社会存在，长期处于伦理道德形态的中心位置，这使得中国文化具有鲜明的家本位特征。家不仅是传宗接代之所，而且是生产和社会生活的基本单位。家（家族）文化构成了中国传统文化结构的基石和核心。

根据中国台湾学者杜正胜的看法，家族包含着家与族。家是指家庭，是由同居共财的亲近血缘群体构成。族则是指家族与宗族。自春秋晚期以后，家族的范围大体以五服为界，至于五服以外共远祖之同姓，是为宗族。族在说文中从㫃从矢。㫃是一群人的标示，矢是谋生的工具或防卫的武器。由于族是以血缘因素作为原始群聚前提的，当群居扩大化及复杂化后，渐渐以姓氏作为区分族群的标示。此时，族实际上已经表现为家的扩展与延伸。徐扬杰（2014）在中国家族制度史中提出，中国的家族制度产生于原始社会末期，共经历了先后承继的四种不同形式，包括原始社会末期的父家长制家族、殷周时期的宗法式家族、魏晋至唐代的世家大族式家族以及宋以后的近代封建家族。中国家族制度演化发展的轨迹清晰完整、源远流长。与其他任何文化所不同的是，中国的家（家族）文化具有极强的渗透力和持续的影响力。这是因为中国传统社会的经济是在以农业为基础、以自给自足为特征的小农经济条件下发展起来的。这种经济的发展打上了儒家传统文化的深刻烙印。在士、农、工、商四大阶层中，农居于仅次于士的位阶上。长期的重农轻商，使中国经济具有鲜明的封闭性和凝滞性。正是这种生产模式造就了长期稳定的以家族为单位，以血缘为纽带的内生的经济关系。家（家族）文化之根已深植于中国人的血脉之中。

（1）家（家族）人伦。以血缘为纽带形成的家庭——社会人际关系网络在人与人的关系上，中国人注重人伦。我国著名的社会学家费孝通先生曾经在《乡土中国》一书中提出著名的差序格局论。他认为，在差序格局中，社会关系是逐渐从一个一个人推出去的，是私人联系的增加，社会范围是一根根私人联系所构成的网络。这一社会关系的网络是以血缘关系为基础形成的。更具体地说，它是根据生育和婚姻事实所发生的社会关系，从生育与婚姻所结成的网络，可以一直推出去包括无穷的人，过去的、现在的和未来的人物，基于此，这个网络像个蜘蛛的网，有一个中心，就是自己。以己为中心，像石子一般投入水中，和别人所联系成的社会关系，不像团体中的分子一般大家是立在一个平面上的，而是像水的波纹一般，一圈圈推出去，愈推愈远，也愈推愈薄。费孝通先生认为，从自己推出去的和自己发生社会关系的那一群人里所发生的一轮轮波纹的差序就是伦（人伦）。中国人对血缘的重视，延展到了整个社会，决定了中国人的社会生活和人际关系。传统中国社会的人际关系正是在以父系主导的血缘关系基础上形成的立体关系网。

（2）家（家族）生活。以和合为核心推进的家（家族）欢欣生活。中华民族是一个崇尚和合的民族。和合文化源远流长，也深深渗透于家（家族）文化之中。孔子以和作为人文精神的核心，强调礼之用，和为贵（论语·学而）。孟子曰，天时不如地利，地利不如人和（孟子·公孙丑下）。荀子（荀子·礼论）则进一步提出，故人之欢欣和合之时，则夫忠臣孝子亦惮诡而有所至矣。注重和合，是中国文化乃至中国人的特性。钱穆先生认为，融会协调，和凝为一，这是中国文化精神的一个重要特性。文化中发生冲突，只是一时之变，要求调和，乃是万世之常。认为中国文化的伟大之处，乃在使冲突之各方兼容并包，共存并处。这种和合文化使得中国人的家庭生活具有强大的内聚力。

（3）家（家族）治理。以父系家长制为特色产生的家（家族）控制体系。在中国长期的封建社会中，家庭作为最基本的社会组织，是以父系家长制为中心的。作为一家之主，家长不但是家庭生产的组织者、家庭消费的分配者，更是家庭的真正主宰，拥有支配家庭财产以及支配妻子儿女的绝对权威。

（4）家国关系。以家天下为归依诞生的家国同构的政治文化范式。儒家的治国理念是由家及国形成的。大学道：古之欲明明德于天下者，先治其国。欲治其国者，先齐其家。欲齐其家者，先修其身。儒家把身、家、国、天下看成是一个相互贯通的大系统。在家国同构的宗法制度下，家是缩小了的国，国是放大了的家。通过化家为国，将家庭伦理情感转化成国家政治道德观念，并将各种可能出现的个人独立意志消弭于无形。在家国同构的治理模式下，一方面，人治的特征渐次形成；另一方面，进一步强化了整体本位的价值观，先由家庭（家族），继由社会逐渐湮灭了个人，使个体的权力和自由受到了极大的限制和压缩。

（5）传统文化下的家族企业文化内涵。我国的家族企业基于独特的中国文化根基。中国文化可以说是一种"家文化"，这种文化从理论上讲特别适合家族企业的生存和发展。家族企业是在"家族"的基础上产生的"企业"，它的核心仍然是一个"企业"。企业是存在于一定的社会环境中的企业，企业文化是社会文化的一个有机组成部分，在中国作为一个以家庭为本位的国家，文化几乎都从家族观念上筑起。海外华人创办的企业几乎无一例外是家族企业形式。我国的家族企业植根于以血缘、亲缘、地缘为纽带的亲情主义，其文化具有浓厚的"家天下"的思想。社会结构的基本特征是"差序格局"，即传统中国的人际关系是以血缘为序列、以父子为经、以兄弟为纬的立体关系网，家族企业在组织形态上正是传承了中国的这种传统方式。

家族企业主个人的文化素养和思想境界对企业文化起主导作用在现代的市场竞争中，家族企业主具有的良好的经营境界是非常重要的。特别是在风险、投资、决策三权高度集中在家族企业主手中的情况下，一个家族企业主能否自觉地提高自身修养和素质，用美好品德和才华去凝聚人心，打造一个无坚不摧的团队精神，能否善于学习借鉴和超越别人的经验，从企业实际出发走自己的路，永不停止自我超越，这直接关系到企业的形象和企业的生存发展。一个具有爱心奉献、理念创新、拥有特殊知识和技能的企业主，就可以将企业文化资本转化为经济资本。家族企业能够生存到今天，是与企业主具有独到的判断与决策的胆识分不开的。他们有的承受风险的能力特别强，有的对机会特别敏感，有的具有独到的技术创新思路，有的具有运作市场的丰富经验，有的具有纵横交错的人际关系网络基础，有的善于沟通协调、组织管理。所以家族企业文化很大程度上取决于企业主个人的文化素养和思想境界，实质是企业家文化的一种体现。家族企业领导人往往集家长和管理者的权威于一身，在决策上独断专行。这一方面使中国家族企业可以很快地捕捉市场机遇并利用之；另一方面也增大了决策失误的风险。

家族企业有高度的自觉性、自主性和灵活性。家族企业的经营管理机制从根本上有别于国有企业，具有很大的自主性和灵活性，有其适应市场供求关系的积极的一面。我国的家族企业是通过一种血缘和地缘关系来维持企业运作的组织，它更多地运用非正式规则来管理企业。在这种组织里，企业的管理在很大程度上靠个人威望来推行。表现在人力资源配置方面，基本人事制度不健全，对员工的招聘、录用、培训、晋升和辞退等缺乏一套科学、完善的制度规范和操作程序，往往凭企业主的以往经验和主观判断，随意性很大，感情多于理智，内外有别。对家族成员因人设职，亲朋好友不管能力高低都被安排在重要的岗位。

家族企业的企业文化更强调"以人为本"。"以人为本"是时代发展的必然。在当今知识经济时代，一切企业都必须"以人为本"，特别是在21世纪高科技革命竞争格局中，人为相对优势取代传统经济发展优势的形势下，企业全员的技能水平，将是关键性竞争的武器。"以人为本"实际上是所有企业都强调的一个理念，不论什么所有制的企业都知道，市场经济的竞争就是人才的竞争，谁打赢了人才竞争这一仗，谁就是胜者。如通化振国药业集团，企业家王振国创造了许多令人难以置信的奇迹。他创立的"振国文化"，即"以人为本，德爱治企，创新进取"就是一部"以人为本"，爱的奉献，以德育人，勇于攀登科学高峰的历史。然而受中国传统文化影响，中国家族企业在管理中讲人情、讲关系，人本主义倾向是比较突出的。这种对人的重视往往没有制度的保障，而且并不能同等地给予企业中的家族成员和非家族成员。

企业竞争发展的根基在于企业文化，企业文化最具有生命力和竞争力。中国家族企业运行是建立在"家文化"的基础上，先进企业文化对其成长，可视为一种资本。一个具有创新观念的企业精神，可以不断地推动企业运行机制的自我调整和变革，为科技创新提供支撑条件，从根本上提高企业核心竞争力。先进的企业文化具有凝聚力、动员力、推动力，是企业竞争发展的根本保证。在计划经济时代，家族企业不可能有今天这么快的发展。只有在市场经济条件下，家族企业才能发展到今天。因为创新是企业发展的永恒主题，创新就意味着对过去成功的经验进行系统地发掘和继承，更意味着对过时的观念和机制进行批判和抛弃。

因此，只有鼓励创新的企业文化，才能推动家族企业健康持续地发展。

三、中国家族文化特征

中国是一个具有五千年悠久历史的文明古国，其深厚的文化积淀早已辐射到社会的每一个细胞，影响到国人的每一种思维方式和行动细节上。在中国传统文化中，占统治地位的是儒家文化，它特别强调仁义、道德、信义，重视家庭，将治国与齐家并列为人生的责任。当这种家庭关系的模式被移植到企业中去，便形成了特有的中国企业的文化特征。

家族利益是企业的发展动力。中国的传统社会是以家庭为核心的，一切单位都是由家的原型推而扩充形成，因此，家庭在社会中的作用异常突出。儒家文化倡导在传统社会组织中，家族成员应该具有强烈的亲密感、归属感和由此产生的自我牺牲精神，所以家族成员要把家族利益看得高于一切，把家族利益看得重于一切。这种家族至上的群体意识，要求家族成员的个人利益要完全服从家族群体的利益，并为实现家族利益，为了光宗耀祖，产生出强烈的成就动机，从而促使人们不断追求家族事业的成功。

血缘关系是企业组织架构的基础。我国著名的社会学家费孝通是这样表述我国的社会关系，在中国社会里，差序格局不是一捆捆扎清楚的柴，人与人之间的关系好像把一块石头丢在水面上所产生的一圈圈推出去的波纹，每个人都是他社会影响所推出去的圈子的中心，不像西方团体格局中的分子，一般大家立在一个平面上，而是像水中的波纹一般，一圈圈推出去，愈推愈远，也愈推愈薄。在这种差序格局中，先是父母，然后是兄弟姐妹，再次是亲戚朋友等，整个传统社会各种关系一概家庭化之。因此，在家族企业的组织结构中，很容易就形成了以企业为中心，按照血缘关系由亲及疏的权力职能结构，从而保证了家族对企业的实际控制权。

家长制是企业的基本管理模式。在中国传统的家庭里，家长是具有绝对的权威，他可以不受任何家庭成员的制约，而家庭的其他成员则必须绝对顺从和屈服于家长。在家族企业里，这些经历了成功创业的家长们往往也是大权独揽，因为家长们在昔日的创业过程中已经形成了难以撼动的权威，而且成功的经历也使其陷入对以往管理方式的依赖，在众多追随者的赞誉声中，企业主们在经营管理中必然会表现出很强的家长作风和个人主义色彩。因此，家族企业的文化也充满了企业主的唯意志色彩。

任人唯亲是企业的用人方式。家族企业创办的初衷多是为家人的温饱找一条出路或将家人的生活水平提高到一个新的层次。因此，企业主在任命和管理员工的时候自然会偏袒家人。企业的高级职位、重要部门一般也是由家人担任的。对家人的管理也是情大于法，有了矛盾就大事化小、小事化无；而对外人则会严格按照市场运作的常规来做取舍，尽力压低工资待遇。这种任人唯亲的用人方式可以使企业在最为艰难的创业阶段或危机阶段，保证这些充满亲情关系的管理层对企业绝对忠诚，从而有利于家族企业的生存和稳定发展。

世袭制是企业的传承方式。正如历代王朝的王位继承一样，家族企业也存在着继承问题。在中国传统文化中，家庭结构以父子关系为主，为了维持家族的延续，儿子就要传承父辈的事业，并将之发扬光大以提高家族的社会地位。如今，子承父业的模式依旧是中国家族企业继任的主流模式，家族企业的创立者希望企业能在家族中传递下去，而不希望像其他企业那样以资产或股权的形式产生继承人。因此家族企业在营运的过程中，少数的家族核心成员会牢牢控制住企业的大部分产权不放。

中国传统文化中，中国人就自觉或不自觉地把家庭和家族运作模式引入企业管理模式中。中国人际交易模式主要是建立在人情关系基础之上的。其实家族式管理就是建立在集权、等级基础之上的，在家族式管理中，只有服从，而没有个体的权利。美国著名管理学家彼得·德鲁克指出，"管理是以文化为转移的，并且受其社会的价值观、传统与习俗的支配。"中国和西方的管理思想各自具有自己"民族的精神标记"，不同的特征和内容来源于不同的历史条件和社会背景。在这种背景下的家族企业文化特征表现为以下四个方面。

（1）二律背离性特点。在家族企业中，家族内部成员与非家族成员在价值观念和行为准则上有很大的不同，形成鲜明的两个群体。家族内部成员往往把自己的利益与企业的利益紧密联系在一起，内部人之间有很强的信任感和凝聚力。而非家族成员则被边缘化，与家族成员间有明显的隔离层，感觉不受信任，对企业缺乏忠诚。这就是内外有别的二律背离性特点。

（2）关系性特征。中国家族企业文化的关系性与它的背离性特点紧密关联。中国的传统文化一直强调家族观念，注重血缘关系，这直接体现在家族企业的产权形式、组织形式及经营继承等方面。在这种强调血缘亲情的环境中，维持良好的关系就成为家族企业的典型特征。梁漱溟将中国人的这种凡事以关系为依归的文化特征叫做"关系本位"。"家族企业最大的弊病就在于社会精英进不来。"传统中国人强调在人与人的社会关系中来界定自己的身份,即关系形式化。而社会精英进入家族企业后是否能发挥其该有的价值就显得更加重要。将其按照特长及企业经验安排进最适当的岗位发挥最大的效能,通过对家族企业的特性进行研究,将资源最优化配置,从而实现企业价值最大化。

(3) 权威性特征。中国的家族企业在成长过程中,受到创业者权威的深刻影响,长期受到中国传统文化熏陶的人们也就容易形成一种过分重视、崇拜及依赖权威的心理与行为倾向,即权威性。儒家文化强调"忠、孝","忠"指"君叫臣死臣不得不死","孝"指"父叫子亡子不得不亡"。它们的物质基础就是父权家长制,在父权家长制度之下,企业中父亲或长辈作为家长有主要的权力,居于统治家族的地位。他们具有经济专制、思想专制、家规家法、尊卑等级等权威观念。

(4) 家族性特征。家庭或家族制度是家族企业"又一只看不见的手"。在家族主义的取向下,人们生活圈内的运作是一切尽量以家族为重,以个人为轻为从;以家族为先,以个人为后,即家族性。

创业依靠家长,成功之后惠及家人。这种观念在人们心中如此根深蒂固,以至于在今天的中国,即使是已经分了家,在经济上已各自独立,但族人之间仍然把自己看成是一家人,在经济上仍然有密切联系。除子承父业模式以外,虽然还存在其他的企业继任模式,如职业经理人继任模式等,但这并不普遍用于现阶段的我国家族企业。我国的家族企业主要是在改革开放后发展起来,目前大多都还处在第一代创业时期,走得较远的也还只处在第一代和第二代的新老交替阶段。德鲁克指出,"企业应该是在第二代和第三代继续保持家族所有和家族控制,第三代之后成为公众公司的发展规律是值得借鉴的。"只有当所有权不是集中在少数家族成员手中,而是经过几代继承而极大分散之后,企业才有实现所有权和经营权的分离、摆脱"子承父业"继承模式所具备的条件。基于目前我国文化背景、当前职业经理人市场有待完善的现实环境以及家族企业本身的特点,中国家族企业在继任过程中不宜过急。家族企业的这些文化特性,形成了中国家族企业的独特风景,随着家族企业做大做强的同时,国际化和市场化使得家族企业需要不断变革文化内涵,适应管理瓶颈和应对竞争下的挑战。

第二节 家族企业文化发展问题

家族企业是最古老的企业组织形式，具有家企同构的特征。我国的家族企业在改革开放后如雨后春笋般迅速地成长起来，成为我国经济建设重要的组成力量。然而随着改革开放的深入以及经济全球化浪潮的冲击，国内企业的国际化趋势日益加快，这其中企业文化建设如何适应全球化的步伐与趋势，如何保持自己的文化传统与文化特性，成为制约许多家族企业发展和壮大的瓶颈。我国的家族企业文化建设，面临着巨大机遇的同时也面临着前所未有的挑战。

一、家族企业文化的传承问题：继承与发展

家族企业与其他企业组织形式的最明显的区别是家族性。许多家族企业十分关注财产与利益的分割和继承，但不关注企业文化与企业精神的继承与发扬，导致继承者只继承了实体的企业，却没有继承到企业的精髓——文化和精神，一段时间以后就丢掉了原来的经营理念与奋斗精神，使企业陷入困境。现在是一个文化多元的时代，前后两代企业的领导者可能拥有迥然不同的文化理念与价值追求，因此，家族企业文化建设一定要解决好文化的传承与发扬问题。

首先，要保持家族企业文化的继承性。家族企业文化的形成和发展与家庭或家族紧密相连，受家族风气、利益结构、关系维度等诸多因素影响，是民族心理、社会道德、地域文化、现代企业制度等诸多文化元素沉淀与融合的产物。中国自古就有传递优良家风的传统，如忠厚传家，诗书继世。家族企业文化是被家族成员认可与接受了的，在企业创业实践与企业经营发展中被证明是具有一定生命力的，一经形成就应具有相对的稳定性。企业文化的传承一般发生在企业领导人的更迭期间，因此现任领导者要对继承人进行文化的考察与培养，向其灌输企业精神，企业精神是构成企业文化的基石，渗透于企业生产经营活动的各方面和各个环节，给人以理想、信念，给人以鼓励、荣誉和约束。保证家族企业文化的顺利继承，这有利于企业的稳定与团结。一定程度上文化的传承比资金与技术的传承更重要，方太集团一系列成功兼并就证明了这一点。

其次，要保持家族企业文化的创新性。任何文化都存在客观的不足与瑕疵，

家族企业文化由于其形成的特殊性和局限性，存在不足与问题是非常正常的。家族企业文化要想适应资本全球化、市场一体化发展趋势，持续支持企业健康发展，就必须适时更新与发展，抛弃迂腐陈旧的观念与行为模式，如此才能保持文化内容的新鲜与健康，与时俱进。从另一个角度看，任何文化都必须不断地吐故纳新，若拒绝创新与包容，都必将被历史所淘汰。因此，企业的继任者要做好企业文化的提升与创新工作，尤其是做好文化的吸收与消化工作，及时提炼与改造企业文化，融入新的理念与精神，使其保持健康的肌体与新鲜的血液。

二、家族企业文化的诚信问题：信用与道德

中国的传统文化非常注重仁义与诚信，如孔子强调"民无信不立"，墨子强调"言不信者行不果"。但目前来看部分企业社会信任度比较低，虽然讲"信"，但"信"更多是由家庭伦理引申的个人道德修养，而不是真正意义上的社会公信。许多家族企业在"诚信"上存在很大问题，为了眼前的利益不择手段，偷税、漏税、走私、骗汇、套汇、制造虚假广告、生产劣质产品，坑害消费者利益，使家族企业整体信誉受到影响。信息时代大众传媒的高度发展对诚信提出更高的要求，任何不检点的行为都可能让世人皆知，诚信度低是家族企业发展的严重障碍。

诚信不仅是人与人交往所必需的道德准则，也是企业对内加强管理对外树立形象的重要方面。企业作为社会的一部分，要确立诚信的组织价值观，注重培养员工的诚信意识，树立企业的信誉，建立优秀的信用文化，并使之成为一种品格和习惯。企业的领导者要做好表率，要有质量意识、诚信意识，同时加强企业的制度建设，规范员工行为，把讲信誉提高到适应市场经济激烈竞争需要的高度，奖励和激励员工诚信行为，培养员工自觉形成和实践诚实守信的职业道德，形成企业的诚信文化。正如百年老店同仁堂的诚信意识"修合无人见，存心有天知"，"炮制虽繁必不敢省人工，品味虽贵必不敢减物力"。三百多年来同仁堂始终如一的坚守诚实守信的道德规范，并升华为同仁堂的文化精髓世代相传。在市场经济的新形势下，义利兼顾，经营过程中童叟无欺，货真价实，把讲信誉提高到适应市场经济激烈竞争需要的高度，要求员工做到"一言一行顾着集体荣誉，一思一念为了企业兴衰"，使企业信誉弘扬光大。

诚信不仅影响企业内部员工的价值观与价值取向，更能影响企业在社会上的

声誉和形象。家族企业除对内加强教育，规范员工的行为之外，还应提高服务意识，处处树立和维护企业形象。通过社会的舆论导向，使企业经营者和职工认识到，重视企业商誉和企业信用，可以赢得更多的合作者，赢得更多的信赖和支持。企业讲商誉、讲信用可以为自己创造更多的商机和社会效益。在当今国际市场的竞争中，商业道德与社会责任已经成为企业提高竞争力的重要因素。企业发展不仅要关注经济指标，而且要关注人文指标、资源指标和环境指标。企业只有真正做到依法、诚信经营，关心和保护劳动者权益，注重环境保护，热心公益事业，促进社区发展，才能真正赢得社会的尊重，为企业发展创造良好环境。

三、家族企业文化的和谐问题：统一与协调

企业文化是企业在创业和发展过程中形成的共同价值观、企业理想目标、基本行为准则、制度管理规范和外在形式表现等的总和。企业文化作为社会文化的重要组成部分，其发展深受社会文化的影响。但企业文化同时还具有能动作用和辐射功能，也影响着周围的环境，进而影响着社会。我国目前正在建设和谐社会，和谐是事物发展变化的内在动力与持久追求，企业文化建设也要求和谐。目前一些企业在企业文化建设过程中，忽视了对周边环境的影响，为环境的恶化及末端治理付出了沉重的代价。家族企业要实现可持续发展，就必须塑造和谐文化，这种和谐表现为内外两个维度：内表现为企业文化的各项内容与形式之间的统一，外表现为企业文化与社会文化的协调。

企业文化内容十分丰富，包含企业的核心价值观与追求、伦理观念、人际关系，在形式上则表现为精神文化、制度文化、行为文化以及物质文化等。在企业文化建设上，经常出现的问题就是在各项内容的选择和表述上，以及各文化层次的内涵与形式的关系上，出现不统一。因此，企业在进行文化建设时要保持各层次文化内容与形式的统一。如企业在宣传时提出尊重人才，那就要在实际的工作中真正做到尊重知识与人才，采纳其合理建议，尊重其人格，提高其福利待遇。尤其是在家族内部人员与外来人才的使用与待遇上，要公正、公平，如此才能把所有员工和企业的追求紧密联系在一起，激发其归属感和奉献精神。

企业活动的目标不仅仅是获得利润，同时还应该为社会提供优质的物质产品和服务，丰富和提高社会公众生活水平，把振兴和繁荣民族经济、增强国家经济实力作为自己的崇高目标和神圣使命。企业的价值取向应与社会需要保持一致，

企业促进社会的发展，同时有助于提升企业的公众形象，而一个企业的赢利取决于被公众接受的程度。如在当今普遍关注人与自然和谐发展的社会背景下，要大力倡导生态文明，建设环境文化，通过发展循环经济，解决环境问题，实现人与自然的和谐发展。实践证明，如果企业的价值取向偏离社会利益和需要，制假售假，抛弃了中国文化重信誉的优良传统，违背市场经济讲质量、讲信誉、顾客第一的规则，企业将被市场经济淘汰，自绝于社会。因此，家族企业应处理好个人利益、企业利益与国家利益之间的关系，保证企业的发展。

四、家族企业文化的国际化问题：整合与变革

近年来，随着我国改革开放的不断深入，外资、外企不断涌入国内，中国企业也开始迈出国门，面对不同的文化背景与民族心理，企业之间以及企业内部员工之间的文化差异和文化冲突逐渐成为企业文化建设中迫切需要解决的新问题。我国家族企业随着规模的扩大，也同样面临对不同文化的管理和整合的问题。因此，企业为了生存和发展，就要按照他们自身的特点和方式努力实施有意义的变革。"穷则思变，变则通，通则久"，家族企业只有不断的变革，克服家族企业自身的顽疾，吸取其他企业的优秀文化，家族企业才能在瞬息万变的社会大潮中生存、发展和壮大。

案例思考

李嘉诚家族及其企业文化

白手起家的李嘉诚，在其长江实业集团发展到一定规模时，敏锐地意识到，企业要发展，人才是关键。一个企业的发展在不同的阶段需要有不同的管理和专业人才，而他当时的企业所面临的人才困境较为严重。李嘉诚克服重重阻力，劝退了一批创业之初帮助他一起打江山的"难兄难弟"，果断起用了一批年轻有为的专业人员，为集团的发展注入了新鲜血液。与此同时，他制定了若干用人措施，诸如开办夜校培训在职工人，选送有培养前途的年轻人出国深造，而他自己也专门请了家庭教师学习知识、自学英语。在李嘉诚新组建的高层领导班子里，既包括具有杰出金融头脑和非凡分析本领的财务专家，也有经营房地产的"老手"，既有生气勃勃、年轻有为的香港人，也有作风严谨善于谋断的西方人。可以这么说，李嘉诚今日能取得如此巨大的成就，是和他回避了东方式家族化管理模式分不开的。他起用的那些洋专家，在集团内部管理上把西方先进的企业管理

经验带入长江集团，使之在经济的、科学的、高效益的条件下运作；而对外，李嘉诚不但把西方人作为收购的主要对象，而且让西方人作为进军西方市场的主导。

精于用人之道的李嘉诚深知，不仅要在企业发展的不同阶段大胆起用不同才能的人，而且要在企业发展的同一阶段注重发挥人才特长，恰当合理运用不同才能的人。因此，他的智囊团里既有朝气蓬勃、精明强干的年轻人，又有一批老谋深算的"谋士"。在总结用人心得时，李嘉诚曾形象地说："大部分人都有长处和短处，需各尽所能、各得所需，以量才而用为原则。这就像一部机器，假如主要的机件需要用五百匹马力去发动，虽然半匹马力与五百匹相比小得多，但也能发挥其部分作用。"李嘉诚这一番话极为透彻地点出了用人之道的关键所在。李嘉诚主要有三家公司，分别为长江实业（集团）有限公司、和记黄埔有限公司和长江基建集团有限公司。

政治企业家往往注重"宏观投资"。从李嘉诚自己制定的投资策略来看，可以明显地发现这些特点。什么是宏观投资？根据安邦策略分析师陈功提出的概念，宏观投资是一种着眼于全球或区域宏观经济环境变化趋势的投资活动。宏观投资的投资对象，并非是单纯的产品或服务，要么是企业，要么是项目。投资对象一般要能够体现宏观投资家对宏观经济环境变化趋势的认识和判断。宏观投资要赚的是未来的钱，赚的是经济环境的钱。由于宏观投资体现了投资者对宏观形势和政策的远见和洞察力，因此，也可以认为这是利用了多数人的认识误区。

可以认为，"政策企业家"和"宏观投资"，这是李嘉诚区别于一般的成功企业家的独到之外，也正是因为这种杰出，使得李嘉诚的商业王国在全球不同的国家、不同的市场、不同的形势下，都能保持持续、稳定地增长和回报。

资料来源：林汶奎，《李嘉诚用人之道》，中国纺织出版社2012年版。

问题：李嘉诚的用人之道对转型期与传承期的中国家族企业有何启发？

第三章 家族企业文化与企业竞争力

第一节 家族企业文化能否提升企业竞争力

一、企业竞争力相关理论

国外,最早提出竞争力的是美国学者 Philip Selznick,他用 "distinctive competence" 一词来表述公司在执行战略时的相关技能。尽管后来人们不断对竞争力进行研究,但至此还没形成统一的竞争力的定义。美国哈佛大学肯尼迪政府学院企业与政府研究中心的 Spence 教授(2002)认为,企业竞争力是指一国企业在国际市场上可贸易的能力。世界经济论坛 WEF(1994)把企业竞争力定义为"一个公司在世界市场上均衡地生产出比其竞争对手更多财富的能力"。美国竞争力委员会主席 George M. C. Fish(2012)认为,企业竞争力是指企业具有较竞争对手更强的获取、创造、应用知识的能力。美国《产业竞争力总统委员会报告》(2009)认为,企业竞争力是指"在自由良好的市场条件下,企业能够在国际市场上提供好的产品、好的服务,同时又能提高本国人民生活水平的能力"。日本东京大学教授藤本隆宏(2010)认为,企业竞争力可以从三个层次来考察:即静态的能力、改善的能力、进化的能力。静态能力是指企业已经达到的竞争力水平;改善能力是指不断地维持和提高竞争力的能力;进化能力是指建立前两者能力的能力。

企业竞争力是在竞争性市场中一个企业所具有的能够持续地比其他企业更有效地向市场(消费者,包括生产性消费者)提供产品或服务,并获得盈利和自身发展的综合素质。《中国国际竞争力发展报告》联合课题组(2015)认为,企业竞争力是企业或企业家们在各种环境中成功地从事经营活动的能力。

(一) 企业竞争力来源的理论演变

对企业竞争力概念的界定存在分歧,也就导致人们对企业竞争力来源认识的不同。纵观国内外关于企业竞争力理论,可以概括为三种学派:企业竞争力来源的内生论(资源观和能力观);企业竞争力来源的外生论;其他来源理论(竞争优势理论、国际竞争力理论)。

1. 企业竞争力来源的内生论

Barney (1991) 对竞争力的资源观理论进行了总结与扩展,并指出,资源包括企业所有可以控制的资产、潜力、组织过程、信息与知识等,可以划分为物质资源、人力资源和组织资源三类,战略性的资源必须具有价值性、稀缺性、不可模仿性和难以替代性。David J. Collins (1995) 等指出,价值的评估不能局限于企业内部,而要将企业置身于其所在的产业环境,通过与其竞争对手的资源比较,从而发现企业拥有的有价值的资源。Barney (2001) 指出,资源观在人力资源、经济学、企业家精神、营销和国际贸易等五个方面的应用,探讨了资源观与演化经济学的关系。中国社会科学院工经所的金培博士 (2004) 在《竞争力经济学》中提出了应将企业拥有的资源(人力、原材料、土地、技术、资金、组织、社会)作为竞争力。

2. 企业竞争力来源的能力观

竞争压力这一概念来自波特的五力模型。竞争力来源的能力观的主要观点就是将竞争力作为企业的某种能力。对于竞争力的能力的认识有三种观点:动态能力、核心能力和组织能力。

(1) 动态能力。动态能力的主要观点认为,企业是知识的集合体,企业的竞争力来自知识的积累和学习。该理论最早可以追溯到 Penrose (1959) 的著作《企业成长理论》,Penrose 提出了企业是"知识集合体"的观点,并认为知识积累和企业可能性边界扩张存在紧密的内在联系,企业内在成长是动态的,新知识的积累则主要是经济活动内部化的结果,内部化的过程节约了企业稀缺的决策能力资源。而明确提出"动态能力"概念的是 Teece (1997) 等,其将动态能力定义为"整合、构建和重置公司内外部能力,以适应快速的环境变化的能力"。Collis (1994) 认为,"动态能力"是相对于"普通能力"(操作能力)而言的,将其界定为"普通能力"(操作能力)的变化率的管理能力。Constance

E. Helfat 等（2003）认为，动态能力是有关适应和变革，以及建立、整合或重构其他资源和能力。

（2）核心能力。最初提出核心能力概念的美国著名学者 Prahalad（1990）等认为，核心能力企业本质上是"能力的集合体"，表现为企业所特有的积累性学识，其载体有企业内部个体、企业组织和核心产品、核心技术、关键人才等，并经过积累就形成了获取竞争优势的异质性资源。核心能力决定因素有二：一是技术因素，如生产技能和多种技术流派；二是这些技术的整合与协调，如"积累性的学识"、"协调"和"有机整合"。将其因素进行细化，核心能力体现在：文化、技术、人力资源信息和组织等因素。作为核心能力，其获取竞争优势的来源在于异质性，这种异质性体现在：稀缺性；延展性；价值性；难以模仿性。金培博士将企业生存发展的能力分为：对环境适应性、资源开发、控制、创新和不受物质资源本身约束的知识。其中，创意、观念、战略、体制、经营等要素作为竞争力的核心要素，也体现了核心竞争力源于企业内外部的优势资源。

（3）组织能力。将竞争力认为是企业的组织能力的是著名的美国企业管理史学家 Alfred D. Chandler（1992），他认为，现代企业基本的分析单位是企业和它的学习能力，企业能力是企业在其历史的发展过程中，充分利用规模经济和范围经济获得的研发能力、生产能力、营销能力、服务能力和管理技能，是企业内部组织起来的物质设施和人的能力的集合。

3. 企业竞争力来源的外生论

外生论认为企业是同质的，因此，企业获取竞争优势基础是外部因素，如外部的环境、竞争者等。Mintzberg H. 等（1998）阐述了环境的独特方面与组织的特别属性间的关系，如外部环境越稳定，组织结构越正规。环境决定了企业的生存条件，一方面，外部环境考验着企业；另一方面，最终生存下来的企业说明具备竞争力，这个观点的代表人物是 Harman M. T.（1977）等，他们认为，竞争并不是组织之间有针对性的竞争与冲突，而是组织为了适应环境变化要求而展开的竞争，当企业适应环境要求时就会生存，反之就要遭到淘汰。研究在产业环境中如何形成企业竞争力，或者研究在产业竞争情况下企业竞争力的决定因素，始于迈克尔·波特（Porter M. E.）的竞争三部曲：《竞争战略》（1980）、《竞争优势》（1985）和《国家竞争优势》（1990）。迈克尔·波特提出的两个关于竞争力的模型体现出了他的观点。

（1）五力竞争模型。波特提出产业竞争者、供应商、买方、潜在加入者和替代产品构成了产业竞争的五种力量，相应地影响企业竞争力的因素在于新进入者的威胁、替代品的威胁、买方的讨价还价能力、供方的讨价还价能力和现有竞争者的竞争能力。

（2）钻石理论模型。虽然是着重于研究产业竞争力，但是其所提出的产业竞争力决定因素有：生产因素、市场需求、关联产业、企业策略。中国社会科学院工经所的金培博士将生产力和市场力作为竞争力的决定力量，并且这一观点在国内有广泛的影响。后来又提出企业面临的各种关系：企业所处产业状况、与本企业相关企业的关系、企业与国家之间的关系、国际经济形势、社会政治环境构成竞争力要素。

（3）竞争优势理论。根据波特（2001）的竞争优势理论，竞争优势归根结底来源于企业为客户创造的超过其成本的价值。价值是客户愿意支付的价钱，而超额价值产生于以低于对手的价格提供同等的效益，或者所提供的独特的效益补偿高价而有余。波特分析竞争优势是从价值链的角度，在价值链上实施竞争战略，通过竞争战略创造竞争优势。

第一，价值链理论。迈克尔·波特对企业的活动进行了分析，并依照企业活动对企业价值的影响而进行了分类，其将企业价值活动分为基本活动（内部后勤、生产经营、外部后勤、市场营销和服务）和辅助活动（企业基础设施、人力资源管理、技术开发和采购）。

第二，竞争战略。迈克尔·波特提出了三大竞争战略：一是成本领先战略。成本在企业价值活动中广泛分布，在每一个价值活动中都会涉及成本，成本领先是目标最明确的一种竞争战略。二是差异化战略。标歧立异的实施不一定非得要采取重大措施，有时只需要采取微小的手段就可以实现。三是目标集聚战略。目标集聚也称专一化战略，集聚战略的企业选择产业内一种或一组细分市场，并量体裁衣使其战略为它们服务而不是为其他细分市场服务。集聚（集中化）战略有两种形式：在成本集聚战略指导下企业寻求其目标市场上的成本优势；而歧异集聚战略中企业则追求其目标市场上的歧异优势。可以看出，目标集聚战略最终还是要通过成本领先和标新立异战略来实施。

第三，国际竞争力理论。对国际竞争力的研究最著名的两大机构分别是世界经济论坛（WEF）和洛桑国际管理开发学院（IMD）。WEF和IMD认为国际竞争力是竞争力资产与竞争力过程的统一（竞争力资产×竞争力过程＝国际竞争力），所谓资产是指固有的（如自然资源）或创造的（如基础设施）；所谓"过程"是指将资产转化为经济结果（如通过制造），然后通过国际化（在国际市场测量的结果）所产生出来的竞争力。1994年，世界经济论坛（WEF）在《国际竞争力报告》中又将企业国际竞争力定义为"一国公司在世界市场上均衡地生产出比其竞争对手更多财富的能力"。

在全球化、信息化的今天，任何一个企业在市场中都不敢忽视跨国竞争对手的影响，在市场日益开放的情况下尤为如此；国际竞争力只是影响企业竞争力的一个方面，国内竞争压力的影响也要加大关注力度。

理论界对企业竞争力的来源是存在分歧的，这可能与学者们所处的环境和时代有关，在经济不发达的情况下，资源对于企业来说非常重要，而随着知识经济的发展，人们又开始意识到能力、价值创造、知识创造、国际竞争的重要性。由于决定一个企业的发展的因素是多方面的，使得企业竞争力的来源是多样的，要具体问题具体分析，在评价家族企业竞争力的时候，抓住关键的因素。有的企业在某一方面具有优势，并且处于行业领先地位，而有的企业同时具有多个方面的优势，综合形成竞争力。因此，在评价企业竞争力的时候，首先要清楚家族企业竞争力形成的主因，然后在主要因素的主导下，分别给出其评价指标，这样才能够比较合理地评价一个企业的行业领先地位或者国际竞争地位。

（二）家族企业竞争力发展要素

企业现有的竞争方式目前也在向健康、科学和高效的现代化方向发展。原始的自杀性的价格竞争将得到抑止，企业间的战略同盟关系将改善家族企业的外部竞争格局，实现企业间的"双赢"和市场供应链的最优化；在家族企业内部实行人力资源战略，对人才进行专业、科学的培养和使用，实现企业的创新能力和企业活力的突破；改善企业的内部治理结构和管理模式，家族成员产权明晰，权责明确，保证了家族企业健康团结的快速增长。

1. 建立合作和组织战略同盟

建立与完善企业间的合作和组织战略同盟是家族企业再次创业中最重要的竞争方式。家族企业立足于本身的核心竞争力和在技术、管理和制度方面的创新能力，组建使企业竞争优势最大化的战略同盟。

家族企业在再次创业阶段，自身实力已经有了一定的规模，在这种规模经济的作用下,家族企业会选择多元化战略或差异化战略等来进行企业的扩张成长。这种扩张是基于企业核心竞争能力而划分的,战略同盟的建立正是这种扩张竞争方式的表现。

家族企业一般在再次创业阶段选择多元化战略,在自己的主业外开辟新的疆域使企业价值得到最大化发展。但是,盲目多元化的众多失败案例教育家族企业不能随意进入自己陌生的领域。因而战略同盟的出现就有了必然性。家族企业通过兼并、重组和合作等竞争方式可以更轻松地利用合作企业原有的市场形象、营销渠道的宝贵资源,再加上家族企业在企业文化和制度上的改革,将资源直接利用,大大降低和控制多元化战略的风险。

而战略同盟还包括同级企业的正常合作竞争,在家族企业的二次创业阶段,企业的发展必须依靠以新产品的更新换代为核心的营销渠道的开拓。在竞争企业中大力开展企业合作项目,开展产品的共同开发生产,使各个企业优势互补,缩小产品的开发周期和企业的创新投入,实现双赢的理想结果。

但是,家族企业的合作和组织战略同盟的建立是以诚信为基础,如果没有信任作为合作的基石,可能会使企业合作的风险和利益分割产生分歧,最终导致合作的破裂。在企业自身实力的保障之下,家族企业的合作战略同盟的良好运作将会给企业丰厚的利益回报,令企业顺利发展。

2. 企业内部的人才竞争战略

任人唯亲是家族企业竞争方式的毒瘤,在企业规模化的再次创业中,秉承传统用人观念的家族企业必须引进新的人才竞争机制。这种竞争机制在外部表现为家族企业的战略同盟。

3. 建立有效的家族成员退出机制

要彻底改变家族企业用人唯亲的现状,就必须使不称职的家族成员逐渐退出管理层,而从经理市场上聘用高级专业人才。随着企业规模的扩张,经营的多样化,原有的创业者在知识、管理能力等方面逐渐不能与之相适应。此时家族企业应当机立断,促使家族成员逐渐退出。家族成员的淡出可以采取以下途径:一是制度性规定。由权威的家长做出决定,家庭或家族成员强制退出,如浙江金义集团就是这么做的,一次解聘了30多位与自己同甘共苦的直系亲属,陈某自己也辞去了总经理职务。二是从增量上下文章,集团在组建新公司时,严格按照现代企业制度的要求建立。兄弟姐妹、亲戚不能进入公司,然后再把集团的重心向新建的公司转移，逐渐使家族成员退出。第一种途径的变革有力有效，但其缺点是有可能引发家族剧烈的冲突，对其可以由原始股东建立类似的基金来专门养活退出的家族成员；第二种途径相对缓和一些，但时间较长，不易引发强烈的冲突与矛盾。

4. 大胆地引进人才及人才资本化

在家庭成员退出的同时，要大胆地引进外部优秀人才。首先，选拔时要学会识别人才，全方面考核；其次，在使用时要格外尊重人才，提供发展平台，做到人尽其才；最后，注重人才的培养，树立长期的人才观。

非家族成员的家族化是解决人才忠诚问题的一种途径，是指一些处于高级管理阶层的外聘人员通过各种方式转化为家族成员，也称为泛家族化成员。这种转化可以通过姻亲、干亲、结拜等途径达到。这种非家族成员的家族化并不是一种倒退，而是在各种法律、法规、个人信用制度没有建立起来的一种过渡措施。高水平的管理人才转化为家族成员可以达到两个目的：一是平庸的家族成员可以安心退出；二是有才能的非家族成员可以安心于企业的经营。

5. 家族后代的培养

除家族成员的淡出外，还可以把家族成员转化为专业管理人员，对家族成员后一代进行培养，在其具备了符合本企业的用人要求后，才能进入企业的管理层。事实上许多家族企业更希望家族里多一些能够胜任经营管理的人。

6. 建立有效的激励约束机制

家族成员淡出，外部人才引进之后，要使人才发挥其作用，必须建立起有效的激励约束机制。首先，要加强企业员工的物质激励，在收入激励的基础上加强股权激励。在保持其获得一定收入的基础上，还要加强对员工的精神激励。其次，要建立有效的约束机制。内容主要包括：赏罚分明，严格按照规章制度来办事；利用内外部市场机制对职业经理人进行监督；加强监事会的内部监督作用；利用职业经理人信用体系进行监督。防止出现经理人逆向选择。

7. 减少家族成员的内部矛盾

任何一种组织能够合理地存在和有效地发展都依靠于其内部成员间共享的一种文化和价值观念，以及基于这种文化和价值观念之上的相互信任关系。在家族企业中，家族成员间特有的信任关系和相对很低的沟通成本，特别是在家族企业初创期，是其取得竞争优势的一个有利源泉。但是，如果处理得不好，让家族政治进入到企业之中，并且进一步让企业外聘人员也卷入家族政治中，外聘职业经理存在较高的代理成本，则会阻碍企业的组织发展进程，上演一场几败俱伤的矛盾冲突。解决家族企业的公司治理，减少家族成员的内部矛盾，是家族企业健康发展的必然要求。

8. 建立完善家族企业治理委员会

家族企业要有一个家族委员会，当前发达国家家族企业实行家族办公室也是有效的选择。负责把家族内部有关企业发展计划和家族发展计划之间的一些矛盾以及家族成员的内部分歧解决好。有股权又在公司工作、有股权但不在公司工作、没有股权但在公司工作以及没有股权也不在公司工作的四类家族成员之间，在有关分红、投资决策等方面会存在剧烈的矛盾。

在家族委员会上，处理好家庭消费和企业积累之间的矛盾，以及企业投资方向确定问题，形成一个一致的意见，通过正式的渠道传递到企业中去，可以在一定程度上预防和化解家庭政治对企业运作的影响。

9. 避免一言堂形态，打破独裁主义框架

解决好公司治理问题，既能有效地防止家族企业因内部矛盾和内部政治而垮台，也能为家族企业建立和实施一个有效的战略计划、赢取长期可持续竞争优势做出贡献。可以引入一些专业咨询公司，给家族企业进行企业化管理运营建议和改造，完善企业的民主机制，打破一言堂，消除独裁主义意识。

建立一个家族成员、职业经理人和独立董事各占1/3比例的董事会，使董事会成为有关企业重大问题的集体自由讨论和决策场所，可以帮助家族企业在所有权人和经理人之间建立和发展信任关系，并能在一定程度上保证家族企业所有权人和经理人相互之间承诺的实现。董事会在提高家族企业战略决策能力和提高管理决策质量，以及家族企业接班人培养等方面都能发挥有效的作用。

10. 全面实施制度管人、制度管企业的运营机制

家族企业要发展，企业要壮大，必须依靠集体、依靠团队的凝聚力和集体智慧的充分发挥。一些家族企业往往逃脱不了短命夭折的命运，就是没有树立企业长远发展的战略思想，而是停留在眼前个人利益和家族成员利益上。在家族企业创办人员管理运营能力有限的前提下，借助咨询公司的专业资源，建立完善企业各项管理制度和战略规划，并坚定推行实施。

11. 明确职能分工，确认责权利关系

为了不必要的管理纠缠，家族企业必须在管理、职能权限上，进行充分明

确,以确定管理者之间的责权利关系,避免职权模糊不清,权责不明,导致管理纠缠。当然,有很多方面的因素,具体要根据家族企业的实际进行充分调研、问卷、访谈、沟通,才能更好地对企业进行充分、现实的诊断。

二、家族企业文化对企业竞争力的作用

(一) 家族企业文化对家族企业的影响

家族文化主要指调整家族成员和家族与社会之间相互关系的伦理、道德规范、行为规范、宗族观念等的总和。中国家族文化从形成发展到今天,其特征总的说来可以概括为:明显的宗族性、凝聚性、礼俗性和自我封闭性。

一般认为,以一个或几个有血缘关系的家族成员作为企业的核心,直接控制其具有所有权或经营权的企业组织,就可以称为"家族企业"。传统的中国社会是一个建立在家族基础上的社会,家族文化已深深地积淀于整个社会关系之中,成为影响和形成中国人价值观的要素。因此,企业在这种环境下经营,自然深受家族文化的影响,而家族企业的特点更决定了其管理理念必将秉承中国传统家族文化的显著特征,中国家族企业根植于中国几千年的传统文化。换言之,中国传统家族文化构成了家族企业管理的文化根基。

1. 产权高度明晰化

家族内部的产权高度明晰化从家族成员与资产关系上看,无论是家庭独资经营,还是承包、租赁经营,都是在明晰产权的基础上进行的。家族企业成员向心力强、凝聚性高,彼此有互助精神,他们成为一种天然的命运相关的共同体,容易团结一致,产生较大的同心力。再者,家庭成员都比较忠诚,他在其家族企业就职后,则他的个人期望和家族压力等使他难以脱离该企业。

2. 简化而有效的激励机制

中国传统文化中的重义轻利、手足情深、家族事业等类似观念在家族企业形成过程中作为非正式约束为其特定的制度安排发挥了不可或缺的作用。激励机制的直接性作为家族企业,其经营者常常是集所有权与经营权于一身,家族企业的经营效益好坏直接影响到经营者也即所有者的切身利益,这也就充分表现了家族产权内在激励机制的实现。

3. 经营观念与目标政策的一致性

由于中国人非常讲究家族的"延续性",所以企业主的创业精神和经营方针

都要求其子女继承和发扬光大。因此，家族企业的接棒人较为注重企业过去的信誉与展示的招牌，其所作所为希望再塑企业的美好形象，从这个角度来说，家族企业比较有社会责任，不会贪图小利而破坏家族企业的传统信誉，有利于企业良好信誉的建立与保持。

4. 领导效率高，管理成本低

由于家族企业大部分都是以血缘裙带关系的成员组建起来的共同体，因而便于集中领导，实行一元化管理不仅如此，而且还表现为由于血缘和亲情关系使得管理费用低，由此可大大节省管理成本。

(二) 家族企业文化建设对促进企业核心竞争力形成的作用

家族企业文化由于传统伦理道德的影响，因而具有一定的特殊性，但是，随着社会的发展，市场竞争的程度激励，它必将与社会文化、现代企业文化不断融合，塑造具有自身特色的企业文化，以文化的力量推动家族企业的健康持续发展。因此，家族企业文化的提升对于增强家族企业的核心竞争力具有十分重要的意义。

1. 注重对传统家族企业文化的继承

家族企业在进行企业文化建设时不应完全抛弃家文化。事实上，中国绵延几千年的传统家文化是家族企业成功的重要条件，抛弃它就等于抛弃了家族企业文化的根基，就没有了家族企业特色的文化基因。传统文化中的思想精华在现代家族企业文化构建中仍然具有积极的不可忽视的作用。新加坡、韩国等国家之所以能在较短时期内发展成为经济发达的新兴工业国，其中一个重要原因就是他们都利用儒家思想来加强企业管理。

2. 全面提高家族企业家素质，塑造企业家文化

家族企业文化的形成过程就是家族企业家的价值观和行为方式从隐性转化为显性的过程，即把家族企业家的经营理念、经营哲学转化为企业生产和经营的实际行动。所以，从某种意义上讲，企业文化就是企业家文化。企业文化提升，首先就是企业家的提升。

(1) 企业家人格的提升。企业家要跟上时代的步伐，陶冶自己的情操，形成崇高的品格、宽阔的胸襟，真正从单纯追求利润转变为具有高度社会责任感和公德心的企业家。

(2) 企业家素质的提高。企业家要从多方面吸收知识营养，善于总结经验，不断学习，提高自身的综合素质，才能开阔视野，驾驭不断成长的企业，才能适

应未来发展的需要。

（3）企业家要自觉进行理念改革，重塑高层次的核心价值观。企业家的价值观是核心价值观，决定着企业价值观的形成和作用的大小，也是家族企业文化建设的龙头，应摆到最重要的位置上。而企业家要树立核心价值观，就应从思想深处形成最高理念，自觉开展理念革命，实现由经营理念到政治理念乃至最高理念的质变。

3. 要实现由"家长式文化"向"参与式文化"、"专业式文化"的转变

家长式文化是家族企业最为普遍的文化范式。这种文化对于初创型家族企业，或者那种必须尽快摆脱危机的企业，效用较大。但是，这种文化对家族企业的持续发展存在着负面效应。要保证中国家族企业的可持续性稳定发展，应逐步向能够降低企业内部治理成本的学习式文化、专业式文化转化。参与式文化是指企业的内部组织跨越家族观念的界限，进行泛家族化来共同管理经营企业的一种"群策群力"文化模式。它要求在整个组织的内部摆脱血缘、裙带关系观念的障碍，建立起从上到下，从下到上的管理方式，来共同参与企业的经营管理。专业式文化是指在家族企业的内部组织一些专业性的部门或岗位聘用职业经理人来参与管理的一种文化模式。如在企业内部将一些勤学肯干的非家族成员进行培养使之成为专业技术人才，或在一些管理岗位聘用"外脑"来做顾问，慢慢淡化家族化管理，使管理职业化、专业化、科学化。

4. 以用人唯贤的人才策略替代任人唯亲的世袭制

"上阵父子兵，打仗亲兄弟"，这句古语深深地影响着很多的企业主。诚然，在这种以血缘为纽带的组织形式中，在创业型家族企业中，公司的所有者和管理者之间的信任，可以提升决策和公司运营的绩效。但随着企业外部条件的变化以及公司规模的扩大，逐步建立起科学的人才培养、选拔制度以取代原有的血缘体系，是家族企业文化塑造的基本内容。

企业的发展要靠企业中每一个人的努力，因此将企业的发展与个人的成功和谐的统一起来，充分开发人力资源，是考察企业文化、企业价值观是否符合现代企业管理的科学性和先进性的重要方面。现如今很多家族企业均有了自己的员工培训体系，建立起学习型文化，也有些企业将员工业务水平的提高当作竞争的战略，并确立激励和监督机制作为企业文化建设的重要内容。核心员工流失是困扰家族企业发展的重要问题，因此，企业应通过员工关怀、营造企业温馨气氛、提

高员工对企业的满意度、提升对组织的承诺。加强员工的主人翁意识来增进企业的凝聚力也是衡量家族企业文化优与劣、先进与落后的指标。同时，公司的选拔制度要透明化，要以才学、能力作为基准而不是以关系的远近作为标准，也是用人唯贤的企业文化的必然要求。

5. 确立长久发展的公司理念并与员工、社会分享企业愿景

家族企业在发展的初始阶段总是给人一种目光短浅、缺乏远大抱负的印象。通过塑造注重长期发展的企业文化，并将公司的愿景及时、准确地传达给企业内部人员以及外部社会是改变家族企业形象的有效手段。公司应通过一系列的发展战略的制定与实施促进这种文化在公司内部生根、发芽直到茁壮成长为公司的强势文化。这样，公司的员工会更加认可公司的发展方向，有利于加强公司的凝聚力，同时也可以加强社会对公司的了解、信任。

6. 明晰产权，逐步实现产权多元化

家族制管理的基础是业主家族制，这种产权关系与企业成长必然带来的社会化程度提高是不相容的，也是企业进入成长阶段后许多矛盾产生的根源。因此，在家族制企业向现代企业制度和管理的转变中，必然要经历明晰产权并逐步实现产权多元化的过程。根据企业的具体情况，这方面的变革可以表现为：一是建立有限责任公司，根据家族成员和创业骨干在企业发展中的贡献，将企业的产权具体分配到个人，以股东持股的方式，明晰和规范家族成员和创业元老对企业的产权关系。二是建立股份合作制、股份公司，以至于成为上市公司，面向企业更多的成员或社会公众，实现企业产权多元化，股权结构多元化，利用产权机制，激励和调动企业员工的积极性，并吸引社会资本，完成家族制管理向现代企业制度管理转化。

7. 以"法治"代替"人治"，实现职业化管理

著名经济学家张维迎发现华人的企业大都是企业家比企业有名，如李嘉诚，但外国企业往往是企业比企业家更知名，如可口可乐。这说明中国的文化历来崇尚个人魅力，重人不重制度，人治大于法治。华人企业是领袖中心型企业，而跨国公司是制度中心型企业。在西方，每个人的能力有限，但一旦进入企业这个系统，每个人的能力被充分地发挥出来，甚至有放大效应，管理的成功很大程度上靠的是一套完善的制度、模式。而中国的企业则大不相同，中国企业的管理更多的是靠"能人"。因此，关于人治与法治的把握，对中国的企业将是一个长期的

课题。而企业法治的一个重要条件就是实行职业化管理。职业化管理就是解决企业内部问题靠法治而非人治，就是企业依照程序和规则运作，而非靠兴趣和感情维持。只有将企业家的魅力变成程序化的、可被接受的管理程序，这个企业才真正实现了职业管理化。如果一个企业不能真正走向职业化管理，任何宏伟的战略都不可能实现，更谈不上持续发展。

8. 建立有效的管理机构

考察国外成功的家族企业，往往设置专门的机构来讨论与经营相关的家族事务，这些机构包括家族委员会、家族理事会、家族办公室、家族完全控制公司和家族股东会等形式，使企业管理者能够从繁杂的事务中脱身，集中精力去考虑企业核心战略问题。同样，设置了家族理事会这样的机构后，企业就可以更容易根据"功能互补"原则，选择在阅历、观念和能力上与家族董事会成员互补的董事会成员，而不是出于亲情等裙带关系或家族责任的考虑来选择董事会成员。当然，这种做法的前提是外部的董事会成员会努力为企业增加价值。设置专门的家族事务管理机构，也有利于管理制度的有效实施，使亲缘血缘关系不能过多干涉企业的生产经营事务，清晰界定两者关系。

9. 建立良好的宏观政策、制度环境，保障家族企业持续发展

当前，中国处于体制转换时期，政府主导型仍然是主要的制度变迁方式，政府的制度供给能力和意愿是决定制度变迁方向和形式的主体因素。因此，政府应尽快推进法律法规政策的制定，开放市场准入程度，建立和完善为民营企业服务的金融支持体系，健全金融市场，给予家族企业以国有企业同等竞争地位的"国民待遇"，在法律框架内进一步整顿市场，制止打击经济违法活动和不正当竞争行为，为所有企业提供一个公平良性、有序的市场竞争环境。

总之，只有按照企业成长规律的要求，积极推进家族企业管理向现代企业制度和管理的转变，同时有针对性地采取措施解决转变中存在的困难和障碍，并总结和借鉴成功企业的经验，才能实现民营企业的持续发展。

第二节　家族企业文化促进企业可持续发展

一、家族企业可持续发展的理论概述

家族企业作为一种重要的企业形式，能否可持续发展对整个经济社会的影响

是巨大的。国内外学者在对企业可持续发展基本含义研究的基础上,进一步阐述了家族企业可持续发展的内在要求;同时论证了家族企业可持续发展的可能性及现实性,家族企业,无论是在理论上还是在实践上,都是有很强的生命力。还有学者从企业生命周期理论入手,阐述了中西学者关于企业生命周期理论的观点,从而为家族企业可持续发展奠定了理论基础。

(一)家族企业可持续发展的基本含义

20世纪60~70年代,世界公害问题日益加剧,全球能源危机出现,人们开始逐步意识到把经济、社会和环境分割开来谋求发展,这样只会给地球与人类社会带来毁灭性的灾难。源于这种危机意识,到了20世纪80年代,可持续发展这一思想逐步形成。

可持续发展作为一种发展理念,其核心内容是人与自然的协调、和谐发展。这一理念在自身发展过程中是不断完善的,其中被广泛接受的可持续发展的概念,是1987年由挪威前首相布伦特兰夫人领导的世界环境与发展委员会提出的专题报告——《我们共同的未来》中给出的定义,在这份报告中可持续发展被定义为:"既能满足当代人的需要,同时又不对后代人满足其需求的能力构成危害的发展。"此后,国内外许多学者从各个领域对可持续发展进行了理论与实践研究。这一理念在不同的领域也具有不同的体现,它虽然起源于生态和环保思潮,但却以经济为中心的含义居于主流地位。如1992年6月在巴西里约热内卢的联合国环境与发展大会上通过的《21世纪议程》中,主要把可持续发展与经济联系起来,将经济、社会资源与环境作为一个大系统,提出了建立"新的全球伙伴关系,将消除贫困、公众参与作为可持续发展的前提"。皮尔斯对可持续发展的定义:"当经济能够保证当代人的福利增加时,也不会使后代人的福利减少。"

1. 企业可持续发展的含义

企业可持续发展,是1984年世界环境管理工作会议上由各国代表提出的。这次会议上,各方代表认为,当今世界日益严峻的环境问题的根源在于各国的企业,同时企业也是解决环境问题、推进社会进步的重要力量。为了实现持续的发展,企业必须要放弃危及其自身生存与发展的不文明的生产方式,转而通过环境管理来树立起良好的企业形象,获得比较竞争优势,使自身在日益激烈的竞争市场上得以长久发展。特别是发展中的家族企业更是如此。

目前国外关于企业可持续发展的研究主要集中在其含义、影响因素及如何实现等方面。如关于企业寿命的研究，有阿里·德赫斯的著作《长寿公司》；从企业活力角度入手，有爱瑞·德·葛斯的《有生命力的公司》、艾伦·鲁滨逊的《公司创造力》；还有从环境视角作为切入点，有斯图尔特·L.哈特的《超越绿化：可持续发展的战略》、熊彼特的创新理论。麦肯锡公司在对全球增长最快的相关公司进行跟踪调查后，完成了历时长达三年的"企业增长"研究项目，在《增长炼金术》中指出，"企业要想长期发展，不仅要维护企业现有的核心竞争优势，更要努力培养下一轮的核心竞争优势。"理查德·M.西尔特（Richard Cyert），企业的组织目标，不能把追求最大利润看成是企业的首要原则。企业应着重考虑四个目标：生产目标、库存目标、销售目标、收益目标。

依据可持续发展的宏观定义，我国一些学者也对企业可持续发展的内涵做出了界定。

殷建平在《论大企业持续发展》一书中提出："企业的可持续发展是指企业在一个较长的时间内，通过不断的学习与创新活动，形成良好的成长发展机制，企业组织能在经济效益方面持续增长，在运行效率方面稳步提高，在发展规模上不断地扩大，在同行业中的地位稳步上升。"余琛认为，"企业可持续发展，是指在长时期内，企业的核心能力不能被同行业者模仿，同时，企业能够敏锐的反应外部环境的发展变化，通过不断的学习与持续的创新活动，使自身发展与外部环境时刻相适应。"李占祥认为，"企业可持续发展，指企业在较长时期内由小变大、由弱变强的不断演变发展的过程，它强调了企业在自身的发展过程中所具有的持续性、成长性和不断变革性。"企业要想获得持续发展必须有支持其发展的内在机制，这一内在机制有两个基本点：一是持续发展是企业自身行为的最高目标或称之为核心价值观；二是经营企业的主体即企业家和管理团队必须认同这一宗旨和核心价值观。

肖海林认为，"企业可持续发展，是指企业作为盈利性和创造财富的组织，它所从事的创造财富的事业能在一个较长的时期内，不断地实现自我超越，由小变大、由弱变强，以持续地不低于市场平均利润率的收益，来满足企业利益相关者的合理利益要求。"普拉哈拉德提出"企业核心能力"，企业竞争优势来源于企业配置、开发和保护资源的能力。

著名学者芮明杰认为，"企业的可持续发展是指企业在可预见的未来，能支配更大规模的资源、占有更大份额的市场、不断战胜并超越自我,从而取得自身良好的发展。"

综上所述,对企业可持续发展的研究,并不是单纯地对如何延长企业寿命问题的研究,而是研究企业在长期的发展过程中如何适应复杂多变的环境,合理地利用内外各种资源,通过追求综合效益(即企业与社会效益的统一)而实现自身持续和更好的发展。潘罗斯认为,企业是一个管理组织,同时也是人力、物力资源的集合,企业内部的资源是企业成长的动力。潘罗斯通过建构企业资源—企业能力—企业成长的分析框架,揭示了企业成长的内在动力。

2. 家族企业可持续发展的含义及内在要求

从可持续发展的角度来研究家族企业,就是分析如何实现家族与企业的价值在长期中延续。家族企业只有持续发展才能既保障当代家族成员的利益增加的同时,也不会使后代家族成员的利益减少。家族企业可持续发展,在于后代人能够保持和发展从前代人手中传承过来的家族企业,不仅能获得自身利益,更能创造出更多的社会财富,从而实现家族利益、企业利益、与社会利益的有机融合。家族企业可持续发展是一个长期的动态且稳定的发展过程,它是指家族企业在追求自身生存与发展的过程中,能在可预期实现的目标下,支配更多的社会资源,占有更大的市场份额,获得更高的利润,同时为社会创造财富,能够不断地实现并超越自身的经营目标,并且要获得在其领域中能长期稳定发展的一系列条件,从而使得家族及企业基业长青。家族企业可持续发展的内在动力如下:

(1)健康持续发展性。家族企业的发展总是一个从无到有,从小到大,从弱到强的稳定的阶段性演化过程。从稳定而持续的发展角度入手,家族企业不仅在今天要发展,而且更要保持其未来的发展势头。

(2)不断地先动创新性。家族企业不断地进行自身的创新,这是衡量可持续发展的状态性指标。家族企业只有通过不断地进行自我肯定与自我否定,不断认清内外环境的变化及自身的问题,才能合理而有效地配置各种内外资源,使其保持良好的发展状态,实现自身可持续发展。

(3)战略目标的科学性。家族企业可持续发展的战略目标不能是单纯的经济利益的追求,其战略目标的制定与选择应该是多维度的,除了自身经济效益的追求之外,还应该包括社会价值与人的价值的协同实现。家族发展,企业制定的战略目标具有科学性,企业才能在实现这一目标的过程中得到企业内部、社会力量的强大支持，从而这一目标才能更好地实现。

（4）价值观的适应性。家族企业可持续发展，首先要求家族企业领导者及成员摆脱"小富即安"的思想束缚，有不断进取的思想观念来促使家族企业在自身生存与发展过程中不断拓展、不断进取。家族企业才能在其领域立于不败之地，成为真正意义上的长青企业。

（二）家族企业可持续发展的可能性及现实性

1. 家族企业可持续发展的可能性

家族企业注定是"短寿"的吗？家族企业是否具有可持续发展的可能性呢？回答是肯定的，家族企业可持续发展是有其理论基础的。家族企业是一种世界范围内普遍存在的企业形态，美国《财经》杂志评选的全球500强企业中约1/3是家族企业。民营企业占全国注册登记企业总数的95%以上，且提供了全国近80%的城镇就业岗位、贡献了全国50%的GDP和税收。我国90%的民营企业采用家族式管理。而家族企业作为一个发展生态系统，不论其规模大小、组织形态、内部结构还是其功能与作用，都是人们为了自己的目的而有意识的设计而成的，其本身不是完全自然化的，有着较强的目的性。家族企业具有不同的有形和无形的资源，这些资源可转变成独特的能力，资源在企业间是不可流动的且难以复制；这些独特的资源与能力是企业持久竞争优势的源泉。

2. 家族企业可持续发展的现实性

从实践上看，家族企业也是可持续发展的。大量的事实资料表明，当今世界上持续发展的家族企业还是有很多的。在家族企业二代继承的过程中，最重要的是跨代创业精神的培育和发扬光大，持续创业而非守业成为家族企业跨代成长的基本战略。2016年发布的全球最古老的100家家族企业名单中提到："历史最长的家族企业是日本的大阪寺庙建筑企业金刚组，于公元578年成立，现已传到了第40代，距今已有1 400多年的历史了。其次是日本小松市饭店管理企业粟津温泉酒店，于公元718年成立，现已传到了第46代，距今已有1 288年的历史了。即便排行最末的第100名企业，也是一家超过225年的美国公司。"所有这些老爷型企业，不仅商号依旧，而且都是家族私有的企业，产权关系跨十几代，延续成百上千年。

在世界五百强企业中，由家族来控股的企业占到了总数的35%，有175家。一方面表明了家族企业不仅是可持续的，而且能经历几个世纪的发展，如日本的松下，依然位居世界前列；另一方面，后起的如家乐福、沃尔玛、三星等家族企业在当代依然有自身的发展优势，根据自身的特点适应周围的环境，并且能在短时间内位居世界前列。

在我国的家族企业中，时间较长的有创建于1669年的同仁堂。在经历了三百多年的风雨历程中，历代同仁堂人始终恪守"炮制虽繁必不敢省人工，品味虽贵必不敢减物力"的古训。时至今日，同仁堂已经成功地实现了规范化的公司制转变，成为跨国经营的大型国有企业——同仁堂集团。还有香港地区李嘉诚的长江实业、和记黄埔、长江基建，中国内地的新希望集团、方太集团、李锦记、百度、网易、盛大等都是家族企业。我国家族企业的繁荣发展，也表明家族企业的可持续发展是现实的。

总之，从理论上来讲，作为人造系统的家族企业，不是必然要灭亡的，只要它能及时改造自身去适应变化发展的环境，家族企业的可持续发展是可能的；从实践上来看，我们通过分析大量的国内外家族企业的成功案例，可以得出家族企业可持续发展在实践中是有答案的。

（三）国内外学者关于家族企业生命周期的理论研究

家族企业可持续发展是一个连续的阶段性过程，我们探讨家族企业可持续发展，要从企业生命周期理论入手。企业生命周期理论认为，企业在与外部环境互动的过程中存在若干个发展阶段，并且在每个阶段都有明显的阶段性特征，面临不同的阶段出现不同的困难与危机，企业能否克服这些问题，成为企业能否可持续发展的关键。

1. 西方学者的企业生命周期理论

"企业生命周期"这一概念最早是由马森·海尔瑞在《组织成长中的生物模型与经验历史》中提出的。20世纪50年代，他提出可以用生物学中的"生命周期"这一观点来看待企业的发展，认为企业的发展同样也符合生物学中的成长曲线，并进一步指出企业在发展过程中会出现停滞、消亡等现象。

企业生命周期是企业的发展与成长的动态轨迹，包括发展、成长、成熟、衰退几个阶段。企业生命周期理论的研究目的就在于试图为处于不同生命周期阶段的企业找到能够与其特点相适应，并能不断促其发展延续的特定组织结构形式，使得企业可以从内部管理方面找到一个相对较优的模式来保持企业的发展能力，在每个生命周期阶段内充分发挥特色优势，进而延长企业的生命周期，帮助企实现自身的可持续发展。美国伊查克·艾迪思博士从企业文化的角度对企业生命周期进行了系统的研究。他把企业生命周期比作一个生物体的成长和老化过程，认为企业作为一个人造系统的有机体，也有自己的生命周期。他把企业生命周期分为三个大阶段十个时期："一是企业的成长阶段，包括孕育期、婴儿期、学步期、青春期；二是企业的成熟阶段，包括盛年期和稳定期；三是企业的老化阶段，包括贵族期、内耗期（官僚化早期）、官僚期和死亡期。"在企业生命周期的每一个发展阶段都有着非常鲜明的特点，并且都面临着不同的威胁。

（1）企业生命周期的发展阶段。

①成长阶段：起步期、发展期、成长期、成熟期。企业成长阶段的第一个时期是起步期，在这个时期，企业还未创办，但创业者此时已经拥有了雄心勃勃的创业计划，一旦他们对创业计划和风险做出实践的承诺，企业就此诞生了。但是很多情况下一些创业者只是凭空想象，而并未付诸实践，致使企业只停留于空想阶段而最终流产。

②企业成长阶段的第二个时期是发展期，在这个时期，企业已经诞生了，此时的企业缺乏应有的规章制度，创业者往往在企业经营管理上独揽大权，并且会因此出差错，往往是针对问题、危机进行管理。同时，企业发展期存在的最关键问题是资金的不足，企业此时如果失去资金的支持，也将难逃夭折的厄运。

③企业成长阶段的第三个时期是成长期，在这个时期，企业迅速的成长，此时的创业者大多认为他们做什么都是正确的，他们把所有的事情都看成是机遇，这往往会种下祸根。他们更多是按照人而非职能来组织企业，创业者仍旧掌握着决策大权。在这个时期，企业的控制力弱成为最主要的矛盾，主要表现在：创业者缺乏长远的战略眼光，容易被眼前的利益所驱使；企业缺少一种系统化的制度，管理成为企业的危机；管理主体依旧以家族成员为主。

④企业成长阶段的第四个时期是成熟期，在这个时期，企业成长得最快，企业规模效益开始出现，对市场的开拓能力迅速地提升，产品的市场占有额也迅速地扩大，企业的声誉和产品的品牌已为人们所了解。这一时期，公司开始采取新的格局，创业者聘请了专门的职业经理人，并开始实施授权管理、制度化管理及规范化管理。这是企业能否持续发展的关键时期，对企业创业者也是一个极大的考验。

（2）企业总体战略。针对所处周期选择适当战略，针对不同的周期应采取不同的战略,从而使企业的总体战略更具前瞻性、目标性和可操作性。依照企业偏离战略起点的程度,可将企业的总体战略划分为如下三种:发展型、稳定型和紧缩型。

①发展型战略,又称进攻型战略。使企业在战略基础水平上向更高一级的目标发展,该战略宜选择在企业生命周期变化阶段的上升期和高峰期,时间为6年。

②稳定型战略,又称防御型战略。使企业在战略期内所期望达到的经营状况基本保持在战略起点的范围和水平。宜选择在企业生命周期变化阶段的平稳期实施该战略,时间为3年。

③紧缩型战略,又称退却型战略。它是指企业从战略基础水平往后收缩和撤退,且偏离战略起点较大的战略。采取紧缩型战略宜选择在企业生命周期变化阶段的低潮期,时间为3年。

2. 中国学者的企业生命周期理论

在中国,一些学者也对企业生命周期理论进行了深入的研究。如李业提出的企业生命周期的修正模型。该模型将销售额作为标准,把企业发展的生命周期分为孕育、初生、成长、成熟和衰退五个时期。企业在不同的发展时期,有不同的形态,会遇到不同的问题,同时会采取不同的策略。单文和韩福荣提出了三维空间周期模型,该模型从企业的应变性、企业的可控性、企业的规模这三个维度出发,并将它们综合起来考虑,从而全面地阐述了企业的生命状态。

中国学者对企业生命周期理论的研究中,最有代表性的是中国社科院的陈佳贵教授,他是我国最早研究企业生命周期理论的学者。他认为,"企业生命周期是一个十分重要的问题,是指企业诞生、成长、壮大、衰退直至死亡的过程,企业生命周期可以划分为孕育期、求生存期、高速成长期、成熟期、衰退期和蜕变期六个阶段。"

(1)企业的孕育期。企业的孕育期,指的是企业的创建阶段。无论企业采取何种方式兴建,在孕育期都有以下特点:企业可塑造性较强;对企业投入较大;建设周期较长。企业这一时期的发展对企业未来的发展有着重大的影响。这一时期,企业要集中精力抓建设质量及生产的筹备工作,这里主要包括设计产品、筹集流动资金、准备原材料、培训企业人员及选择合适的管理组织模式等。

(2)企业的求生存期。企业的求生存期,指的是企业已经登记注册,并开始运营的阶段。企业在这一时期有如下特点：企业总体实力相对薄弱，依赖性强；企业产品的定位方向不稳定，企业转业率较高；企业经营比较灵活，创新性较强；企业发展速度不稳定，易出现波动；企业管理制度不健全；企业缺乏自身形象建设；企业破产率较高。在这一时期，企业必须集中精力做好基础性工作，努力树立自身良好的形象，不断拓展产品市场。

（3）企业的高速发展期。企业的高速发展期，指的是企业创立后，5～7年内能得以生存并获得不错的发展而后进入的时期。企业在这一时期有如下特点：企业总体实力不断增强，发展速度不断加快；企业规模不断扩大，从单厂企业向多厂企业过渡；企业创造力不断地增强，并形成了自己的主导产品；企业专业化水平不断提高，管理也向规范化迈进。企业的高速发展阶段，是企业可持续发展的关键时期。在这一阶段，首先，企业的发展战略重点应该从争取基本的生存逐渐过渡到争取更为有利的发展机遇及各种发展资源上来，企业要及时把握时机，从而促使自身能快速、健康的发展；其次，作为企业的决策者要时刻保持清醒的大脑，认清企业内外复杂多变的环境，全面评估自身的总体实力，不能将摊子铺得太大、战线拉得太长，使企业陷入尴尬的困境。

（4）企业的成熟期。企业的成熟期，指的是企业经过了高速发展以后而进入的阶段。企业在这一时期的主要特点有：企业发展速度开始放慢，甚至出现停滞的现象，但企业效益还在提高；企业产品向多样化的趋势发展，并形成了自己的特色、品牌；企业已经树立起了自身良好的形象，并逐步向集团化方向迈进；家族企业在管理上开始从集权模式到分权模式的过渡；企业思想处于保守状态，创新精神持续下降。在这一发展时期，企业要将主要精力放在如何保持并激发企业的创新精神，防止并克服骄傲自大的不良情绪，深入挖掘企业的发展潜能，不断提高企业的经济效益，从而推迟企业衰退期的来临。

（5）企业的衰退期。企业的衰退期，是指企业在成熟期过后各方面机能逐渐下降的阶段。在这一时期企业的主要特点有："大企业病"问题日益加剧；企业的生产工艺、技术装备逐渐落后；生产不断萎缩，产品不断老化，企业效益降低；负债不断增加，财务状况日益恶化，市场需要下降。在该阶段，企业的主要任务是极力缩短衰退期时间，使企业向蜕变期迈进。

（6）企业的蜕变期。企业的蜕变期，是指企业进入衰退期以后而进行的质变。这里的质变有两种截然不同的情况：一种情况是企业最终走向衰亡。企业在成长过程中的每个阶段，都会因为某种原因而破产死亡，但这里的破产死亡就像没有长大的孩子属于中期"夭折"；而企业衰退期以后的破产死亡是企业各方面机体的老化导致的，我们称之为衰亡。另一种情况是企业将会蜕变。企业的蜕变期是企业可持续发展的关键时期，企业能否蜕变关系到企业能否持续发展。企业在这一时期的主要特点是：企业的经济形体、企业的实物形体及企业的产品（劳务）等都要发生革命性的变化。这种革命性的变化必须是脱胎换骨的，只有这样企业才能在衰退期得到涅槃，从而获得新生。

二、家族企业文化对家族企业可持续发展的影响

家族企业发展的动力包括土地、资本、人力（体力和智力）、技术、管理及制度等。但是近年来学者们的研究发现，随着家族企业的不断发展壮大，家族企业通过增加资本投入、引入人才与技术、借鉴先进的管理方式和制度，给企业带来的发展并不是长久的，家族企业持续发展的动力及最终动力源是家族企业文化。家族企业文化对家族企业可持续发展的重要影响，要充分分析家族企业文化具有良好的导向功能，强大的凝聚功能，严格的约束功能，有效的激励功能，创新的推动功能。只有充分发挥家族企业文化这些功能的作用才能保障家族企业的可持续发展。还要探讨家族企业文化对家族企业可持续发展的具体作用机制，优秀的家族企业文化能够降低家族企业成本，提高家族企业绩效，并有利于家族企业的核心竞争力的培育，是家族企业可持续发展的内在动力。

（一）家族企业文化对家族企业可持续发展的作用机制

1. 家族企业文化降低监督和约束成本

约翰·斯图亚特·穆勒指出，"……现在要花费大量劳动监督或检验工人的工作，在这样一种辅助性职能上花费多少劳动，实际上就会减少多少生产性劳动，这种职能并不是事物本身所需要的，而只是用来对付工人的不诚实。……建立相互信任的关系对人类的好处，表现在人类生活的各个方面，经济方面的好处也许是最微不足道的，但即使如此，也是无限大的。……而如果劳动者诚实地完成他们所从事的工作，雇主精神振奋，信心十足地安排各项工作，确信工人会很好地干活，那就会大幅度提高产量，节省大量时间和开支，由此而带来的利益不知要比单纯的节省大多少倍。"雇主与雇员相互之间的信任是非常重要的，家族企业主应做到"疑人不用，用人不疑"，健全用人机制，对家族成员与非家族成

员平等对待。只有这样才能在更大程度上调动全体员工的积极性与创造性，使员工产生被充分信任的归属感。家族企业文化之所以能降低监督和约束成本，在于家庭内部成员都具有相同的价值观念、道德规范，特别是在企业创业初期，家族成员更是相互信任，团结一致，全力拼搏，相互扶持，毫不计较个人得失，无论在人力、物力、财力上都是倾其所有。即便是家族企业发展壮大以后，成员之间由于血缘、亲缘及地缘关系，相互之间也是充分信任的。这样可以把企业人为的监督变为员工的自省行为，企业制度的外部约束内化为员工的自律行为，员工把企业的事情当作自己的事情来做，工作效率会大大提高，家族企业的监督与约束成本自然会降下来。

2. 家族企业文化影响企业绩效

家族企业的绩效，从宏观上来讲，会受家族企业内外环境、公司治理、公司管理等多方面因素的影响。但从微观上来讲，就在公司管理方面，家族企业文化是影响家族企业绩效的最关键因素。

企业文化具有导向功能。所谓导向功能就是通过它对企业的领导者和职工起引导作用。企业员工就是在这一目标的指导下从事生产经营活动。我们认为，"企业文化影响企业的长期经营业绩，重视企业文化的企业，它们的经营业绩远远地超过那些不重视企业文化建设的企业。"企业文化对企业的长期经营业绩有着非常重大的影响，这里所说的影响不仅是促进，而且是直接提高企业的长期经营业绩，分别从总收入平均增长率、员工增长、公司股票价格、公司净收入方面进行了说明。

家族企业文化是家族企业生产经营的指导精神，在家族企业的生产经营中起着至关重要的作用。在家族企业内部，企业文化能否得以良好的运用，直接影响着家族企业的长期绩效。企业内部员工身为家族成员，一般都有共同的价值观念，为了家族企业的发展而不遗余力，而作为非家族成员的家族企业员工，其价值观念和信仰并不一定与家族企业员工的相一致。

企业文化具有凝聚功能。企业文化倡导以人为本的原则，尊重人的感情，由员工共同的价值观念形成了共同的目标和理想，并把本职工作看成是实现共同目标的重要组成部分。

因此，家族企业文化要以共同的价值观念为核心，但这个共同的价值观念不应该是偏颇的，而应该是惠及全体员工及企业整体利益的，只有这样，才能塑造员工统一的价值观念和道德信仰。全体员工在良好的文化氛围、和谐的工作环境、融洽的人际关系中，才能激发自身的工作积极性和创造性，充分发挥内在潜能，进而影响他们的工作态度与行为，提高整个企业的长期绩效。

3. 家族企业文化有利于家族企业核心竞争力的培育

中外家族企业成功的实例表明，企业文化作为现代家族企业管理理论和管理方式的重要内容，有着科学的管理思想、开放的管理模式及柔性的管理手段。家族企业的发展源于企业的核心竞争力，而企业的核心竞争力的培育靠的是优秀的家族企业文化的指引与贯彻实施。

（1）家族企业文化为家族企业核心竞争力的创新提供不竭的动力。企业的核心竞争力，是一个动态的发展演变过程。企业要想保有长期的竞争优势，就要随着内外环境的变化而不断地通过创新来维持自身的核心竞争力。企业文化具有激励功能。共同的价值观念使每个职工都感到自己存在和行为的价值，自我价值的实现是人的精神需求中最高层次的满足，这种满足必将形成强大的激励作用。

在知识与信息时代，对核心竞争力的创新，也就是对知识文化的创新，在这一过程中，企业文化起着举足轻重的作用。一方面，家族企业文化决定着家族企业成员的价值观念和思维观念。价值观念和思维观念的创新直接决定着其他方面的创新，尤其是作为家族企业的领导者必须有创新的超前思维，才有可能进行创新。企业文化具有调适功能，调适就是调整和适应。即对企业与外部环境、企业内部部门之间以及员工之间不协调、不适应之处进行的调整和适应。这样，企业的核心竞争力才能保持其时效性，企业才能得以长足地发展。这就要求家族企业文化是学习型的、开放式的，要突破传统的思维定式与思维惯性，以敏锐的眼光时刻把握内外环境的变化，用新的思想观念为企业的未来规划蓝图。另一方面，家族企业文化决定着家族企业的战略定位。战略定位的创新是企业核心竞争力创新的前提条件，家族企业要保有其核心竞争力，必须在变化的经济形势和市场环境中有正确的战略目标。但是，这个目标并不是一成不变的，是随着内外环境的变化不断调整的，优秀的家族企业文化能适时地调整企业的战略目标，而封闭落后的企业文化则不能做到。最后，家族企业文化决定着家族企业技术上的创新。技术创新是企业核心竞争力形成和创新的关键，它是指生产工艺、装备、方法的改进和完善，它既包括企业内部的技术创新，也包括吸收企业外部技术，使其在企业内部进行的技术扩散。良好的企业文化促进企业不断通过技术的创新来推进产品更新的速度,进而为企业的核心竞争力的创新提供不竭的动力。企业领导者应该带头学习企业文化知识,深刻认识企业文化的内涵,对建设本企业文化有独到的见解,对本企业发展有长远的战略思考。要亲自参与文化理念的提炼,指导企业文化各个系统的设计,提出具有个性化的观点,突出强调独具个性和前瞻性的管理意识,通过长远目光、人格魅力和管理艺术,感染和影响职工发挥最大的潜力,推动企业科学和可持续发展。

(2) 家族企业文化是打造家族企业核心竞争力的利器。在家族企业的发展进程中,家族企业文化贯穿于家族企业发展的始终,它是一种潜移默化的、起长远作用的力量源。家族企业核心竞争力的构建是建立在企业文化氛围基础上的,优秀而先进的家族企业文化对培育企业核心竞争力有巨大的推动作用。下面一个案例可以说明文化的强大推动力:

年轻人布莱恩·克莱斯是美国考克斯有线电视公司的一名工程师。一次,正在休假的布莱恩到一家器材行购买木料,准备把家里装修一下,由于假期只有七天,他把每天的日程都排得满满的。他焦急地等待着木工师傅切割木料,却无意听到附近的几个人正在抱怨考克斯公司的服务质量,而且声音越来越大。布莱恩发现,其中一个人对考克斯的服务质量极不满意。这时他的未婚妻打来电话催着他赶快回家,监督工人们装修。但是,对于眼前的情景,布莱恩却无法置若罔闻。他走上前去对几个人说道:"很抱歉,我听到大家正在讨论考克斯公司的服务情况。我在考克斯工作,请问大家对我们的服务有什么意见,能否愿意给我一个改善令大家不满服务的机会?如果可以,我一定全力帮助你们解决。"这一番话让这几个人惊讶无比,但是,由于布莱恩态度诚恳,很快就了解到了情况。于是他赶快给公司打电话,向公司汇报了具体情况。不一会儿,公司便派人到那位顾客家解决问题,让顾客非常满意。布莱恩上班之后,又打电话向那位顾客询问服务情况,并提供给顾客两个星期的试用期,最后,还向顾客表示了诚恳的道歉,令那位顾客非常满意。考克斯的老板葛培特知道了这件事后,对布莱恩称赞有加,并号召所有员工向他学习,布莱恩也从此颇受老板关注,个人业绩节节攀升,成为公司里的红人。公司的员工如果人人都能像布莱恩·克莱斯一样,那么这个企业绝对是个成功的企业,是个成功的团队。把企业看成是自己的,那么,在使用公司资源时,便会尽量做到节约;面对一个大项目时,便会认真忖度,考虑是否值得投资;在解决企业问题时,便会全力以赴,力求最快做好。家族企文化是家族企业的精神支柱。家族企业文化是企业的灵魂，引领企业发展的方向。家族企业的主体是人，优秀的家族企业文化从员工的角度出发，协调企业的内部关系，将企业员工牢牢地凝聚在一起。

4. 家族企业文化是家族企业可持续发展的内在动力

Ward 说道，"为那些不在家族企业中工作的家族成员创造机会，让他们感受到与家族企业在情感上的羁绊，使他们获得愉悦感和优越感，从而以参与家族企业的发展壮大为己任。"家族企业发展的动力源很多，家族企业文化是各个动力源，尤其是企业员工这个弹性最大的动力源的黏合剂。家族企业创立之初，家族企业文化此时是隐蔽的，在一定意义上就是家族企业主或是该家族的文化。此时，家族成员是在统一的价值观念指导之下开始创办企业的，为了自身以后更好的发展，那种内在的动力使得他们相互之间不计得失、一味付出。家族企业发展壮大后，企业员工不断地增加，家族企业文化的作用也逐渐凸现出来。家族企业文化作为"看不见的手"，对员工的思想产生很大的影响，使他们形成了基本上都认同的价值观念和信仰。全体员工受这种价值观念和信仰的支配而团结一致、积极努力的工作，从而使他们凝聚成一股强大的合力，达到事半功倍的效果。总之，家族企业文化作为家族企业的灵魂，是家族企业成员价值观念、道德规范和行为准则的总和，是家族企业可持续发展的内在动力。

企业要做百年老店，长期存在下去，不能只靠个别英雄人物，而是要靠制度，靠文化。只有这样，当优秀的领军人物离任后，公司的竞争力和业绩仍有可能延续。中国的中药房应该多如牛毛，唯有同仁堂换了多少代掌门人，百年不倒，想来应归功于它赖以安身立命的店规堂训：同修仁德，济世养生。因此，家族企业文化是家族企业可持续发展的内在动力。

案例思考

华为的"狼性"企业文化

华为非常崇尚"狼"，认为狼是企业学习的榜样，要向狼学习"狼性"，狼性永远不会过时。任正非说：发展中的企业犹如一只饥饿的野狼。狼有最显著的三大特性：一是敏锐的嗅觉；二是不屈不挠、奋不顾身、永不疲倦的进攻精神；三是群体奋斗的意识。同样，一个企业要想扩张，也必须具备狼的这三个特性。作为最重要的团队精神之一，华为的"狼性文化"可以用这样的几个词语来概括：学习、创新、获益、团结。用狼性文化来说，学习和创新代表敏锐的嗅觉，获益代表进攻精神，而团结就代表群体奋斗精神。狼能够在比自己凶猛强壮的动物面前获得最终的胜利，原因只有一个：团结。即使再强大的动物恐怕也很难招架得了一群早已将生死置之度外的狼群的攻击。所以说，华为团队精神的核心就是互助。

资料来源：刘世英，《华为教父任正非》，中信出版社2008年版。

问题：华为的狼性文化如何成就了今天的华为？

第四章 家族企业文化体系的构建与传播

第一节 家族企业文化设计

一、家族企业文化设计问题

(一) 外部问题

1. 市场竞争规则不完善

从企业形象识别系统的发展历程来看，真正显示出巨大效果的大多是在市场经济发达和完善的国家和地区。企业形象识别系统（CIS）的成功运用，在某种程度上也标志着市场竞争规则的完善。然而，我国的社会主义市场经济体制正处于建立和发展之中，市场发育程度较低，市场体系还没有完全建立起来。市场体系必须具备的统一性、开放性都远远不够。尽管国家也颁布实施了《反不正当竞争法》、《中华人民共和国商标法》、《中华人民共和国专利法》等诸多法律、法规，来规范企业的经济行为。但在实际经济活动中仍存在某些混乱现象，如不正当竞争、市场割据、地区垄断、行业垄断和假冒伪劣商品充斥市场，以及权力商品化、权钱交易等腐败现象又有新的发展。此外，政令不通、地方保护主义、部门保护主义等问题在某些地方也比较严重。这些都严重限制了市场的充分竞争，使其优胜劣汰的机制难以正常发挥，为假冒商标的横行，提供了可乘之机。同时，市场竞争的不完善也限制了消费者自由选择权利的充分行使，使假冒商标的商品获得了蒙混过关的机会，这些问题都成了我国企业形象识别系统（CIS）健康发展的绊脚石。以企业商标为例，我国现行的《商标法》是1993年2月实施的。在我国现行《商标法》中规定，对商标侵权行为处非法经营50%或者侵权所获利润5倍以下的处罚。《商标法》的这一规定只有上限，而没有下限。这就给地方保护主义者有机可乘：处罚尺度尽量压低，额度定得很小。这对非法经营的企业来说几乎毫发未损，很大程度上助长了商标侵权行为，对于打击商标侵权和假冒行为非常不利。正是因为处罚力度不够，查处过轻，根本没有伤及侵权人、假冒者的"元气"，因而类似的侵权、假冒行为在被查处后又屡次发生。明知违法，为什么还有那么多人敢冒天下之大不韪呢？原因很简单，即便受处罚，比起不法所得仍然是九牛一毛。因此，这种侵权行为屡禁不止。而企业花钱费力设计的商标，换回的只是"替别人做嫁衣裳"，难免会产生抵触情绪，限制了很多企业的实施CIS战略的步伐，同时也阻碍了我国企业形象识别系统（CIS）的健康发展。此外，我国《商标法》也没有明确规定绝对禁止假冒侵权商标的商品再次进入流通领域，只是规定对一些有毒有害且没有使用价值的商品予以销毁，而有一些侵权商品可以在消除侵权商标标识后返还当事人。当事人则又可能将原商品改头换面后再推向市场，形成侵权商品的重新上市。这不仅对不法分子没什么损害，还为不法分子提供了便利，打击了合法商家的积极性，同样也制约了企业形象识别系统（CIS）在我国的健康发展。因此，在我国要形成完善的市场竞争秩序，还需要一个艰难、长期的过程。

2. 专业人员匮乏，设计水平有限

CIS战略的应用在发达国家已有半个多世纪的历史。这种理论传入中国不过是十多年的事。因而，我国有关CIS的理论和实践还正处于逐步探索阶段。无论是企业本身还是专业策划公司、顾问公司，对于CIS的运作还说不上达到成熟的程度，成功率都很低，更谈不上已经形成了适合我国国情的、成熟的理论。因此，在中国CIS理论还需要进行不断的研究和实践，认真的探索和总结。目前我国的专业策划人员也十分紧缺，即使是正在从事CIS策划的人员也大多没有经过专业的系统教育，而是从广告策划、设计、公关策划等部门转移过来的，有的甚至仅仅懂得一些原理而已。显而易见，他们的CIS策划难以创造出优秀的成果。策划人员的素质还需要全面地提高。尽管这些年在全国各地各种以CIS设计来招揽生意的设计策划公司风起云涌，仅广州一地就有300多家。但是，我国这类公司分布很不平衡，而且各个公司的设计水平参差不齐，还有待于全面提高。并且这些公司大都缺乏严格的管理，给刚刚起步的中国企业CIS战略带来了混乱。企业花了钱进行CIS策划，但效果微乎其微，致使很多企业不敢贸然行事。这些情况都限制了我国企业导入 CIS 的信心和步伐。

（二）企业内部存在的问题

1. 认识上的误区

由于企业形象识别系统在我国起步较晚，理论研究也不够完善，再加上企业长期受传统经营思想的影响，无论是企业的经营管理者，还是企业的员工对 CIS 的认识都存在着明显的误区，主要表现在以下几个方面。

（1）企业形象识别系统 CIS 无用论。从太阳神第一个导入 CIS 至今，中国许多企业仍然没有认识到企业形象识别系统的价值。他们始终认为，只要企业的产品质量好，价格合理，不需花费那么多的时间精力去导入 CIS，企业也照样能求得生存与发展。因此，他们认为，企业无须导入企业形象识别系统。不可否认，质量和价格确实是企业生存发展的基础。但是随着中国市场经济的深入发展以及世界经济一体化进程的加快，企业要想在市场上站稳脚跟，仅有质量与价格的优势是远远不够的，我们认为塑造良好的企业形象是上策。在现代市场经济条件下，市场竞争的日益加剧，消费者自我保护意识不断提高，使得企业经营环境发生了根本性的变化。过去，企业间的竞争条件往往集中在商品的质量与价格上，物美价廉成了消费者选择商品的标准。在当今的市场经济时代，市场竞争不仅首先表现为产品质量与价格竞争，而且更重要的表现为生产商品背后的企业整体形象的竞争。消费者在诸多的同类商品中最终选择哪一种，在很大程度上不仅取决于质量和价格，而且取决于他们头脑中哪一个企业的知名度高、信誉好、服务周到等，因为一个质量不合格、价格不合理的商品是根本没有资格登上现代市场竞争的舞台的。随着科学技术的进步，企业都注重采用先进的机器设备，不断提高产品质量，降低生产成本，使企业间在产品质量和价格上的差距越来越小。质量和价格也只能是生存的基础。而要想在竞争中脱颖而出，关键在于如何创造自己的美好形象，以赢得社会各界公众的信任与赞许，从而取得良好的经济效益与社会效益。

（2）认为企业导入形象识别系统能立竿见影。有些企业的管理者认为，导入企业形象识别系统 CIS 是一个短期行为，并且导入后能马上为企业带来巨大的经济效益。当然，企业形象战略对于塑造企业形象是十分有帮助的，但是，公众对企业的信赖和好感是一个厚积薄发的过程。良好的形象是绝不可能在朝夕之间就能奏效，它需要长时间的积累和培育。一方面，公众对企业的认识是逐渐形成的，随着消费者素质的提高，消费者观念的变化，要想在消费者心目中留下美好的印象，并不是一个口号、一则广告、一次宣传活动就能达到目的的。它需要企业与消费者之间进行多次的交流和沟通。另一方面，由于各个企业的经营管理者的水平、员工的素质、企业的业务状况、竞争策略和营销手段的差异，导致不同的企业之间在树立企业形象的方法和手段上必然存在差异，在选择树立企业形象形式上也必然存在差异性。因此，树立企业形象的过程是一个不断摸索实践的过程。如果在短期内对导入企业形象战略期望过高，不切合实际，或在实践中不尽如人意时，就产生怀疑的态度，那么这种认识必将会对塑造企业形象产生一定的负面影响。

（3）认为CIS战略可以包治百病。有些企业的经营者盲目地认为企业花费了很多的人力、物力、财力去导入CIS战略，那么企业经营过程中的所有问题都可以由此得到解决。这是一种随意夸大CIS战略的主观意愿。我们知道CIS战略只是企业形象识别系统，是要通过理念识别、行为识别、视觉识别达到塑造良好企业形象的目的。它的作用是有限的，而不是万能的。企业在生产经营活动中会出现各种各样的问题，都需要企业作出正确的战略决策。如果事事希望都能由CIS战略来解决问题，这不仅不切合实际，而且还会影响到这些问题的解决，这是非常有害的。这种想法常常会使企业的领导和员工对CIS战略期望过高，一旦出了问题解决不了，就会怀疑自己导入CIS战略是否值得，是否失误，反而忽视了考虑其他造成问题的因素，甚至也不采取其他积极有效的措施来补救，而完全归罪于CIS战略无用。

（4）用视觉识别（VI）代替理念识别（MI）与行为识别（BI），过分夸大视觉识别（VI）的作用。有人认为塑造企业形象犹如给人化妆一样，无非是将其包装，给人们留下美好深刻的第一印象而已，把CIS只是看作企业靓丽的外包装，完全忽略其思想和文化的内涵这种模糊意识将它的精神层面和物质层面断裂开来，认为就是将视觉识别统一化，如统一企业标志、统一产品包装、统一办公用品、制服等。正因为如此，他们误以为塑造企业形象就是标志和色彩的设计问题，因为他们觉得视觉识别（包括企业名称、标识、色彩系统、商品包装、制服设计、室内外装潢等）是看得见、摸得着的东西，能给公众以新鲜感，认为完成了视觉识别就大功告成了，这是对企业形象战略的严重曲解。事实上，企业形象识别战略是一个系统，它由理念识别、行为识别和视觉识别构成，是以理念识别系统为基础和核心，行为识别系统为主导，视觉识别系统为表现的整合过程。

在这一系统的整合过程中，所有的视觉表现必须以内在的企业经营理念为依托。理念识别是视觉识别的基础和原动力，只有对企业的理念充分理解，才能制作出反映企业理念的视觉识别系统，使广大消费者透过视觉识别，感受到企业的精神和个性。视觉识别完成后，并不等于企业形象就树立起来，企业还要展开一系列有效的管理活动、社会活动和服务活动。这些活动的进行要依靠企业的员工来完成，绝非设计者所能代替得了的。因此，过分夸大视觉识别的作用，其结果将是金玉其外，败絮其中。例如，有的公司的标语口号叫得震天响，内部管理却一团糟；员工有崭新的工作服，却没有良好的言谈举止和服务意识。试想，一个表里不一的企业，其外在形象再好，也不会获得人们的好感，相反只会使人生厌。因为，企业形象不是由单一要素形成的，而是需要各要素的良好融合。企业只有从整体入手，全方位实施企业形象识别，才能塑造良好的企业形象。

（5）以理念识别（MI）代替视觉识别（VI）与行为识别（IB），忽视了企业形象识别系统的具体形式。我们也有很多企业只注重理念识别，而忽视行为识别和视觉识别。这种认识体现了我国传统的"酒香不怕巷子深"的经营观念，也反映了东西方文化价值观的差别。长期以来，中国的企业是十分重视思想道德建设的。许多企业的领导者认为，只要提高企业的价值观，狠抓企业精神就能够成功地塑造企业形象，而把视觉识别和行为识别视为华而不实的东西，这一点也与西方文化价值观有很大差异。有这样一个事例：某电视台记者拿着带有三只鸭子的企业标识和带有一位白胡子老爷爷的标识询问过路的孩子。当他拿出小鸭子标识时，有的孩子说不知道，有的孩子说是唐老鸭；而当他拿出了老爷爷标识时，孩子们异口同声地答道："是肯德基老爷爷。"其实，那个带有三只黄色小鸭子的标识是大名鼎鼎的全聚德。全聚德作为中华老字号在树立良好的企业道德方面无疑是成功的，然而，正像许多老字号一样，他们的标识逐渐被21世纪的年轻人淡忘，倒是像肯德基那样的洋品牌，在中国的孩子们的心里扎下了根。以美国为例，美国是一个多民族杂居的国家，大量移民特别是欧洲人向美国移居，给美国注入了尊重个人隐私权的传统，培养了美国社会尊重个人利益的习惯。正是这种背景造就了美国特有的"崇尚自由，个人奋斗，敢于竞争，勇于冒险"的文化价值观。这种文化价值观渗透到企业经营管理上，形成了特有的企业文化：崇尚自由竞争，追求利润最大化，强调自己的特殊能力与风格。在这种企业文化的影响下，美国企业努力塑造本企业的美好形象。认为只有这样，才能体现出企业的个性。他们追求与众不同的经营效果，首先体现在视觉与行为上，他们注重鲜明醒目的公司标识设计，注重广告宣传，希望引起人们的注意，而恰恰在企业的集体主义、奉献精神上做得不足，因而这些年美国企业试图引进管理方法。与美国相反，中国企业一般都很重视理念识别，而认为各种色彩设计和宣传活动是华而不实的东西。这种认识犯了与上一种认识相同的错误。它们都过于偏重强调企业形象识别某一方面的作用，忽视其他方面的作用。诚然，在整个企业形象识别系统中理念识别是最重要的，它犹如企业的心脏和灵魂。但是，重视理念识别不等于以理念识别代替行为识别和视觉识别。因为，企业理念是企业的经营观念，价值准则的高度提炼和概括，是一种抽象概括出来的意识形态的东西，这对消费者来说，是一种"看不见，摸不着"的东西。企业理念只有通过具体的感性形式，运用某种具体的物质载体，通过员工的日常活动，才能具体地体现出来，从而被顾客感知。企业理念不能任凭主观想象，而是源于经营管理实践并随着企业的日趋成熟而变化发展的动态过程。行为识别和视觉识别是能够让企业形象识别系统活起来的手段。塑造企业形象的根本目的，就是要让消费者对企业认知和认同，并在此基础上产生信赖、好感和合作。这其中不可缺少的手段，就是要通过企业的视觉识别和行为识别让社会公众来领悟企业的理念，达到对企业形象产生好感的目的。如果说将视觉识别系统视为形式的话，那么，企业理念识别系统这一内容只有借助于形式，才能具体化，并获得自身表现和发展的生命力。此外，在我们企业内部还存在着很多认识上的误区，如认为CIS就是简单的传播企业形象、企业员工认为CIS与自己无关、CIS策划是专业公司的事，企业只要出资就行了等。这些认识上的误区挫伤了许多企业导入CIS战略的积极性和信心，阻碍了CIS战略在中国企业的发展和完善。

2. 运作上的误区

由于诸多企业实施CIS战略认识上存在误区，必然会造成具体运作上的误区。从我国企业导入形象战略的实践看，具体运作中主要存在以下三方面的误区。

（1）企业不对自身和市场的实际情况进行深入的调查，单凭主观想象设计企业形象。目前，有些企业在导入CIS战略时不是把树立良好的企业形象作为企业自身重要的事情来看待而采取积极的行动，也不是动员企业员工积极参与设计，而是将其全部委托给各类策划公司和公关公司来做。可是这些公司并没有从企业的实际出发，而只是在视觉识别上花样翻新，在理念识别上提出一些空洞无物且千篇一律的口号，拿了策划费交差了事。这样的企业形象策划，根本不能达到为企业树立良好形象的目的。企业要想得到更多公众的赞誉，想使自己的形象适应市场的需要，符合经济发展的趋势，就必须在公众面前和市场中界定自身的位置。做到这一切都需要企业认真周详地进行市场调查，充分掌握企业自身的实际情况和市场发展的前景，才能确定企业在市场上的位置和产品发展方向，做出切实可行的符合企业长期发展状况的宏观规划，创造企业的独特个性，使企业形象的树立具有坚实的根基。

"没有调查就没有发言权"，规范的 CIS 导入必须从缜密的调查做起，包括对企业竞争环境的调查、企业形象的调查、企业整体素质的调查等。就这一点而言，宁波雅戈尔集团导入企业形象识别系统的过程是值得我们其他企业借鉴的。十多年前，宁波雅戈尔公司靠两万元贷款开始了艰苦创业。时至今日，这个镇办小厂已成为拥有资产 6 亿元人民币，年销售总额超过 4 亿元人民币的国家知名企业。雅戈尔诞生之时，衬衫市场已是名牌林立。它博采众长，采用国际水准的"无浆工艺"，开发出高级礼服衬衫"雅戈尔"。有了较好的质量后，接下来就是大力宣传，推销自己。因为在市场经济条件下，"好酒"不吆喝，也创不出名牌来。在导入企业形象识别系统（CIS）之前，公司也进行过企业形象设计，但都不理想。总裁李如成先生感到，企业形象设计不能只做一个视觉识别系统（VI），还应该建立在市场调查的基础上，由单纯的视觉识别（VI），提升为包括视觉识别（VI）、行为识别和理念识别的企业形象识别系统（CIS），为此他们做出全面导入企业形象识别系统（CIS）的重大决策。导入整个企业形象识别系统（CIS）一年，包括调查策划、实施等 12 类项目涉及的数据 100 万个，堪称目前中国最大、最规范的企业形象识别系统（CIS）导入工程。

（2）把企业形象战略简单作为企业形象设计，而忽视了对企业形象识别系统（CIS）的管理与发展。在企业形象识别系统（CIS）的三大要素中，无论是理念识别（MI）、行为识别（BI）还是视觉识别（VI），都要涉及企业方方面面的问题，需要运用和调动众多的理论和实践知识。尤其重要的是，应将各学科知识加以融合与创新，在企业形象识别系统（CIS）中灵活运用。世界上永远不存在静止不变的企业，企业都处在动态的发展变化过程中：科学技术在高速发展，管理水平在不断提高，消费者心理在发生变化，市场行情在不断变动，不可预知的因素在日益增多等。企业要适应市场变化和自身发展需要，在导入 CIS 战略过程中，除了要对企业形象识别系统（CIS）很好地策划实施外还要对企业形象识别系统（CIS）进行科学有效的管理与创新。我国企业在导入企业形象识别系统（CIS）时，往往重视企业形象识别系统的设计，而忽视对企业形象识别系统的管理和发展。以郑州亚细亚集团为例，20 世纪 90 年代亚细亚集团以"中原之行哪里去，请到郑州亚细亚"的广告语响彻神州大地，并且不断地发展壮大。它也正是靠成功地导入 CIS 战略，成为企业视觉设计和企业文化设计的典范。但是该企业却没有把握住机会，没有从规范企业内部的行为系统上着手，尤其是企业的决策缺乏有效的管理和规范，致使企业盲目扩大，财务混乱，最终导致企业的倒闭。再如，我国第一家全面导入企业形象识别系统（CIS），并取得巨大成功的太阳神集团有限公司，在刚刚导入 CIS 战略初期可以说创造了中国企业界的神话。

（3）照搬他人设计，忽视了企业形象识别系统的差异性，没有突出自己的个性。日本中西元南先生有句名言，"CIS 的要点，就是创造企业个性"。从本质上说，CIS 是一种企业求得生存和发展的差异化战略。这种差异不仅表现在企业的标志、商标、标准字和标准色等不同于其他企业；还表现在企业的经营哲学、企业文化、市场定位、产品定位、营销手段、组织结构设置等不同于其他企业的同时，还表现在国与国之间的民族差别。因此，实施企业形象识别战略要结合本企业、本行业的特点，需要企业领导与全体员工根据企业自身条件制定符合企业发展趋势的企业形象战略。而如果为图省事或缺乏创意，照搬其他企业的企业形象识别系统（CIS），不能达到应有的效果。目前，国内许多企业在其理念、经营行为和视觉识别的宣传中都存在着严重的雷同现象，缺乏个性、缺乏差别性。例如，当前我国企业理念口号中，"团结"的使用率高达 41%；"求实"的使用率达到 35%；"创新"与"开拓"的使用率超过 20%，"进取"的使用率也超过了 10%。人们在构思这些口号时忘记了没有个性就意味着没有形象这一基本信条，忘记了导入企业形象识别系统（CIS）就是要创造企业独特的个性。因此，这样的理念口号往往给人以空洞、肤浅的印象，而且也不能达到使人过目不忘的效果。同样，很多企业的名称和招牌字体都是请少数几位领导干部或著名书法家书写和题词，对企业来讲缺乏个性，对企业视觉设计传达也没有引人入胜之处，而公众面对的都是同一面孔。因此，也很难树立独特的企业形象。在设计企业标识这方面，由于企业形象识别系统（CIS）是外来品，中国企业缺乏经验，因此，很容易思路狭窄，单纯仿效。在中国，麦当劳的黄色大"M"标志可谓人人皆知，无论在哪里，只要见到鲜明的大"M"，就知道是美国著名快餐"麦当劳"。而就在王府井麦当劳餐厅对面的红高粱中式快餐，企业标志设计是一束成"M"形的黄色的麦穗，这就给人一种抄袭的感觉，非但没有起到区别的作用，反而给消费者一种负面印象，损害了企业形象。相反，康佳集团成功导入企业形象识别系统（CIS）的事例带给我们不小的启示。为了更好地配合实施"高科技、全球化、现代化"的发展战略，1995年康佳决定在本集团全面导入企业形象识别系统（CIS）。通过对企业理念重新提炼和整合，将"为企业内外公众创造健康、快乐的生活，不断奉献优秀的产品和服务"确定为新时期康佳的企业理念，并将其概括为"康乐人身，佳品纷呈"八个字，而后据此来统领整个企业形象识别系统（CIS）的编制与推行，在集团公司董事局主席任克雷的直接督导下，在公司高层领导与员工的积极支持和参与下，经深圳韩家英设计公司对康佳CIS进行高品质的规划，从而建立了康佳CIS体系，编制了《康佳集团企业形象识别系统手册》。历经近五年的宣传贯彻执行，企业形象识别系统（CIS）对提升企业形象、整合康佳文化，开拓市场起到了积极的推动作用，它有效地推动了集团发展战略，使康佳整体实力不断增强。由此可见，一个良好的企业形象必须依靠企业领导和员工用CIS去创造，要结合企业自身特点，突出自己的个性，才能取得真正的成功。

通过以上对中国家族企业导入CIS战略所产生的结果，我们可以看出中国家族企业要想适应市场环境的变化，就要树立良好的企业形象，提高自身的竞争能力。

二、家族企业文化设计原则

（一）与民族的文化背景相匹配原则

中国作为一个发展中国家，作为一个农业大国，从文明程度看，交织着三种文明：农业文明、工业文明、现代文明。中国社会正从传统农业社会向工业社会转变，一些地区将从工业社会进入现代化社会。家族企业的发展与中国社会转轨过程密切相关，家族企业文化建设也与三种文明紧密相连，因此，应该根据不同地区的实际建立和培育家族企业文化。沿海发达地区家族企业文化建设应与信息化、全球化相适应，应与现代化建设的进程相适应。中西部地区家族企业文化建设则应与农业产业化、农村城镇化、工业化的步伐相一致。家族企业在不同发展阶段会选择不同的企业制度,家族企业文化建设必须与选择的企业制度相适应。目前我国的家族企业只有部分属于现代企业。家族企业文化是与家族企业发展的初级阶段相适应的,只有当家族企业进入现代企业制度阶段时,才会要求建立与之相适应的现代企业文化。因此,不能抽象地谈论哪种企业制度、哪种企业文化谁优谁劣,而应结合家族企业具体的发展阶段、企业规模、产业特点和性质做出具体的分析和评价。

(二) 合璧中西、融合古今的原则

中国传统文化博大精深,源远流长,应该认真弘扬民族优秀的传统文化,并应随着时代发展不断赋予其新的内涵。传统文化的某些伦理规范如仁、义、礼、智、信等与现代管理理论并不矛盾,家族企业的文化建设应吸取中华民族传统文化的精华。同样,一切西方先进的管理理念和优秀文化成果都应被家族企业大胆借鉴。例如,日本企业文化受儒家、佛家、道家文化影响,其管理哲学以"关系"为核心。英国和美国的企业文化则具有典型的"契约"文化特征,企业的各种关系主要靠契约维系。家族企业要建立优良的企业文化就必须对东西方文化进行整合,并在此基础上进行家族企业文化的创新。在物质文化上,树立中国家族企业的产品、服务形象;在制度文化上,形成与现代市场经济接轨的企业制度;在精神文化上,创造出反映时代精神的、具有中国特色的家族企业文化。

(三) 个性与实用性相结合的原则

任何企业都是在特定的行业共性文化背景下成长和发展起来的,同时又有其自身的个性特色。但是,也不能盲目地追求企业文化的个性而忽视了企业文化的实用性。当前有一种很为流行的观点,企业价值观贵在有个性,与别的企业保持着差异,追求个性几乎成了一种时尚。但忽视实用性而为了追求个性的价值观,至多是点缀企业的亮点。片面地追求个性,最终将失去自我,因为它选择的参照系是别人,而不是自己,它是为了有别于别人,而不是为了解决自己的问题。因此,这样的特色价值观体系即使形成了,也不能够与企业所面临的问题相吻合,因而无法发挥其真正的作用力,也终将会为危及企业的生存。

(四) 确定企业价值观是关键

确定企业特有的价值观,创立企业文化体系并用以指导企业运行、规范企业行为。企业价值观是以企业为主体的价值观念,是一种企业人格化的产物。

主要是指企业精神和部分意义上的企业哲学。企业的价值观决定了企业的基本特征。在一个企业的不同文化方面，往往存在着一种被人们最重视的根本性的文化方面，它影响着其他文化方面的形成和发展，只有围绕着这种文化方面，其他文化才有存在的价值。它被人们称为本位文化。本位文化决定了企业的个性。它对企业的发展最为关键。企业文化的本位文化的实质是企业的文化价值观。

企业文化要求人们确认、继承和重塑企业的价值观，并将确认的价值观传递给企业全体成员。企业的价值观是在全体企业人具体价值观的基础上形成的，它是在对具体价值观进行综合分析后，塑造的企业共同的价值观。一旦企业的价值观形成，它又将否定企业人的具体价值观，要求企业人放弃个人所信奉的价值观，而遵循共同价值观。企业价值观从诞生那天起，就是以自身的约束力和影响力来反对在其之下的小团队、个人的亚价值观。亚价值观的存在是对企业共同价值观的挑战，它们具有阻碍价值观的作用。

企业的价值观是企业的主导信念。日常信念围绕主导信念可以派生许多，但主导信念是唯一的、排他的。

（五）重视企业人培育原则

重视企业人的培育，就是创立以企业人为主角的企业文化。

任何文化都离不开人，人既是文化的创造者，又是文化的享受者。在创立企业文化时，重视人的因素已经成为成功的企业文化获益者的共识。

一位美国"钢铁大王"自豪地说，"即使我失去工厂，失去金钱，哪怕失去一切，但只要保留我的人，十年后，我仍是钢铁大王。"

安纳罗格公司有句名言，"你可以用钱买到机器，但你不能用钱买到有知识的人，因此，对待人的基本态度是我们文化的灵魂。"

在坦德公司，人人知晓的信念是"坦德公司的成员、创造性的行动和乐趣是其最重要的资源"，"它（指公司哲学）使坦德将人与计算机合二为一"。

企业文化作为一种新型的企业管理模式，之所以区别于过去的模式，是因为它以全新的角度重新认识了人的因素。如果忽视这一点，就恰恰是丢掉了企业文化中最精髓的部分。

人的因素对企业文化的整体形成至关重要，它直接影响到诸如企业精神的特质、企业文化层次的高低以及这种企业文化能否保证在激烈的竞争中立于不败之地等。尊重人、关心人、理解人、爱护人是创立企业文化的核心。

在一个重视人的企业里，企业将从员工的身上获得同样的情感回赠。坦德公司的员工这样看待坦德公司："我不希望世界上有任何东西将危害到坦德的生存。我感到我对原来所在的公司早已人去茶凉，但我对坦德公司的感情却截然不同。""我总想花更多的时间去工作。这里有真正的忠诚，我们都在这个忠诚气氛中共同工作，在工作过程中共同奋力前进。我不是工作狂，但这里是我喜欢的地方。""我的目标就是对公司目标的执着追随，它是我与公司所共有的。我认为人人都是这样想的。我们都希望看到它万事顺遂。"

只有在个人的价值得到充分肯定、个人的主观因素能得以充分施展的企业，人才会认识到，他选择这项工作，无异于是在选择一条人生的道路，是在接受一种生活方式。

（六）继承企业优秀的文化传统

各个不同的企业都有自己的文化传统。在创立企业文化的过程中，我们不能忽视原有的文化传统，不能忽视原有文化的存在。事实告诉我们，对原有文化持虚无态度的企业，根本不可能以博大的胸襟创立新的企业文化。

各企业的文化传统是历史的积淀，它们的存在有一定的合理性，如有的企业有维护民族尊严、自强不息的传统；有的企业有提倡主人翁意识、提合理化建议的传统；有的企业有艰苦创业、勤俭办厂的传统；有的企业有发动群众小改、小革的传统；有的企业有树劳模、评标兵的传统；有的企业有干部参加劳动、同群众打成一片的传统等。这些优良的传统是我们创立企业文化时需要发扬的因素。对文化传统的继承要建立在新的基础之上，应根据时代的变化，赋予新的文化内涵。

原有文化的改造，由于涉及不同的文化层次，各个文化方面的影响又根深蒂固，会有很大的阻力。文化不仅是一种主观意识上的东西，更主要的是人们在文化意识支配下的文化行为。文化的主观确立，或许可以通过灌输，在短时间内做到，而企业人的文化行为，无论如何都需要长时间的潜移默化。因此，原有文化的改造、新企业文化的创立是一项长期的工作，是一场持久战。

我们承认对原有文化的清理是一项长期艰苦的工作，它需要有正视自我否定痛苦的勇气，需要有辨别是非的能力，需要有承受挫折和失败的心理准备。

（七）重视企业民主建设

企业文化是建立在民主的价值观与信念之上的。人们完全有理由相信"一言堂"的土壤里培育不了真正的、健康的企业文化。

企业民主是企业人全体参与创立企业文化的条件。只有在民主的氛围中，企业人才可能感觉到自己被尊重、被理解、被关心、被爱护，才可能调动企业人参与创立企业文化的主动性和创造性。企业民主影响企业文化改造和创立的各个方面，企业民主程度的高低直接影响企业文化的发展层次。企业民主对企业文化的影响是通过企业中人的因素来完成的，因此，离开民主，企业文化永远也变成不了企业人的文化行为。企业文化只能是毫无约束力的文化条文。

没有企业民主，企业文化只可能存在于企业的领导层中，因为在这一企业阶层可能存在着民主。这样，企业文化蜕变成了企业阶层文化。如果在这一阶层仍无民主可言，那么企业文化就变成了可怜的个人文化信念。

民主不是一句空洞的口号，而是一种客观的存在。任何一个企业都有权决定本企业民主的表现方式和民主化程度。

（八）重视对企业人的精神激励

美国学者在《成功之路》一书中这样指出："企业仅仅着眼于财务指标、销售额、收入利益的股票收益率等，只能激起企业中最高层的几个人、几十个人的积极性，很难唤起基层成千上万的生产、销售和服务人员的热情。"这段话反映出物质分配的不均匀，同时，企业本身能用于物质刺激的份额是有限的。我们可以进行这样一个假设：一个企业将所有新创造的财富都用于鼓励企业人员的积极性，所有的人都得到应有的奖励。事实的结果并不会满足于我们的幻想，因为人的欲望难以用物质的形态得到完全满足，正所谓"欲壑难填"。企业文化的根本立足点，在于对企业全体成员精神的激励，使企业成员的精神力量在激励下转化为物质力量，转化为现实的生产力。因此，企业文化建设中所提出的企业目标、企业宗旨、企业价值标准、企业道德等，应能被企业人所理解、接受并执行，以达到鼓舞群体的作用。

每一个人都有精神的需求，这种需求不仅仅表现在对物质的欲望上，还包括个人价值的实现，被人尊重、重视的程度，荣誉感等，精神激励就是为了满足企业人的精神需求，充分激发出企业人潜在的创造力。当然，强调精神激励，并不是对物质刺激这一手段的全盘否定。

三、家族企业文化设计关键环节

（一）创立企业文化的程序

一般来说，创立企业文化需要经过一定的程序，才可能逐步实现。综合考察企业文化创立的过程，一般分为六个阶段：调查分析阶段、总体规划阶段、论证试验阶段、传播执行阶段、评估调整阶段、巩固发展阶段。

这六个阶段不是截然分开的，它们之间存在着前后继承的关系，前一阶段是后一阶段的前提，后一阶段是前一阶段文化发展的继续。每一阶段的工作并不独立存在，它可能与其他阶段的工作交叉进行，在空间上并存。同时，在这些阶段都存在着信息反馈，根据反馈信息，不断地修正自己，使整个文化创立工作处在良性循环之中。

1. 调查分析阶段

企业文化的调查研究同其他社会调查不同，它是以企业发展、企业生产经营为中心，对企业文化因素进行考察，为创立企业文化提供参考信息。

（1）企业文化发展史的调查分析。每个企业都有自己的企业文化发展史，区别在于文化的个性和特色。企业在创立企业文化时，实质上都在自觉与不自觉地受到过去已有的企业文化的影响，新文化是在旧文化的基础上发展起来的。因此，创立企业文化需要总结过去，继往开来。

（2）企业文化发展内在机制的调查分析。企业文化生成与发展的核心机制是内在的对企业活动信息进行加工的机制。它的现实形态表现为企业的经营活动机制。这是创立企业文化调查分析的中心环节。

（3）企业价值观的调查分析。企业价值观是企业文化的中心环节，是核心。对现在企业价值观的调查分析，是确定新价值观的基础。价值观文化是企业文化中最难确定的部分，其稳定性最大、影响力最大。因此，确定企业价值观是企业文化建设的首要任务。

（4）企业文化发展环境分析。企业文化的形成和发展离不开文化环境。文化环境是影响企业文化的外部因素。

（5）企业文化发展战略调查分析。调查分析企业文化的过去、现在的发展轨道，预测企业文化未来的发展道路。结合企业经营发展战略，对企业文化未来发展可能产生的影响进行战略性分析。将企业文化看成是未来企业竞争的焦点，文化的力量决定企业竞争的力量。

（6）企业人的素质分析。企业文化是企业人群体加工企业信息后的产物。企业人是企业文化生成与发展的产物。群体素质的高低直接影响企业文化水平的高低。创立企业文化，必须调查分析企业人的素质。

2. 总体规划阶段

创立企业文化是一系列的行为，需要制订总体的规划方案，总体规划建立在调查分析的基础之上，不是主观臆测的，科学性和灵活性是制定总体规划的保证。

总体规划是企业文化的倡导者根据企业文化现实和未来文化发展的设想，在调查分析的基础上制订的文化发展方案。

（1）提出创立企业文化的目标、宗旨及其意义，从宏观上提出未来文化发展的走向，给本企业文化定位。

（2）提出高品位的文化价值观。科学、简练、明确地让所有企业人都正确理解企业文化价值观对他们的要求。

（3）依据企业的个性特色，以企业价值观为中心，提出企业精神、企业哲学、文化信念等精神文化目标。

（4）结合企业经营战略目标，明确物质文化将要达到的指标。提出有针对性、指导性的物质文化措施。

（5）提出切实可行的行为方案。强调企业人的文化自觉力和自我约束力，依据企业人的素质来确定强化或淡化制度和规定的制约机制。

（6）对企业原有文化给予客观公正的评价，并提出需要继承和发扬的文化传统。

3. 论证试验阶段

总体规划制定之后，需要进行论证，并在经过选择的区域内推行，从经验和实践两个方面充分论证总体规划的可行性，通过论证与试验，寻找创立企业文化的突破口，以较小的代价获得理想的收益。如果说，调查分析、总体规划还只是文化的倡导者及其助手们的企业阶层行为，那么到论证试验阶段则需要全体企业人的介入。前两个阶段大部分内容是在事实和理念层面，第三个阶段的工作需要在实践中进行。

（1）选择传播宣传工具，将总体规划渗透到企业基层，让文化假设接受检验。

（2）通过座谈会、抽样问卷调查、个别谈话、提合理化建议等形式，搜集反馈信息。

（3）确定实验区域，进行实地调查，记录数据和材料。

（4）集中所有的信息进行科学分析，总结出文化"闪光点"。

（5）修正总体规划中不符合实际的部分。

（6）将修正后的总体规划进行再一次的论证实验，直到被大多数企业人认可为止。

4. 传播执行阶段

传播执行是在总体规划经过讨论试验，被大多数企业人认可以后，将文化计划变成文化现实的过程，这一阶段是最为复杂、最为多变的阶段，也是最为漫长的阶段。从创立企业文化的意义上讲，显然这一阶段是最为关键的，因为文化现实比文化计划重要得多。

5. 评估调整阶段

企业文化的评估调整，就是根据文化特点、总体规划要求以及客观执行状况，对总体规划、传播执行效果等方面进行衡量、检查、评价和估计，判断其优劣，调整目标偏差，避开文化负效应，保证正效应，使创立企业文化工作向健康、稳定、正确的方向发展。

6. 巩固发展阶段

巩固发展就是在初步建立企业文化的基础上，稳定已取得的文化成绩，进一步突出文化个性，发挥企业文化的效能，以靠新的企业文化为动力，加入企业竞争和社会竞争。

企业文化的创立程序不是截然分开的，它们有内在的联系，在空间上有时有几个阶段同时并存。我们区分为六个程序，是建立在一种假设之上，为我们创立企业文化作参考。在现实中创立企业文化时，需要以科学的态度和企业实际情况来对待。如何在每一阶段突出工作重点，如何合理配置人力、物力、财力，如何着手，如何充分调动企业人群体的参与意识，如何有效发挥组织者、管理者的作用等问题，都需要在创造思维的指导下，灵活机动地处理。创立企业文化既有程序可依，又没有程序可依。程序是总结经验和文化假设的结果，可以依照这些程序。程序又是灵活的、变化的，不存在非这样不可的强制性，又是不可依的。最好的程序是一个企业已经建立了最佳文化以后，一切程序都是为创立企业文化这个目的而存在。

(二) 企业文化设计的关键环节

1. 处理好家族与企业关系

要想使家族企业获得长足发展，建立有效的企业文化，就应寻求家族与企业之间的平衡点。学者卡洛克和沃德认为应围绕以下四个方面来处理：

(1) 必须以公平的方式有效建立企业怎样在家族内部、管理层和企业所有权方面做出决策的科学程序。

(2) 必须使不同的家族成员都能在企业内部找到回报。

(3) 必须明确制度和统一的规定，使家族成员能够再投资，必要时，在不损害其他家族成员利益的前提下获得投资回报或转卖他们的投资。

(4) 必须能有效化解家族企业面临的家庭矛盾，因为他们的工作和个人生活密切地交织在一起。

我们看到，家族内部有时也彼此冲突。家族成员重情感，他们把注意力集中在成员内部，通常抵制变化。要想继续生存发展，企业系统则应持相反态度，将目光投向外部，想办法利用变化。这两个系统有以下三种关系：

第一种是家族至上。即过分强调家族事务，这些想法将损害企业的利益。这将直接损害企业沟通、业绩评估、决策、战略选择等。

第二种是企业至上。即过分强调企业系统的家族企业最终会淡化对家族的关注，结果往往是家族成员之间关系冷漠，在公司事务上彼此钩心斗角。

第三种是家族、企业系统的平衡态。在这种状态下，家族和企业所关注的目标都能得到重视。创造出一种积极的环境，使家族蓬勃发展，商业活动繁荣。两个子系统的平衡是家族企业经久不衰的基础。家族的价值观和企业理念是计划过程的基础。战略思考对家族以及管理团队都有意义。成功的家族和企业是由共同的前景来驱动的。家族企业的长远成功要求制订家族和企业计划。

2. 家族企业文化建设的中坚：企业家

家族企业从创建、发展到壮大，企业家在其中扮演着重要的角色。如果说家族企业好比一艘商海中航行的船，那么，企业家就是这艘船的船长，他扮演着举足轻重的角色。他是企业文化建设的中坚力量。因此，家族企业的生存与发展对企业家提出了较高的要求。归纳起来，企业家应具备以下素质：

（1）深厚的素质涵养为应付往后这种难以预测的时代，企业家必须具备像富兰克林所说的"25%的职业技术，25%的想象力，其余的50%就是自身的涵养"。涵养即指自己用来与社会配合发展的三种基本元素所构成的素质，且要能随机应变。

（2）善于启发部属创意。所谓创意，原没有前辈、后辈与年龄之分，完全是依每个人的资质而有所不同。即使是你的部属，也不能轻视他，往往年轻人的创意是想不到的出色。现代社会，互相共鸣是很有必要的。有了共鸣，上下之间才能亲密合作。如果彼此能投合，便有强烈的共鸣，彼此产生愿和伙伴一起工作的欲望。当彼此志趣相同时，便会认为对方能了解自己，觉得可以一起谈论人生与工作。作为企业家，就应提早发现彼此的相同点而产生共鸣效应。

（3）决断力与责任感

人往高处走，水往低处流，只要是正常的人，没有人不想爬上更高位置的。在企业中，从开始就很巧妙地利用了这种人喜欢高升的心理，作为刺激工作动机的方法。如企业家的津贴、奖金等比一般员工多，这便是地位方面给人的满足。当上企业主候选人时会出现"三不主义"："不决断、不客气、不反对。"不决断就不必负责任；不客气就是抢别人的功劳时不客气；不反对就是对上司说的任何话都点头称是。要知道，真正的企业家应表现出自己的决断力、选择力、责任感，才能把好整个企业的方向。

（4）消除员工不安。现代社会不论是企业内部或社会中，都有很多不稳定的因素。不论在哪个时代，过度悲观的人都存在，可是他们对企业毫无帮助。对企业而言，令人担忧的不安定因素实在不少。因此，对年轻人来说，将来是很难把握的。而且，年轻人想订立人生计划，打算将来过什么样的生活，却不太确定。他们无法预测自己到五六十岁时社会将有什么样的变化，也很少有企业能给他们一份未来状况很稳定的工作。所以年轻人有生不逢时、怀才不遇之感，牢骚多。这时，作为企业家与他们接触时，先决条件便是用各种各样的话语，帮他们消除心里的不满。

（5）利他主义。前人曾说，友情是由于与"对自己没有好处的人"结交中产生的。以利益所在，而去和别人交往的人，一旦被发现，就会被一脚踢开。人与人之间的交往，如果只想结交对自己有利的人，对没有帮助的人便不屑于结交，自己也会被人批评为"实用主义"或"利己主义"的。在家族企业中，企业主更应发挥好自己的人格魅力,将员工团结在周围,这样员工才能更好地去按企业意图去办,为企业创造价值。身为企业管理者,更不能怕被别人利用,要尽量让人都来利用你的长处。企业家必须经常与人接触,要能管人、用人。而现代人观念呈多元化发展,若企业家用牵引机械方式的方法去领导部属,成功就不是那么容易了。

3. 股权安排与治理结构创新

现代企业管理理论认为,解决企业文化建设这个问题的关键有两个:一是股权安排;二是治理结构创新。通过这样硬化约束的激励机制来重塑企业文化,这也是保持企业文化常新的关键。据资料显示,美国 90% 以上的上市公司对其不同的管理人员实行了数额不等的股票期权,而在全球公司总裁年薪前 10 名的排名中,美国老总就占了 8 名。这种制度的最大好处是能够使管理层较为可靠地为公司的股东利益——为他自己的利益拼命工作(当然实践中也有一些弊端,管理者的股票期权与公司股票价格密切相关,因此,有可能导致他们为了提高公司股票价格而采取一些短期化行为,这就与制度设计的初衷相违背了);而员工持股在日本较为典型,80% 以上的公司都在实行,这种制度使得员工普遍成为企业的主人,可以分享企业的分红收益、分享企业价值增值,从而使员工愿意为企业的发展拼命工作,这十分有利于形成一种积极进取的团队精神。张维迎教授在其著作曾对此作了解释:将那些对企业有重要作用、对企业的发展有重大影响,同时其行为又不容易被监督的管理者或者其他技术人员纳入公司的股权安排当中,使他们真正成为公司的主人,这样可以有效避免在信息不完全情况下的机会主义与道德风险问题。

4. 以人为本

世界每天都在发生变化,在企业人力资源管理中,主旋律一个是如何激励团队精神,一个是如何创新。即应该跳出原有的思维框框,考虑到团体、氛围和环境等因素,找出企业文化的特点,核心是提出一个精神文化理念,它不是空中楼阁,要有可操作的东西,要将它与人力资源管理相结合,强势推动,起到引导企业向前发展的作用。要鼓励创新,创新可能失败,可能很长时间出不了成绩,所以这需要制度保障。当然,有了精神,有了制度,还需要培养每一个人自觉维护的意识,要能让外人一眼就感受到这是一个非成功不可的团体。真能如此,则可算是比较成功的人力资源管理了。

5. 树立共同事业目标

美国著名的管理学家彼得·圣吉在其著作《第五项修炼》中提出企业"共同的愿景",意思是说,一个企业必须有一个共同的目标。这个目标能够引导大家共同去追求、去努力。这种提法是合理的。它的合理性在于明确了企业目标是企业形成团队精神的核心动力。团队精神在实现企业管理中已占据重要位置,这也是企业文化必不可缺的主要内容。真正的团队必须具备三个要素:一是必须能够创造出共同的"产品",有共同的目标;二是全体成员为共同目标的实现而努力工作;三是团队成员之间建立或形成互相认可、互相负责、共同遵守的契约。

6. 倡导发明创新

索尼总裁盛田昭夫称技术创新"是企业的灵魂、是企业的生命",索尼的技术费用是松下的 2 倍多,许多具有广阔发展前景的专利产品就出自索尼公司之手,而索尼公司之所以产品一直享有盛誉、技术一直领先,这与索尼公司这种极端重视技术创新的企业文化有十分密切的联系;海尔总裁张瑞敏抓产品质量和服务质量的同时,也十分注意加强海尔的创新能力,海尔的科研曾一度保持平均每天出四个专利的记录就充分说明了这一点。借助于倡导技术创新,企业通过一系列的制度改革,形成一种重视创新、鼓励创新精神的氛围,久而久之,技术创新精神就会成为一种习惯而固定下来,如果再将这种精神扩展到制度、管理等方面,企业就会形成一种普遍的重视创新的思维,而此时,一种强势的、积极的企业文化也就形成了。

7. 变革组织结构

有机式组织成功的关键在于员工对组织的目标和价值有广泛而深入的理解,并能够通过一些侧面的渠道方便地进行交流、分享情报、交换意见和帮助引导,最后辅助企业完成目标。组织改革的主要目标则是建立主管之间的信赖关系,否则他们之间可能会互相倾轧。通过企业文化的构建把管理层级的设计及运行机制的思路转变为全体员工的认识,并通过一些制度文化来保证其顺利进行,那么就可以克服现有职能型组织结构的缺点,调动员工的积极性,并把员工的个人目标调整到与企业满足顾客需求的最终目标相一致,推动企业良性发展。

8. 保持学习的高昂斗志

21 世纪将是一个文化冲击的世纪,企业能否培育自己的文化并发挥其作用,将决定其在 21 世纪的生存能力,企业的文化将成为未来企业的第一竞争力。如果企业重视培训，企业就会像《第五项修炼》所说的那样成为学习型的组织，员工就会觉得在企业内能得到不断学习的机会，接受新的知识，不断地提升自己的水平。同时，员工也会看到企业在成长、在发展。这样，就会有越来越多的员工愿意留下来，流动量就会大大降低，企业就会赢得稳定、发展的局面。员工的素质提高了，又可为企业所用。这就是我们常说的"双赢"。

9. 利用危机变革文化

"激励等于愿景"：你的企业鼓励什么、支持什么、反对什么都可以通过企业的各项有形的和无形的制度显示出来；是重视权威还是注重民主？是鼓励维持现状还是锐意改革？而在技术发明上是鼓励冒险创新还是奖励不思进取者，对此的不同制度选择直接决定了企业员工技术革新和发明的热情与积极性。而这里的制度就是我们所说的企业文化的主要内容，显然，一个睿智的企业管理者应该不断地询问自己的企业：是否具有创新的动力？是否能够不断否定自我获得前进，如何对我的企业文化进行变革？一家公司发现了新竞争对手闯入其市场所带来的影响，便利用标语、动员会发起一场赶走入侵者的活动。整个过程强化了按值定价、优质服务、顾客服务、当天或隔天送货等商品价值，并使其像一种战斗口号。活动进行了3个月，销售量剧增，公司受益匪浅。有一个公司的首席行政总监雇用了一位咨询员，其职责就是可以任何时候在公司的任何地方出没，专门问些"天真"甚至"风马牛不相及"的问题，如"为什么这样做""这有什么用"或"如果取消这个部门，公司会受损吗"？支配着人们行为模式的观念、信念、价值观和行为规则越强，组织越庞大、越复杂，就越难找到并改变企业文化。唯一的技巧是制订一个全心全意的改革方案，立即发起猛攻。具体到企业文化的变革，其目标并非人格的巨变，而是一种有利于企业各主要方面、可延续下去的行为模式的变革。其目的是要通过一点点的量变的积累来逐步实现质变，确保取得实效。

文化变革可分为两部分。第一，审核现有企业文化，弄清需要改变的方面；第二，制定并实施文化变革策略。利用危机，甚至创造危机来促使文化变革。许多成功变革文化的例子都是从面临危机的企业开始的。在危机状态中，陈规旧习，包括陈旧文化中隐蔽的行为规则都不再发挥作用。如果没有危机，那就应制造危机，用提倡新价值观的活动冲击公司。如英国航空公司举办了一连串有关顾客服务和对服务类型企业进行管理的员工会议。这些活动是以培训的形式举办的，但实际上是对牢固的旧文化的正面攻击。利用象征性行为埋葬旧文化，强调新文化。象征性行为寓意深远，许多得力的领导都能巧妙地运用这些行为。总之，家族企业的企业文化建设对于家族企业的经营起着重要的作用。其中企业家是企业文化建设的中坚，其思想和经营理念直接关系到企业的文化建设与经营。

四、家族企业文化设计层次

企业文化设计一般分为四个层次，即表层文化、浅层文化、中层文化和核心层文化。这四个层次的文化构成了企业文化的一个整体结构。

我们先从表层文化说起，它是企业文化的第一个层次，也就是企业的物质文化。它主要表现在企业的一些器物和标识文化上。企业识别系统（CIS）就属于表层文化的范畴。它包括企业的厂房装修、设备设施；产品的结构、外表、特色和包装；厂容厂貌、服务场所；以及企业的信纸信封和员工的工作服等。物质文化是给客户和社会的第一印象，所以企业一定要重视。成功的企业都有成功的物质文化，但有良好的物质文化的企业不一定都成功。它只是建立良好企业文化的基石。

再来看看企业文化的第二个层次——浅层文化。它主要表现在企业的活动文化和礼仪文化上，是企业的行为文化。它主要表现在人的行为和语言；团体的共性行为活动；各种文体娱乐活动和公关、社交和礼仪活动等。举例来说，日本丰田公司每一条路中间一定有一条黄线，员工必须走在黄线的右边，不可以超越黄线。它的企业文化告诉大家，黄线就等于一堵墙，不能超越！碰到客人礼让，公司里面干干净净，想上厕所有标识，就能找到。所以浅层文化不要去小看它，它体现了整个公司的一种价值取向。

中层文化是企业文化的第三个层次，也就是制度文化。它显示了整个企业对文化的一种规范，它是一种强制性的制度文化。如企业基本制度、所有权、责任机制、分配机制、用人机制、组织机构和管理模式等。如中国的道路经常堵车，在很大程度上是因为有太多的人不遵守交通规则。如果大家都遵守交通规则，中国道路的利用率会提高30%～50%。也就是说，我们30%～50%的道路效益被坏的文化、坏的习惯破坏了。同样，企业的管理如果离开了文化的积淀，就会变成制度的管、卡、压，而不是一种制度文化了。企业管理薄弱的环节往往就是在中层制度文化这一层次，中层制度规范人的行为方式，明确文件化并证实是正确的内容,就要有力地执行贯彻下去,而不是用人情来破坏它。

企业文化的最深层次也是最核心的层次就是精神文化。它是企业的意识形态文化,它会受外部环境和内在因素的影响。任何一个企业的生存文化,都有它的特性。因为它受外部环境和内在因素影响而构成了一个企业的内核,文化的内核也就是企业的精神文化。它包括企业的精神、企业的道德、企业的价值观和目标行为准则。有一个码头货运公司,它对厕所的等级分为五星、三星和一星标准,这家公司的规定是有客人往来的区域和楼层,厕所的装修标准为三星级标准;公司内部职员使用的地方,只要没有客人往来,都要一星标准;但是有一个地方必须是五星级标准,就是码头工人所用的厕所。它的这种作用,已经不仅仅体现在一个制度上了,而是体现在公司的价值观的取向上,即一种精神层面上。要体现工人的价值,不光给他们工资,还要给他们人格上的尊重。在这种的情况下,工人在心态上,会有一种很好的感觉,工作的时候就会发挥出他主动的能动性,可见,这种精神的作用非常重要。因此,深层次精神文化上的作用,是整个公司企业文化里面最重要、最核心的组成部分。

企业文化的四个层次并不是简单地分拆为表层、浅层、中层和深层四个部分,它们之间既有各自的特点,同时又有相应的关联性。物质文化最为具体实在,构成企业文化的硬外壳;行为文化是一种处在浅层的活动,构成企业文化的软外壳;制度文化是观念形态的转化,成为企业硬、软外壳的桥梁;精神文化是观念形态和文化心理,是企业文化的核心。

一般来讲,家族企业文化设计层次内容如下。

1. 家族企业精神——企业文化的灵魂

企业精神是企业文化中的本质要素,是企业员工的集体意识,它反映了企业员工集体志向的决心和追求。企业精神具有两重性:要么积极进取、乐观向上,要么悲观丧气;要么有胆有识、敢想敢干,要么畏首畏尾、裹足不前;要么勇于开拓进取,要么保守落后、固步自封。成功的企业都有自己积极进取、富有鲜明个性的企业精神。美国成功的饮食服务企业麦当劳公司,有为顾客提供热情服务为荣的精神;有重视小处、完善细节的精神;有重视团队作用,激发士气,鼓舞的精神;有重视服务动作快、品质高、服务好、整洁优雅的精神。由于麦当劳公司为顾客提供了热情和周到的服务,因而它赢得了美国公民的信赖。公司创办人克罗克提出要"让金黄色的 M 形拱门标志成为品质、服务、整洁与值得花钱买来吃的标志"。日本松下公司有产业报国、感恩报德等七种精神。日本东京西武百货公司有激励员工追求自我实现的精神等。这些都是积极向上、富有鲜明个性的企业精神。

日本东京西武百货公司激励员工追求自我实现精神所采取的措施足以鼓励员工的工作达到卓越的程度。他们采取的第一条措施是：公司的任何一个商店、办公室都贴着一张既吸引人，又使人费解的宣传画：一个巨大的人头像，头顶上顶着一个小铁塔，塔尖的四周放射着闪电，这叫做西武公司的"热情发电图"，象征员工对公司的热烈情感会化作巨大的智慧，像闪电一样给公司以巨大的推动力。他们采取的第二条措施是：建立一系列保证员工自我实现的制度，如"自我申报制度"、"专门职务制度"、"禀议制度"、"员工再复职制度"等，其中，"自我申报制度"要求每个员工每年都要填写自我申报表，表达每个员工对自己深造、工种交换、晋升职务的要求，以及对现在工作的满意程度和意见。该公司一位29岁的女系长，做妇女服装的销售工作，她一边工作一边学外语，提出两年后希望做海外工作，但她外语还不行，于是课长帮助她制订了一个外语进修计划，两年后她如愿以偿。她到海外后十分感激公司的培养，工作、学习劲头比以前更大了，做出了常人想不到的业绩。该公司认为，在多数情况下，不是人不好，而是没有用好。激励精神、合理用人，当然就能使平凡人干出非凡的成绩。

企业精神是企业文化中的决定性要素，它决定其他企业文化要素的性质。例如，它可以使企业价值观、企业信念、企业经营哲学等是上进、乐观、积极、开拓的，也可以使它们是退缩、悲观、消极、封闭的。因此，它影响企业文化的性质，使企业文化表现为两重性。

企业精神还有一个重要特点是：表现形式简明扼要，语言精练、恰当，富有动员性。有时候可用一句口号表示，如"顽强进取、争创一流"，"开拓服务、争先创优"，"顾客第一、以人为中心"，"开拓文明、求实创新"等。一个企业创建自己的企业精神必须从实际出发，要使员工经过努力可以做到，任何假、大、空的口号和提法，虽然提得高、喊起来响亮，但对员工和企业没有实际意义，都等于没提。

2. 家族企业价值观——企业文化的基石

由于文化是人类的生活方式，而只有那些有益的、有价值的生活方式才可能在群体中反复出现，因而价值在文化中居于核心的地位。同样，企业价值在企文化中也起着核心的作用。可以说，企业文化的所有内容，都是在企业价值观的基础上产生的，都是在不同领域的体现或具体化。因此研究企业文化的许多人把企业价值称为企业文化的基石。

可以这样认为，企业价值观对企业和员工的行为取向以及对企业兴衰具有决定性作用。正如日本"经营之神"松下幸之助说的那样：公司可以凭借自己高尚的价值观，把全体员工的思想引导到自身想象不到的至高境界，产生意想不到的激情和工作干劲，这才是决定企业成败的根本。美国管理学家——《寻求优势》一书的两位作者彼得斯和沃得曼也有同样的看法。他们认为，公司的成败取决于价值观正确与否及其清晰程度。

企业价值观是不断发展变化的。它一般要经历三个阶段：第一阶段是企业存在初期。由于企业经营能力差、规模小，其宗旨也只能是为了企业或员工的生存，或者为了养家糊口而赚钱。第二阶段是企业进入成长期，经营能力增强，规模逐渐扩大，为了在竞争中取胜，以赢得企业的长足发展，它的价值观便超越了生存需要阶段，开始追求"一切为了用户"，"顾客第一、服务至上"的经营服务。第三阶段是企业进入成熟发达期，它的价值观便跨越了用户和顾客，变为为社会服务，追求进步，对人类文明做出贡献，提高人们的生活质量，促进人类物质和精神生产，个性全面发展等。不同层次的企业价值观引导和制约着企业员工的行为取向，进而也决定着企业的兴衰。

3. 家族企业目标——企业文化的指示灯

企业目标就是企业的灯塔。何为企业目标，简单地说，企业目标是以企业经营目标形式表达的一种企业观念形态文化。

在企业实践中，企业目标作为一种意念、一种符号、一种信号传达给全体员工，把一个企业的特定经营指向指标化。也就是说，其主旨在于，以一种企业目标（如到 2018 年实现钢产量××吨，或汽车××万辆、产值××万元等）的形式，引导全体工作人员通过努力，把这个看不见、摸不着的预期抽象目标变成现实的成果。

显而易见，企业目标有若干基本的特点。其一，经营目标数量化。多少产值、多少收入等，把企业生产经营要达到的目标变成一系列具体数字，具体化了。其二，全部内容集中化。多少万元的产值、多少吨钢材的产生等具体数字，不但是企业的经济奋斗指标，同时也集中反映着企业的群体人格价值追求、企业道德规范、民主建设、团体意识、企业形象等一系列企业文化内涵。其三，战略指向成果化。具体、实际的数字，又使企业经营发展战略指向具体的以成果形态事先表现出来，使人们在过程起点，即可大体预知过程终点的情形。其四，发展指标观念化。经各种形式的灌输、宣传有效的思想工作，使之家喻户晓，尽人皆知，深入人心，它成了直接导向和调控人们行为的一种观念。

4. 家族企业伦理道德——企业文化的行为规范

企业道德同样是企业的一种反映。企业道德可以分为两部分：一部分是企业对于企业成员的道德；另一部分是企业对于整个社会的道德。企业道德是社会道德的一部分，受社会道德的制约，同时它又对社会道德产生反作用。当一个企业树立起与社会道德相应的道德时，这个企业的行为规范有了标准，从而才能和谐地协调企业内部的各种关系。企业道德并没有强制性的约束力，但是具有强大的舆论约束力，因而企业道德在企业文化建设中起着重要的作用。

企业道德作为一种特殊的行为规范，它的功能、机制、作用是从企业伦理关系的角度发挥出来的。它的整个体系，包括企业道德意识、企业道德关系、企业道德行为，都同法规系列呈现为一种互补的关系、格局。它是法律规范和规章制度、业务规定、技术规程等所不能替代的"灵魂法制"。企业道德以善良与邪恶、正义与非正义、公正与偏私、诚实与虚伪等道德范畴来评价和规范企业、员工的各种行为，调整和控制企业之间、员工之间各种行为的相互边际关系。

企业伦理道德通过两种途径调整五种关系。两种途径：一条是通过舆论和教育方式影响人的心灵；另一条是以传统、习惯、规章制度等形式在企业中确定下来。五种关系是：（1）企业与顾客的关系，如企业销售必须讲信用；（2）企业与生产者之间的关系，如真诚合作、互惠互利；（3）企业组织之间的关系，如企业竞争必须友好、公平，不能采取卑鄙手段；（4）企业组织与员工的关系，如企业组织必须不断改善工作条件，提高员工工资和福利待遇，员工必须忠于职守；（5）员工之间的关系，如员工之间应同心协力，开诚布公，同事如兄弟姐妹、相互关照，切忌"落井下石"等。这些伦理道德实际上是人们心中的"灵魂立法"，用于规范员工和企业的行为，协同并肩，同心同德，为企业繁荣而奋斗。

5. 家族企业制度——企业文化的准则

企业制度文化乃是企业在长期的生产、经营和管理实践中生成和发育起来的一种文化现象。它既是企业为实现其盈利目标,要求其成员共同遵守的办事规程等,又是处理其相互之间生产关系的各种规章制度、组织形式的行为准则、行为规范。它在实践上表现为带强制性质的义务。

作为一个独立的企业文化系统,企业制度大体上包含三个方面的内容:(1)员工群体在物质生产、流通、经营过程中所形成的相互关系——生产关系;(2)建立在生产关系基础之上的各种规章制度和组织形式;(3)建立在生产关系基础之上的人与人的关系以及种种行为规范和准则。

企业制度的完备与否、企业制度的现代化程度的高低,特别是企业文化贯彻"人本"原则的自觉性和能力如何,对一个企业生产经营的成败关系极大。

事实是最能说明问题的。例如,某水泥厂,坚持科学的人本原则,总结几十年企业管理的经验,提出并推行"规范化工作法",用统一、科学的规范引导统一的行为,把 8 小时工作时间划分为 32 个时间单元,在每个单元的时间内,规定员工干什么、怎么干、按照什么顺序、干到什么程度、达到什么标准,从而使工作实现程序化、均衡化、标准化。同时,对每个工人实行定岗、定责、定薪,将竞争机制引入生产、管理岗位,彻底打破八级工资制,使大家在相同的条件下进行公平竞争。这样,使有消极随意性的员工产生了危机感;主观能动性强的员工更加强了紧迫感;中间状态的员工也大大提高了积极性,从而使整个企业以过硬的微观连续性管理,保证了企业目标的实现,获得了最佳经济效益。

这一事实以及其他许多注重企业制度文化建设的事例告诉我们,这种立足于"治事",主要不是"治人",而是处处注重"感情投资"的企业制度、规范、准则等的改革、创新、调整,对企业生产、经营、管理以及整个企业的发展,是有重大的意义和作用的。

6. 企业民主——企业文化的感情因子

企业民主,即企业活动中企业员工的民主意识和主人翁意识,同时也是企业管理的一种制度。美国很多公司都极其重视企业民主,他们把员工视为同伙人,尊重他们,给予他们尊严,这就大大增强了企业员工的主人翁意识。松下员工做事的热忱,非要老板出面制止不可,因为他把员工看得比自己伟大。美国的 RMI 公司总经理把大部分时间花在跟员工打招呼、开玩笑、听他们说话,而且还昵称两千多名员工的名字。正是由于他尊重员工,重视民主,曾三年未投资分文,却挽救了几乎 80% 的损失。

企业民主的内容有三个层次：

（1）企业的民主意识。即从根本上树立企业员工是企业的主人，使他们以主人翁的态度积极参与企业管理。这是决定企业存亡兴衰的决定性因素。美国的许多公司都要求员工要知道公司的事情，要分享信息。蓝贝尔公司要求公司的每位员工都为公司的形象负起责任。美国的许多公司都没有明确的指挥系统，员工能够同最高管理层接触，直接参与公司的管理，大家见面都直呼姓名。

南方大厦以其开拓经营、周到服务而名闻遐迩。其成功的秘诀正源于大厦确认"员工是企业的主人"，并通过实际措施来激发和培育员工的主人翁精神。第一，建立沟通日制度，认真倾听员工意见。每月10日、25日为干部沟通日，由总经理和党委书记直接倾听员工意见，从而增强了员工的主人翁意识，促进了员工爱厦如家的责任感。第二，理解尊重员工，与员工共享物质和精神快乐，这主要表现在总经理对大厦4 000多名员工的理解、尊重和体贴。总经理用企业福利基金，按每人每月一定的标准，让每个员工利用工间15分钟小憩，轮流到店内自设的休息室喝一杯饮料，润润嗓子，提提精神。营业员们喝在嘴里，暖在心里，无比欣慰，当他（她）们重返三尺柜台时，为顾客服务的热情更加饱满。为员工举行生日晚会，也是尊重、理解、体贴员工的表现。要为4 000名员工过生日，谈何容易，而他们却想出了一个万全之策，按月份划档，把当月过生日的员工召集在一起，每月为他们举行一次集体祝寿文娱晚会。这天晚上，商店管理人员全都到场祝贺。此外，南方大厦还让员工们每年轮流到别墅休养四天，休假一周，所有这些都使员工充分感到自己正是大厦的主人，进而培育出真诚、团结、效率、奋进的"南大人"精神。员工参加企业管理，领导则尊重、体贴、理解员工，这本身就是企业民主的体现，因为员工是企业的主人。

（2）民主权利和义务。员工有了民主意识，还必须规定相应的民主权利和义务，它既是民主意识的体现，又反过来促进民主意识的强化。美国惠普公司的用人哲学被称为"惠普方式"，它使每位员工都有权享受公司的荣誉，承认"公司的成就是每个人努力的结晶"。戴娜公司则强调"公司要为那些想要改进技能、拓展事业或仅只想加强通才教育的工作人员提供训练与发展的机遇"。玛斯糖果公司的每位员工包括总经理，只要一周内人人都上班，就可获得一成的销售红利，只要每个人都对公司尽义务，都能及时得到奖励。

（3）企业的民主习惯和传统。这是企业民主制度在企业和员工行为中的具体体现，并形成一种惯例，不需要克服困难得以实现的自觉行为，如民主选举、民主评议、民主对话成为一种惯例，它是企业民主发展到高水平、高境界的表现，如南方大厦长期实行的"沟通日"制度，已成为了一种民主习惯与传统。企业民主的形成需要一个长期的培育过程，既需要外在的社会经济条件，又需要企业内部决策层、管理层等各级人员的共同努力，而关键在于决策层的认识和观念。因为民主意识、员工的参与意识，民主权利和义务、民主意识和习惯的形成，要有一个先决条件，那就是企业决策层本身必须具有民主意识，同时又能使用正确的方法培育员工的民主意识和主人翁精神。

7. 企业文化活动——企业的功能文化

企业文化活动，总的来说，作为企业的功能文化，有如下三个特点。

（1）功能性。不论是哪种形式的文化活动，一般来说，都是为了发挥其特定功能而进行的，并不是因为它们与其特殊的企业生产有必然的、内在的联系（当然技术性活动有些不同）。还要指出的是，一般企业文化所具有的如发展物质文明的主导功能、对精神文明建设的主体功能、对智力开发的动力功能、对共同意识的凝聚功能等它都具备。

（2）开发性。这包括三个具体内容：一是开发生活，拓展人的生活空间，丰富人的生活内容，增添人的生活乐趣，美化人的生活、心理、文化环境。二是开发人的素质，包括人的体质、智力、脑力以及道德情操、价值追求、品质修养等。三是生产、技术、工艺、产品等的开发。

（3）社会性。一方面，企业内搞的各种功能性文化活动，本身即带有共性，是社会各企业、事业单位、学校、团体等都可以搞的"通用件"（专业技术培训等例外）。另一方面，他们又可通过这些功能性文化活动，如歌舞晚会、舞会、各种球赛、报告会等，同社会各界加强联系，相互交流信息，提高企业的社会声望；同时，在与社会各界日益增多的接触中，亦可更多地了解用户、消费者对本企业产品、服务的意见和要求，提高产品（服务）质量，促进企业生产经营的发展。

作为企业功能文化，企业文化活动大体上可分为文体娱乐性、福利性、技术性、思想性四大类型。

（1）娱乐性活动。这是企业内部（也包括部分以企业名义）开展和组织的文艺、体育等娱乐活动，如举办和组织员工之家、工人俱乐部、电影放映晚会、录像放映、电子游艺、图书阅览、征文比赛、摄影比赛、书法比赛、周末舞会、文艺演出、春秋季运动会、各种球类比赛、射击打靶、游泳、滑冰、野游、游园、钓鱼比赛、自行车比赛、"五月歌会"、"戏剧之春"、"班组之声"等。经常举行交流、比赛、辅导、展览等活动,不仅满足了不同层次员工对文化生活的需要,而且形成了适应现代化生产的社会进步要求的文明、健康、科学的生活方式和积极向上的文化氛围。这种文化氛围滋养着企业特有的优良传统和精神风貌。

(2) 福利性活动。主要是企业从福利方面关心的各种活动。企业通过这些活动,在员工中,在企业内外,营造浓厚的人情味,营造有利于企业发展的"人情场",使员工加深对企业的感情,加深对这种福利环境和文化氛围的依恋感。

(3) 技术性活动。在常规的企业生产、经营之外,围绕企业的生产、经营、技术和智力开发等问题,由企业倡导或员工自发组织进行的技术革新、管理咨询、劳动竞赛、教育培训等活动。这类文化活动可以激发员工的创造欲和成就感,使员工看到自己的价值和责任;同时,它又是企业结合生产经营,在生产过程之外培育和开发员工素质的一个基本途径,而这些活动每一次的圆满结果和获得成功、取得成果,又都可以使人产生一种满足感,从而持久地促进企业健康向上、积极进取文化环境的生成和发展。

(4) 思想性活动。其包括以下类型:首要的是一些政治性的文化活动,如开展形势教育、法制教育、理想教育、道德教育、政治学习和其他有关的思想政治工作。其次,还有一些像新书报告会、生活对话会、沙龙等。

8. 企业形象——企业文化的无形资产

企业形象是指企业文化的综合反映和外部表现。它主要通过企业经营管理的行为及其产品在企业外部的形象,即通过员工的形象、产品形象和环境的形象体现。企业形象同样是企业文化的一个主要的因素,它在企业内部有凝聚和激励作用,在企业外部有吸引和辐射作用。

9. 企业素质——企业文化"软"的硬件

关于企业素质,这些年来,学术界和企业内部几乎天天在谈,时时在说,也有以文字形式问世的,但系统、全面、完备的著述,尚未见到。但观点纷呈,说法不一。这里概括地阐述一下企业素质中的人的素质。

企业素质,从大的方面说,分为人的素质、物的素质两大系列。我们认为,人主要有体力素质、智力素质和精神素质三个方面，其中，精神素质是人的主导素质；智力素质是人的主体素质；体力素质是人的物质依托素质，三者统一，构成了活生生的人。

10. 团队意识——企业文化的集中体现

团队意识，对于企业来说，是至关重要的东西。人们都明白，社会化大生产优越于小生产，优越于自然经济。它为什么优越呢？核心是靠分工协作、专业化而生成的集体力、结合力。这也是系统论举例说明的 $1+1>2$（而不是等于2）的"系统效应"，而集体力、系统效应的生成是同团队意识密切相关的。可以说，没有团队意识，就谈不上群体中成员之间的协同动作，就谈不上作为它们各个能力的总和的"集体力"。

这就是说，发展企业文化，要增强人们的团队意识，从而改变人们原来只从个人单体角度考虑问题的思维定势，建立价值体系的思维和行为模式，从而潜意识地对企业产生出一种强烈的向心力，强化人们的整体意识、集体观念。具有强烈团队意识的企业成员，会对企业所承担的社会责任和企业目标有深刻的理解，自觉地调节个人行为，使自己的思想、感情和行为与企业整体相联系。这样，企业的各项工作就能有机地联系起来，整个企业就能有节奏地运行。

由此可见，团队意识的功能和作用，首先，表现为企业这个整体的一种集体力，即 $1+1>2$ 的结合力，或叫"系统效应"。其次，它表现为企业全体成员的向心力、凝聚力，"心往一处想，劲往一处使"，真正把自己看成是企业的一部分。再次，归属感。以自己作为企业的一员而自豪，并以此为自己全部生活、价值的依托和归宿。最后，安全感。每个员工都深深体会到这个企业是我获得基本生活保障和立命安身之所时，这种团队意识便成为一种安全感意识。

第二节　家族企业文化体系构建

新经济背景下，家族企业管理有必要向现代企业经营管理模式跨越。为了实现这个目标并解决以上问题，本书认为，一方面是家族企业进行自身文化的建设改造，这可以从企业文化的四个层面上来完善。虽然很多专家认为可以通过聘请职业经理人来解决家族文化的弊端，但本书认为家族企业文化自身建设更加重要,因为只有从根源上杜绝不良因素,才能促使家族企业文化建设更快、更好地开展。另一方面是政府的辅助,家族企业需要借助政府的力量完善外部宏观环境,例如,完善职业经理人市场和建立社会信用体系,保障新时代家族企业文化建设能够顺利进行,同时也为文化评价铸造一个施展其作用的平台。

一、家族企业物质文化建设

(一)实施品牌战略

家族企业品牌战略的实施过程如下。

(1)加大家族企业实行品牌战略重要性的宣传力度。要根据家族企业特点和需求投入更多的人力、物力、财力,对员工进行商标法律法规的培训和品牌形象战略的宣传教育,使他们认识到创名牌的巨大价值,从而自觉实施品牌形象战略。

(2)以文化塑造品牌。品牌的背后是文化,可口可乐品牌背后深厚的文化积淀是其与其他软饮料在激烈竞争中屡屡胜出的法宝。中国传统文化曾造就出一批享有世界声誉的品牌,如茅台、同仁堂、东来顺等。但今天不少家族企业都遇到了发展瓶颈,众多专家认为其原因在于缺乏文化氛围。因此,家族企业必须解放思想,大胆创新,努力将优秀传统文化与市场经济相结合,以形成家族企业的独特优势品牌。

(3)加大保护商标,特别是著名商标专利权的执法力度。实施品牌形象策略的根本目的是赢得竞争,如果名牌产品得不到保护,为其他不法企业所侵犯,著名商标的积极性就会严重受挫,因此,家族企业必须借助工商、公安等执法部门,加大打击商标伪冒行为的力度,使家族企业卓越的品牌形象和合法权益得到有效的保护。

(4)品牌的适度延伸。对于已经建立起相当知名度的企业,适当延伸品牌,将具有一定资产价值的品牌向新业务领域发展。但品牌延伸应是适度的,这个度在消费者心中,是一种心理界定。

(二)树立良好的企业形象

为树立好形象,家族企业必须从以下五个方面着手。

(1)实施 CI 和 CS 战略。发挥整合效应,塑造企业形象。CI 即企业形象识别,CS 是企业经营中的顾客满意战略,CI 与 CS 都是现代企业文化进行整合传播的两大比较有效的手段。对此，家族企业在塑造企业形象时，应将 CI 和 CS 有机结合起来，实现优势互补，应在建立以顾客为中心的营销文化的基础上，以 CS 为基本策略，同时吸收 CI 中有效的经营理念与传播手段，树立企业良好形象。

（2）树立优秀的产品形象。社会是通过产品认识来评价企业的，可以说，企业形象的塑造是以产品为起点，以质量和价格为转移的。产品形象一般表现为质量、价格、包装和款式上。质量形象在家族企业产品形象的塑造中是第一位的，产品质量是企业的生命，没有优质产品，家族企业就没有市场。产品的外观形象塑造也很重要，它体现了设计者的思维方式和审美情趣的高低。

（3）服务创新，优化企业形象。服务是当今市场的黄金，谁拥有这些市场上最有价值的东西，谁就会成为赢家。在目前买方市场时代，家族企业要把服务视为比产品价格与特色更为重要的商品，时刻关注用户需要什么，并为其提供优质服务，使用户成为企业忠实的"上帝"。

（4）为塑造企业文化创造良好的企业环境。企业环境是家族企业赖以生存的基础，主要是以产品、环境设施、办公用品等为载体，结合公司特点点缀文化，构成协调优美的环境文化，形成视觉识别系统，并通过宣传等传播渠道将其推向社会及公众，扩大企业知名度。良好的企业环境是企业领导爱护职工，保障其权利的表现，它能激发职工热爱企业、积极工作的自觉性，这有利于增强企业的凝聚力和竞争力。

（三）构建企业网络

因为管理成本的存在，以及因规模扩大而可能引起组织失灵——组织内部门摩擦增加、官僚作风影响士气、组织效率日益降低等，家族企业不能无限扩大其规模——把所有外部的企业组织都"内部一体化"。而如果通过资金、技术、销售等纽带与它们保持密切联系，形成网络，就可以在不增加企业管理科层的情况下，实现规模经济。因此，家族企业为了避免家族文化中的封闭自满，降低管理成本，有必要构建企业网络。企业网络在一定的条件下能够通过市场协调与企业内部协调的互相转化和替代机制，既能够降低企业的管理成本，又不增加市场的交易成本，从而提高了资源配置的效率。从交易成本理论的角度出发，家族企业网络的经济性质，可以理解为一种比市场机制有效、比大型科层制组织灵活的中间组织形式，它既能通过网络内企业之间重复交易产生的信任和承诺的协调，节约市场交易成本，又能在保持企业本身的生产规模不变即无须扩大企业管理层级及增加管理费用的条件下，通过网络内企业之间分工协作形成动态的利益联盟，达到网络整体的内部规模经济和外部范围经济。

（四）构造文化沟通系统

家族企业文化沟通系统是家族企业文化管理的重要构成部分，它在企业中起着传达、控制的作用。文化沟通系统分为四个组成部分：首先是文化沟通的意义符号，它是把家族企业文化灵魂系统的意义符号，通过具体的编码和阐释，使之成为便于沟通、讲解、领会的具体意义符号。其次是文化沟通的动力系统，就是由家族企业领导核心机构，适时地将文化沟通的意义符号传递到企业基层，或者由工作现场的职工把文化意义符号传达到领导中心的传导动力机制。培训、表彰大会、企业家给员工写信，交流、建议、报告、反映意见等多种形式都是有力的手段。在家族企业中，这一沟通动力系统最大的阻力来源于人。上级无沟通意愿，下级无沟通动力，企业便无沟通氛围。企业内部不沟通，文化管理的积极作用便丧失，无序的现象会不断增长，企业失去文化控制，组织必然涣散，员工动力衰退，可怕的后果便会在企业产生。再次是文化沟通的渠道网络系统。家族企业要尽量避免形成官僚化的沟通网络系统，通过朝会、例会、董事长信箱、总经理热线等形式建立多渠道、畅通的沟通网络，鼓励沟通，严禁阻碍沟通，创造良好的沟通环境和氛围。最后是企业的沟通反馈系统。回访调查、现场巡视和办公、检查、统计报表、总结、汇报、座谈等都是沟通反馈系统的工具。家族企业家不能只在办公室或酒桌茶楼上办公，要深入实际，调查研究，尽可能获得更多的第一手信息。

（五）培育诚实守信的道德体系

培育诚实守信的道德体系，家族企业要做好以下几项工作。首先，加强家族企业文化建设中的企业信用体系建设，注重权利和义务相统一的思想制度建设，从思想、制度方面强化人们的公平交易。家族企业经营者要认识到重视企业商誉和企业信用，可以赢得更多合作者、更多信赖和支持，对企业在市场上取得竞争优势有利，可以为自己创造更多商机，增加企业效益。其次，积极营造公平竞争的市场经济秩序。企业、政府和消费者是打击假冒伪劣行为和坑蒙拐骗等犯罪活动的三大主力，家族企业要呼吁政府和消费者三方共同行动，这样能更有效地进行打假、防伪工作。最后，建立企业信用管理系统和企业的信用评价系统。即从企业品格能力、资本、担保和环境以及信用要素抓起。在这几个要素中，企业品格是最核心的要素,在很大程度上决定家族企业信用的好坏,也决定企业理念是否正确,企业核心竞争力是否强大。国外的经验证明,实施企业信用管理系统和企业信用评价系统,对强化社会信用意识,建立社会信用体系,防范金融风险有重要作用。

二、我国家族企业行为文化建设

企业行为文化的建设离不开家族企业家、企业模范人物和全体员工的共同努力。如果说企业家是将军,那么模范人物则是先锋队,全体员工则是作战的主力军,而家族企业家和员工的互动将在学习型组织中体现。

(一) 企业家行为文化建设

首先,企业文化建设是一个自上而下的运动,家族企业家必须率先垂范,在企业内言传身教,从而使企业的价值观、经营哲学、企业精神等能落到实处,保证企业文化不流于形式。家族企业家是企业文化的中坚力量,企业家在企业文化的建设中起着创造者、培育者、倡导者、组织者、指导者、示范者、激励者的作用。家族企业家是企业精神的培育者,他们对企业精神进行总结、提炼、倡导、更新、示范,使企业文化人格化。企业家通过身体力行,持久地影响和带动员工,从而把自己主张的思想推行到企业运行的每一个环节。此外,企业家还需要善于理解员工价值观的变化,善于捕捉员工需求结构的变化,从而对企业的价值观进行创新发展和充实丰富。其次,家族企业家正人要先正己,唯有如此,才能树立起无形的领导权威,加强个人感召力建设,让广大中高层管理者和普通职员认同其倡导的价值观、企业信念,进而拥有众多的追随者,真正实现企业文化的传播和落实。

(二) 模范人物行为文化建设

如果说家族企业家是运筹帷幄的将军,那么模范员工无疑是开山辟路的先锋队。模范人物的树立有多重功能。第一,建立具体生动的行为标准。模范人物来源于广大职工群体,是为广大职工所熟悉的对象。在职工中挑选一些行为非常符合管理标准的人员,立为榜样,以供模仿,在教育上具有案例教学的优势,让广大职工觉得易懂易学。第二,根据不同员工的不同心理需求因人而异给予模范人物相应的激励,比如物质激励、晋升、精神嘉勉、颁发荣誉证书、公开表扬等,从物质到精神上建立一系列对模范人物的奖励制度,从而激发其他员工进行效仿，达到推行家族企业文化践行的目的。

（三）员工群体行为文化建设

企业文化只有被绝大多数成员所默认并内化，这个家族企业的企业文化构建才算成功。员工群体的言行举止、精神面貌、待人接物的风格都成为企业形象的重要组成部分。因此，员工群体的行为文化建设直接关系到社会公众对该企业的评价和判断，影响着企业的形象。企业高层在推行企业文化时，一定要设定明确的规范，制订可操作性强的推行方案，既保证企业文化能顺利执行又确保执行过程中不变样。员工群体行为文化的建设要注意几个结合：第一，标准化与个性化的结合。标准化指企业自上而下要具有整齐统一的行为规范和准则。如公司的问候语、司徽、工作服等是可以统一的。统一才能突出企业的形象，但不能过犹不及，在标准化和统一的基础上，应当允许适度的差别。第二，活泼与严肃相结合。工作态度要严肃认真，待人接物要热情活泼，共建温馨的人性化的工作环境，减轻繁重的工作带来的压力，增添生活中的快乐，避免成为"工作机器"，而成为一个全面发展的人。第三，适度专制与民主的结合。管理人员要认识到适度的专制与民主的不同使用场合。适度专制有时可以提高工作效率，民主则可以使员工充分感受到自尊、自我价值，这对培育广大职工的集体归属感、向心力和凝聚力都是必不可少的。

（四）创建学习型组织行为文化

建立学习型组织是实行企业文化建设的重要组织保证，衡量一个企业文化建设搞得好坏的一个重要标志就是看这个企业最终能否成为一个学习型组织。有人预言，21世纪最成功的企业将是学习型企业。进行企业文化建设是一种人际化的行为，必须有广大员工的积极参与，才能使建设获得成功。要想使广大员工从被动参与转到向往和追求，就应尽快建立先进的组织形式——学习型组织。家族企业往往存在着决策凭经验、观念陈旧等弊端，这更加要求其不断地学习。在这种组织中，引导和要求广大员工自我进行"修炼"，树立共同目标，超越自我，突破思维定式，参加团队学习，为进行企业文化再造奠定雄厚的思想基础，强调团队学习、终身学习和全过程学习，使得先进的知识迅速在组织间传播，提高整体的竞争力。理解学习型组织的关键，是要将企业视为一种生命体。在其中，大家得以不断突破自己的能力上限，创造共同向往的结果，培养全新而开阔的思维方式，全力实现共同的抱负。因此，学习对家族企业来说是一个持续的过程，是通过各种途径和方式，不断地获取知识，在企业内部传递知识并创造出新知识，以增强组织自身能力，带来行为或绩效的改善的过程。通过学习与实践，家族企业获得持续发展的源头活水，有利于培养家族企业恒久的竞争能力。

三、我国家族企业制度文化建设

（一）构建多元化的产权结构

家族企业要想摆脱家族血缘文化的特性，必须实现产权的多元化，利用多元投资主体的影响来建立符合现代企业制度的企业文化。如何改变单一产权结构呢？当前有两种规范做法：第一，最高目标法。就是说直接改变产权结构，由单一投资主体转为多元投资主体。通俗来讲就是由独舞改为共舞。第二，模拟多元化，也就是说在企业中设立独立董事。独立董事与企业无产权关系，但是其权利与有产权关系的董事一样，从而达到跳出家族血缘关系进行管理的目的。同时，独立董事一般都是各方面的专家，可把自己的特长移植到企业内，磨合企业，从而在一定程度上摆脱狭隘的血缘制度。我国家族企业在实际运行中，可以综合考虑上述两种思路。采用第一种思路可以通过增资扩股、出让产权、资产转换等形式导入战略投资者，实现产权多元化。也可以让家族企业在血缘关系不破裂的情况下实现内部家族多元化，使得家族中个人产权清晰。另外，也应当让人力资本进入产权结构，实行股票期权激励制度，既有效发挥激励作用，又有助于实现产权多元化。采用第二种思路即设立独立董事，但独立董事的人数不能太少，至少要有2~3个，这样才能对企业起到较强的约束作用，才能支持企业走向多元化。

（二）完善家族企业的治理结构

完善家族企业治理结构是建立现代企业制度的中心环节。一个良好的公司治理结构可以形成科学合理的企业领导体制和组织制度，解决投资者素质滞后于企业成长的矛盾，激励优秀企业家为企业成长努力工作，降低代理的费用和风险。为了达成这一目标，家族企业首先应当按照现代公司治理的要求建立"三会一经理制"，即在实现公司制基础上，建立健全企业内部治理结构，建立股东会、董事会、监事会和经理班子，明确四个机构的权利和责任，严格实施责权对称的经营决策制度。使其权力机构、决策机构、监督机构和执行机构，既相互独立、各行其职，又能互相协调、互相协作。企业既不能一个人独断专行，又不能形成多个中心。在建立良好的内部公司治理结构的基础上，家族企业还应最终建立一个包括债权人、政府、供应商、雇员、顾客、政府和社区等在内的利益相关者制衡机制，保证公司决策科学性，确保公司各方面利益相关者的利益最大化。

（三）健全责权利对称的责任制度

为了更好地实现企业管理上的责权利对称，家族企业应以责任为中心来设计权利和利益，用责任来约束员工对权利和利益的追求。家族企业在设计企业制度时，应对责任、权利和利益做一系列的细化和规定，将企业的责任和任务分配到各个部门或个人，确定部门和个人的具体责任，然后由责任界定其权力和利益，并且授予责任者相应的职权，以便能有效地完成任务。同时还应根据任务完成情况，给予相应的奖惩，进行有效的激励。通过责任、权利、利益有效的结合，使得管理更有效。

（四）建立合理的人才制度

建立合理的人才制度，就是将培养家族优秀人才同聘用外来专业人才相结合。家族企业要突破发展的"瓶颈"，要先解决"人才"的问题。因此，必须突出人才的重要地位，用待遇、事业吸引人才，用制度管理人才，用环境、感情留住人才。为了克服继承权力上的弊端，克服权力交接的困难，许多家族开始退出企业，实行所有权与经营权分离，实施科学的、规范的人才激励和整合体制，吸引和激励各种优秀人才，聘请"职业经理人"进行管理，给他们提供充分施展的舞台，以带动企业核心素质的迅速提升。家族企业必须建立合理的人才结构，形成一套完整的选拔、培养及考核人才的制度。尽管聘请专家管理是解决人才危机的好途径，然而近几年家族企业发展状况表明，家族企业走上现代化管理不一定要以家族退出对企业的控制为前提，家族制管理与专业化管理是可以有机结合的，这就是加强家族内接班人的培养，接受专业化的管理教育和训练。这样依赖其本身的权威性，就有利于排除阻力，推动组织创新。另外，家族企业接班人的确立，可减少企业内部的权力斗争，避免不必要的内耗。这种接班人应具备以下特点：第一，拥有经营管理天赋，品行端正，能担大业。第二，受过高等教育，进行过专门的经营与管理训练。第三，其经营管理讲求制度建设与管理实效，注重与国际接轨。

（五）完善激励机制和决策机制

家族企业中所有权与经营权高度统一，企业经营的回报全部归家族所有，企业和员工的利益很难一致，员工的主人翁责任感、归属感难以形成。因此，家族企业需要通过激励机制来保证员工利益和价值的实现，将企业和员工的利益有机地结合，形成利益共同体。绝对不能只想着企业自己一方，双赢思维要有实际体现。总的原则是激励制度要公平合理，利益共享。高度集权的决策方式在企业规模不大、市场变化不快、不必面对强大的竞争对手时起到了一定的积极作用，即提高了决策的效率和降低了企业的决策成本。但是在经济发展日新月异、市场竞争如火如荼、游戏规则不断变化的今天，这种决策方式已经不能适应不断发展壮大的家族企业。因为一个再好的企业家也不可能对自己的企业了如指掌，了解千变万化的市场，预见国家的政策走向，并做出绝对正确的判断。所以，家族企业要想进一步发展，就必须建立科学的、有效的决策机制。

四、我国家族企业精神文化建设

（一）塑造以人为本的价值观

要确立"以人为本"的理念，家族企业应当从尊重人格、柔性管理、关注员工发展等方面入手。一是尊重人格。管理者依据层级的权限来纠正和改进生产经营中的问题时，很多时候也伴随着批评、惩罚等措施。但是这种严格的管理不能随心所欲，而必须具备一定的规范。企业中的人形形色色，有高级经理，有技术骨干，有生产工人，也有打扫厕所的清洁工，这些人在企业中的地位差异很大，对企业的重要程度也各不相同，但有一点是相同的他们都是人，都具有自己的人格尊严，在这一点上所有的人都是平等的。家族企业文化变革首先要尊重人格。二是柔性管理。家族企业在发展的早期更多地借助于刚性或硬性的外部控制来管理企业，员工作为一种生产要素更多的是在硬性的外部约束下进行工作。这样员工的尊严往往受到损害，创造性无法得到发挥。这要求家族企业进行文化建设时，应更加强调柔性的管理，通过目标管理，让员工参与管理。通过工作轮换、工作扩大化、工作丰富化等手段让员工能在不断的岗位更换中发现与调整自己的优势，找到最适合自己发挥作用的岗位。三是关注员工的发展。关心员工的生存和发展是人本理念的基本特征。企业对员工不仅是雇佣和利用，更要对之进行关心和关怀，并以工作为契机实现两者的双赢。一方面，企业应为员工提供安全舒适的工作环境，使他们能够在这种环境中以轻松舒畅的心情投入工作，有效地提高工作效率；另一方面，关心员工生活，注重员工职业技能的提高。

（二）构建协作互助的团队精神

家族企业应采取有效的措施大力弘扬同舟共济的团队精神。一方面增强员工在工作中对企业的认同感和归属感,使员工自觉地把自己的命运、个人的利益与团队活动保持一致,自觉地调整自己的目标使之与团队的目标相协调、相契合;另一方面改善企业内部人际关系,建立信任、宽容、热忱、诚挚等基本态度,创造团结、和谐、融洽、亲切的群体氛围,使员工彼此视对方为"一家人",互敬互爱,相互宽容,容纳各自的差异性、独特性,工作中互相协作,生活上彼此关怀,利益面前互相礼让,把企业的内耗控制在最小的限度内,在互动中形成了一系列行为规范,和谐相处,充满凝聚力,追求整体绩效。

(三) 培育奉献社会的责任意识

家族企业在社会中诞生、成长、壮大,也必然要回报于社会。培育家族企业奉献社会的责任意识,具体措施如下:

(1) 家族企业管理层率先垂范。家族企业领导干部尤其是家族企业家在实际工作中要成为关注社会、奉献社会的楷模,家族企业领导者的榜样作用和垂范作用可以引领广大员工的价值导向和行为准则。家族企业领导者要利用企业内部一切媒介,大力宣传企业奉献社会责任意识,向员工灌输服务社会的益处。

(2) 建立相应的制度。家族企业应该订立促使服务社会的企业精神,以此规范职工的行为。同时制订与企业精神有关的奖惩措施,凡是能够贯彻奉献社会的责任意识的员工,就予以奖励,否则就惩罚。

(3) 实践熏陶。家族企业要在生产、经营、管理实践中注意融入奉献社会的责任意识,使之成为员工工作的行为准则。同时企业要以服务社会的责任意识为主题,有组织、有目的、有意识地开展文娱活动,从感性上强化职工对社会责任的觉悟和认识。

(四) 创建以市场为导向的经营哲学

创建以市场为导向的经营哲学,首先,要以市场为中心进行管理定位,这不是一种简单的线性的、因果式的关系,而是一种交互式的关系。市场的现实需求需要企业通过市场调查和分析确定各种需求的内容和边界,优化生产要素,调动企业力量,调整企业管理方式,以求满足需求。市场的潜在需求则需要企业在市场调查和分析的基础上发挥创造力和想象力,把握技术的发展动向,预测市场潜力,进行分线决策,调动企业力量,优化生产要素,调整生产管理方式,以创造需求。其次,要对企业家进行经营理念的更新,使企业家在制定企业战略时,能够以市场为导向,按照市场的走向制定不同的战略。再次,为适应信息化的社会，家族企业也要强化对全体员工的学习、教育和培训，学习现代化的经营管理理念。最后，家族企业要建立与市场之间强有力的联系渠道，建立快速、准确的市场信息系统，使其能够对迅速变化的市场做出最快捷的反应。外部环境辅助建设通过对家族企业文化进行评价，很多家族企业家能够认识到家族企业文化在发挥优势的同时也存在很多弊端，也都希望能够通过分权管理，聘请职业经理人，建立现代企业经营制度等方式来改造和改进传统家族文化。但在信用机制和相关法制不完善的背景下，我国家族企业难以也不敢开展家族文化改建，这就需要我国政府能够进一步完善职业经理人市场。

1. 完善职业经理人市场

由于中国长期以来一直采取上级主管部门任命经营者的方式，职业经理人市场是十分残缺的。而职业经理人市场的不完善导致的高信息成本、高监督成本使家族企业所有权与经营权的分离难以实现。因此，完善职业经理人市场非常必要，可以从以下几方面入手突破旧的观念，使人们承认经理阶层是相对独立的一个职业阶层，从事的是一种高收入、高风险和挑战性的社会职业，经理人员获得的高收入是对其投入的回报。第一，建立各方支持的大容量的经理人才信息库，使得家族企业聘用职业经理人时具有广泛的资源，也使得家族企业能够通过对比和搜索，聘请到更优秀的经理人。第二，建立经理人才的市场工资制度，使得职业经理人的自我价值能够通过价格来衡量，也使得职业经理人明确自身的价值。第三，建立公正有效的仲裁机构，保证职业经理人市场各方的合法权益，提高市场供需双方积极性。

2. 建立社会信用体系

随着市场的变化，大多数的企业主也认识到了家族企业文化的局限。大多数的家族企业主认为家族文化需要评价并进行改造建设，并且对未来的分权管理和职业化管理也持积极态度。虽然大多数的企业主有这种良好的愿望，但是，由于以法律契约为基础的社会信用制度尚未确立，他们对当前形势下的职业经理人和人才交流中心的信用心存忧虑，这就要求建立社会信用体系。对于社会信用体系的建设，应该以政府为主导。这里最重要的就是建立职业经理人的信用评价和监督体系。现实中委托代理问题的出现不仅是职业经理人的道德问题，更主要还是信用的评价体制问题。如果把职业经理人的道德、工作表现记录在案，并且向公众公开、方便查阅，使得企业主与经理人的信息相互对称，就能从制度上增强双方之间的合作，促使家族企业文化改造顺利进行。

3. 健全家族企业产权保护法制

家族企业不愿意进行分权管理主要就是担心核心技术的流失，尤其是那些知识型的高科技企业。产权保证越好，员工离开企业的成本就越大，窃取企业技术的可能性就越小，企业的规模才能做得越大。如果法律制度对企业的产权没有给予很好的保证，家族企业就不可能做大。单纯地靠人际关系不能有效地保护企业利益，应该由相对成熟的法律来保护企业的产权，这样在家族企业蒙受损失之后也不会让叛离的管理者逍遥法外，分权管理者必须承担这种"叛离"的成本。

4. 健全个人财产权保护制度

市场经济的基础是财产权制度，健全的市场经济必须以健全的财产权制度作为基础。家族企业的职业化，使得其财产面临更大的风险，不仅需要从代理人市场的完善、代理人职业道德的培养等非制度化强制方面着手，而且必须健全我国的财产权保护制度，坚决打击在委托—代理中恶意侵犯家族企业合法财产的机会主义行为。应当说，所有合法财产的主体享有的权力都是相同的，表现在财产的客体上也就是所有的财产都是平等的。但是，在实际生活中，由于我国长期实行公有制一统天下的所有制结构，否定非公有制经济的积极作用，侵犯私有企业财产权的现象时有发生，不利于家族企业文化改造建设。因此，应建立公平的财产权保护制度，坚决打击侵犯家族企业财产权的机会主义行为，为家族企业文化建设提供制度保障。政府通过对宏观环境进行建设，为家族企业文化建设提供了有力的保障，也为家族企业文化评价体系提供了应用的舞台，相信家族企业文化建设和改造能够突破现阶段传统家族企业文化的约束，并向现代企业管理模式迈进。

第三节　家族企业文化传播

一、企业文化传播相关理论

（一）企业文化传播的内涵

一个企业的文化可以从很多方面展现出来，我们先举个例子，来感受一下企业文化的无处不在。斯伦贝谢——全球最大的石油技术服务提供商。它的企业文化从企业招聘中即可见一斑。斯伦贝谢北亚洲地区招聘的经理是一位年轻的女性,她有着清华大学机械系的工科背景和同所有男同事一样从事现场工程师的职业经历,是斯伦贝谢企业内男女平等,给予女性同男性一样的工作环境和发展机会的实证。斯伦贝谢招聘宣讲的内容是以其来自世界各地各工作站一年一度评选出来的反映当地员工工作、生活、情感的 MTV 开始的,体现了斯伦贝谢作为跨国企业文化的多元、工作环境和工作性质的艰苦、员工的职业精神、敬业精神和企业里其乐融融的轻松气氛。斯伦贝谢完善的内部成长机制和只接收工科兼顾考虑理科专业背景的招聘标准,使得管理岗位的人员有着丰富的现场工作经验和专业技术背景,凸显了鲜明的以提供最先进的技术服务和数据咨询为宗旨的技术服务公司的专业性。这就是从招聘宣讲的一个侧面折射出来的斯伦贝谢作为一家跨国企业的开放胸怀、充满活力的思维方式以及富有人性的企业文化。

1. 企业文化（corporate culture）

企业文化是一种从事经济活动的组织之中形成的组织文化（organizational culture），是一个企业由其员工所共同认可的价值观、信念、仪式、符号、处事方式等组成的特有的文化形象,在企业不同的生命周期和成长阶段呈现出不同的特性,既与时俱进,又保留特色。企业文化使企业具备不断改进的能力,提高了企业组织的综合竞争力;为企业的制度建立和独具特色的经营实践提供了道德基础;使员工与工作真正融合,在工作中体会生命的意义。致力于人的发展的企业文化,才能锻造强大的公司。员工从事一项工作,不仅有对利润的追求,还有对精神价值的渴望,员工总想使自己的工作更有意义。因此,企业文化提供其成员价值选择中的排序标准。一个基于个人利益增进而缺乏合作价值观的企业,在文化意义上是没有吸引力的,这样的企业在经济上也是缺乏效率的。

文化可以没有优劣之分,在先进的文化人类学研究中,我们更看重其多元的样态。然而,企业文化必有优劣之分。企业有其目标,企业的生存发展也有其自然法则,如同自然界的生物,乃至人类一样,优胜劣汰、适者生存是评价企业的尺度。通常来讲,企业文化由外而内分为物质层、行为层、制度层、精神层。不同发展阶段的企业,其企业文化会呈现出不同的样态,如倾向于企业家的文化或是倾向于企业家与员工共有的文化;依社会制度的不同,分为资本主义企业文化和社会主义企业文化;依社会文化背景的不同,其具体的企业文化表现也千差万别。因此,我们所要研究的企业文化无法面面俱到,只能抽取其普遍的概念化的意义。

2. 文化传播

传播是个人或团体主要通过符号向其他个人或团体传递信息、观念、态度和情感（S. A. 西奥多森、A. G. 西奥多森，1969）。文化传播是指一种文化传递扩散的迁移、继传现象（沙莲香，1990）。广义上，传播先于文化产生，在自然界是一种普遍的物理现象。追溯到人类社会产生之前，传播的对象即是闪电雷鸣、鸡叫蛙鸣等物理信息和生物信息构成的非人类信息。随着人类的产生、人类社会与文化的形成，社会信息成为传播的主要对象。人类学家泰勒最早将"传播"一词移植到文化现象研究当中，认为不经由传播的文化是不存在的。文化是连接个体与个体、个体与群体、个体与社会、群体与社会的纽带，文化传播就是文化作用的方式。传播对文化的影响不仅是持续而深远的，而且是广泛而普遍的。社会文化在不断影响人类传播活动的内容、方式和方向，任何传播都发生在一定的社会文化环境和物理环境之中。文化模式限制和指导着传播者的行为模式。文化决定在何种环境下，哪种传播行为是适当的。文化背景决定了在某一环境下传播内容和方式的规则。同时，文化传播使文化在历时态上得以沉淀积存、世代相续，并在共时态上与其他文化碰撞、融合，达到与时俱进、不断嬗变。因此，文化传播是人类文化延续发展的基本形式。一种文化的延续和几种文化的交融与冲突都离不开文化传播以及由此而带来的扩散性结果。美国著名语言学家萨丕尔（E. Sapir）指出，文化是传播的同义词，实际上两者在很大程度上同构、同质。因此，传播是文化的基本属性。

3. 企业文化的传播

企业文化的传播属于企业文化领域的应用传播研究，是企业通过各种媒介向内部员工和社会大众传播自己的企业文化的过程。企业文化的传播与一般的文化传播有一定的共性，但也有自己的特殊性。企业文化的传播是企业文化的传递、和隐性心理状态的构建过程。企业文化不是静止不变的，而是不断变化积累的。因此，企业文化的传播也不是静止不变的过程，它没有一个明确的、可观察到的起点和终点。

（二）企业文化传播的构成要素

1. 人

这里的人，包括发送者和接收者。"发送者"始终是一个组织化的群体之部分，也常常是一个具有各种非传播功能的机构之成员。"接收者"始终是某些个体，但经常会被发送机构看作是一个具有某种普遍特性的群体或集体。在企业文化传播过程中，员工既是传播的被动反应者，也是主动发起传播的人，这就是德博拉·坦嫩在《那不是我的本意》中写到的"传播是一个持续流，每个人都同时是被动反应者和主动者，主动者和被动反应者"。正是由于发现了这一点，我国传播心理学者中国传媒大学刘京林教授将传播过程中处于信息流两端的传播者和受众统一称为"受传者"。

2. 信息

"信息 = 意义 + 符号表征"。意义是人对自然事物或社会事物的认知，是人给对象事物赋予的含义，是人类以符号的形式传递和交流的精神内容。符号表征，即是信息的外在形式或物质载体，是信息表达和传播中不可缺少的一种基本要素。传播者将自己要传递的信息或意义编码为语言、声音、文字或其他符号。员工要对接收到的符号进行译码，读取其意义。信息是传播行为的内容，它的关键作用就是令意义可以从一个人传递给另一个人，它可以是语言和非语言信息，它的接收者和传播者可以是一人或多人，它可以是带有目的性的，也可以是无意识的、偶然的发出的。如果在传播中只考虑到我们单方为信息赋予的意义，那么我们就会遇到问题。这种情况也经常发生，即符号传达的意义与传播者的本意或意图相左，或受众对同一信息的理解也会千差万别。

3. 媒介

媒介是信息的载体和搬运者，又称传播渠道、信道、手段或工具，是将传播过程中的各种因素相互连接起来的纽带。社会关系、表达工具、感受器官，以及大规模以先进技术为基础的社会和系统，都属于媒介。这些媒介系统含有社会因素，它们受到法规、习俗和公众期望的制约。

4. 噪声

噪声是指任何扰乱或歪曲传播者发出和接收信息的能力的事物。噪声的形成可能是内部和外部的原因。内部的噪声可以归纳为传播者的需求、潜能、性格、智力经验范畴和预存立场及身体状况等。外部噪声则可以归结为情境。

5. 情境

情境指的是对特定的传播行为直接或间接产生影响的外部事物、条件或因素的总称，它包括具体的传播活动进行的场景，如时间、地点、有无他人在场等；

广义上，传播情境还包括传播行为的参与人所处的群体、组织、制度、规范、语言、文化等较大的环境。

6. 反馈

反馈指受众对接收到的讯息的反应或回应，是伴随着符号解读基础上的再一次符号化活动，也是受众对传播者的反作用。发出反馈讯息是受传者能动性的体现。在传播过程中我们可以感知到的、经过符号化了的语言和非语言暗示就起到了反馈的作用。鼓励我们的传播活动继续进行的即是积极的反馈，它的作用是促进任何正在进行的行为；相反，消极的反馈则抑制传播活动的进行，它起到矫正的作用，而不是支持的作用。所以消极反馈能帮助企业减少那些不被人所期望的、无效率的传播活动。内部反馈是指自己给自己的反馈，用来指导自己的行为或表现，如对内传播中员工的自我调适；外部反馈则是由传播事件中其他人传递过来的。

7. 效果

传播效果通常分为认知、态度和行为三个层面，这些层面同时也是一个完整意义的效果形成过程的不同阶段。当人们在进行传播的时候，总会在某个层面上因为这个互动的过程而发生变化。换句话说，传播是具有某种影响力的，而且这种影响可以被看作各种影响的交换。这意味着，传播总是对传播者与接收者产生一定影响。这种影响可以是感情上的、身体上的、认知上的，或是这三种的任意组合。传播能引起某种直接或间接的行为；传播也能带来新认识、新认知和对问题的重新考虑等。但是，由于效果并不总能被人发现或马上察觉到，所以传播效果也就不只是简单的讯息的接收和解读，而很明显要复杂得多。

（三）企业文化传播的五个公理

公理一：你不能不传播

企业文化传播既有主动的传播，又有被动的接收。在社会文化环境里，为了维持企业的正常运营、员工的工作生活，我们无时无刻不在传播。也就是说，只要企业存在着，只要个体仍在企业工作，企业文化的传播就绝对不会终止。

公理二：每一次传播互动都有内容指标和关系指标

内容指标指的是传播本身的信息水平或数据资料水平，它描绘的就是所谓的"反应"。关系指标指的是交流是如何被解释的，它表明企业文化的受众是如何看待企业和企业文化的。而瓦茨拉维克、毕文和杰克森将我们对传播的通常反应做了三种划分："反应"、"否定"、"不确认"。每一次哪怕细小的企业文化传播都必然包含着传递企业文化的具象的信息载体，和传播双方赋予这个信息载体的主观的态度信息。在内容指标与关系指标的共同作用下，一条普通的信息便可以完整地传达其特有的企业文化意义了。

公理三：每一次传播互动都因其划定方式的不同而不同

企业文化传播活动也是一个持续的过程，对传播过程的任何一个片段的截取都是源于一定的划定方式，而此种划定方式并不唯一。任何一种想要把某个传播环节脱离、持续不断的传播过程而单独加以理解或诠释的做法都是不科学的。

公理四：信息包括语言符号和非语言暗示

企业文化信息既包括数据系统，也包括非语言系统。除了语言符号和文字符号、数字化信息外，我们的每一个举止、行为甚至眼神都在作为一种非语言信息传递着相应的意义内容。

公理五：互动是对称或互补的

企业文化传播活动导致的结果并不是单一的、对称性的，即传播活动导致了预期的与传播目标一致的传播效果；也可能是传播活动恰恰导致了非预期的与传播目标相反的传播效果。这种相一致的情况，我们称为"对称性"互动关系，相反的则称为"互补性"互动关系。

（四）企业文化传播的类型

依据受众的不同，企业文化传播可以分为对内传播和对外传播。企业文化对内传播指的是企业向企业内部员工传播企业文化，实现员工对企业文化的认同，使员工适应企业环境，明确企业愿景，统一与企业的认知，接收并养成一套显性行为模式，内化成自身行为模式与文化模式，形成一套与企业期望相符合的价值体系的过程。其效果以员工对企业文化的接收、内化为标准，其最终目的是使企业文化深入员工内心，其传播效果分为几个层次：软控制手段，内化并形成员工的行为指南，渗入员工的意识成为员工的自觉行动。企业文化的对内传播分为有意识的和无意识的，而要锻造优良的企业文化，必须有意识地进行传播。企业文化对内传播的内容主要是企业中业已形成的显在行为模式，即企业文化的物质层、行为层和制度层，这三个层面也可以看作企业文化精神层面的符号表征，而隐性心理模式则要在员工显在文化模式与环境和他人三者之间的互动中形成，而这一过程我们称为内化。因此,对于企业文化对内传播效果而言,显在文化模式的传播是基础,内化过程是关键。企业文化对内传播的效果直接影响员工企业文化内化的程度和水平。基于不同的经验模式,企业文化从一些个体到另一些个体,那些得以传播的特性在传播的过程中,意义和功能其实都发生了转变,就像声音在不同的介质中,传播速度会发生改变一样。不同的信息接收者,会依据其主观经验对信息进行重新编译,不同的文化模式也可能提供不同的评价标准,进而对信息反应进行强化或是弱化。企业文化传递的价值理念与员工固有的价值体系一致的情况下传播效果最好,内化过程最容易实现;而与员工原有价值观或态度失调甚至相悖的情况,则最难完成。然而,人既不是受内在力量所驱使,也不是丝毫无能为力的受环境影响所冲击,对心理功能的最好理解是用连续的彼此作用和它们的控制条件来加以说明。企业文化对外传播,主要是通过主流媒体、行业性报纸杂志、网络、户外广告与其他媒体来宣传企业文化,树立企业形象与品牌。任何企业都着力于在竞争激烈、变幻莫测的市场中求生存,在挑战与机遇中凝聚人心,在社会中树立良好的产品形象、服务形象、营销形象、品牌形象和企业形象。企业文化对外传播的目标就在于赢得社会大众的认可与好评,提高品牌的知名度和美誉度,得到政府及银行信贷机构的信任,取得现有及潜在商业伙伴的好感等。

二、企业文化传播媒介选择

人类的文化现实和文化遗产,是由于传播的存在才得以实现的,文化的共创和共享借助于传播才得以完成。离开传播,文化不可能形成,更谈不上文化的发展。如果不能有效地利用各种传播媒介,遵循传播沟通的基本原则,就不可能完成创立企业文化这项工程。

从媒介的定义来看,企业的一切存在,包括客观存在和主观存在,都是传播媒介。大到企业的整体结构布局,小到一张废弃的纸屑,都可以反映企业的文化主张。企业文化传播媒介的复杂多样,使我们无法一一列举这些媒介。因此,我们列举一些常用的传播媒介,并进行分类。这种分类方法与传播学的分类不尽相同,但对企业来说,可能是实用的。我们将企业文化常用的媒介分为以下三大部分。

1. 印刷媒介

(1)企业报刊。这指企业报纸和企业定期或不定期(以月、季、年为时间单位）出版的刊物，包括企业的季度总结、年鉴等在内。

企业报纸可以说是企业文化媒介中适应性最强、最有活力的。企业报纸、期刊的最大特点是信息容量大，能够进行阶段性的文化评估和总结，全方位地涉及文化的各个层面。不足之处在于时效性差，对文化的动态反应不敏捷等。

（2）社会报纸、期刊。利用社会大众传播媒介，是企业需要给予特殊注意的。公共媒介对企业的报道是有选择的，不是见事就报。是否有新闻价值是公共媒介选择新闻事实的标准。

（3）文件与简报。文件和简报是由上层传达到下层的，有时在企业中层就中止了，文件与简报的区别在于文件主要是为企业组织文化服务，简报往往服从于企业经营的需要。它们都是不定期公布发行的，比较灵活机动。由于出自高层领导，它们还具有行政约束力。文件与简报对组织变动和经营状况的反映具有连续性，为企业组织文化和经营文化的发展提供了准确和详尽的资料。

（4）企业简介小册子。企业简介小册子有对内、对外两种功能。对内它可以让企业人了解企业的过去、现在和未来的发展；对外是它的主要职能，它向社会宣传企业的发展规划，让人们了解企业的实力，为经济合作提供参考。小册子要印刷精美、图文并茂，有时还有主要产品的图片和规格说明。在大企业中，产品小册子是单独发行的，并不与企业简介放在一起介绍。

（5）商标和产品包装。商标和产品包装直接反映 VI 识别，随同产品一同进入社会，反映企业文化。商标是品牌标签，是质量、形式的反映。企业创品牌，消费者看商标，通过商标认识品牌。如果品牌有名气，却没有商品味、艺术化的商标体现，两者不相称，那么也会削弱品牌的魅力。我们在重视产品商标的同时，也要注重产品包装，产品包装也是非常重要的标志。

（6）企业函电。企业的函电往来是很多的，形式也繁多，如邀请信、慰问信、慰问电、祝贺电、感谢信、致谢信、道歉信、征求意见书、讣告、唁电等。如果说有相当多的企业在函电中格式不准确、措辞失当，并不是夸大事实。

（7）企业档案。企业档案从内容上分，有组织档案和经营档案。组织档案包括企业个人档案，它为企业组织文化建设提供最初的人才信息资料。经营档案是企业经营状况的信息储存，它是最全面反映发展的宝贵资料。创立企业文化的第一步——调查分析阶段，最初的工作就是从整理企业档案信息开始的。

企业档案是企业的历史，企业档案的散失意味着割断了企业过去与今天的联系。它提供的经验与教训，可以使我们的企业文化创立工作少走许多弯路。

2. 电子媒介

（1）企业电台。在企业报纸、电台、电视台这三种媒介之间比较，企业电台的普及率是最高的，这与它价格低廉、安装简便有关。企业文化的倡导者如果觉得有必要，而且紧急的话，可以在5分钟之内，把信息传播到听众那里。从传播信息的速度来说，广播是最快的，从传播频次上看，也是最多的，早、中、晚都进行广播。

（2）企业电视台。企业电视台是最受重视的传播媒介，每年在这里投入的资金也是最多的。其图文并茂、生动形象等方面的传播优势也为企业所认识。我们能提出的建议是，不要将企业电视台当成一个卫星电视转播站，或者建成一个录像放映点，而是应多从企业文化建设的角度利用电视台。电视台可以举行知识竞赛、辩论赛、企业典型和劳模宣传、企业普通员工上屏幕谈对企业的看法等，还可以利用电视台培训员工。形式可以多样化一些，这样才能充分发挥电视台作为创立企业文化传播媒介的功能。

（3）电子显示屏与电子计算机。电子显示屏在企业中作为传播媒介，商业企业的普及率远远大于生产企业。在一些大商场，我们能看到悬挂在醒目位置的电子显示屏，它们频繁地显示出在什么地方可以购买到某类商品，以及企业精神、价值观、广告等。比较一下大商场之间的电子显示屏，可以看出，在使用手法上就有高低之分。如果仅仅告诉顾客您可以买到什么，那么电子显示屏仅仅发挥导购的功能。一家商业集团提出"联退联换"的口号，并在报纸、期刊、广播、电台广泛向社会宣传，在电子显示屏上也说"不满意就退货"。假如社会大众媒介的口号是一种宣传的话，那么在电子显示屏上对来商场的顾客显示就无疑是当面的承诺。大众媒体面对的是潜在顾客，而电子显示屏面对的是具体真实的顾客。前者是企业借助于某种媒介说话，与顾客有一定距离；后者则是面对顾客直接发言。因此，利用电子显示屏宣传企业文化时，最重要的是顾客权益如何，其次才是商场如何对待顾客。

3. 其他媒介

（1）会议。从传播的角度来看待，会议是非常好的传播媒介。至少有三个优点：

第一，直接面对面传播，信息传播一次到位，减少传播的噪音干扰频次，减少信息误差。第二，传者与受者容易沟通，情感表达更充分，信息反馈最快。第三，灵活机动性强。

（2）展览会。展览会的特点：一是吸引性。展览会能唤起参观者的好奇心，并具有娱乐价值，同时还有社会交往。很少有别的媒介能引起观众倾注这样多的注意力。二是直观性。参观者可以直接触摸、试用、品尝或用其他方式对企业产品进行检验、直接感受，带给参观者丰富的产品体验。同时，展览会还能够利用幻灯、电视屏幕、投影等方式介绍企业及产品。三是信息反馈真实、及时。参观者是对展品有兴趣的消费者或客户，他们对产品的赞扬是产品的优势所在，他们的抱怨则是产品需要改进的方面。参观者一般会对工作人员说出自己对产品的评价。展览会为生产者与消费者提供了直接见面的机会。

（3）宣传栏。企业宣传栏一般建在人群集中的地方。主要功能是宣传教育，有时也用来通知某项信息。表彰与批评是宣传栏的主要工作。树立典型，以典型对员工进行精神激励；批评错误，对员工进行反面教育。在一些企业，读报栏与宣传栏并在一起，让员工在了解企业信息的同时，了解社会信息。

（4）黑板报。黑板报是企业部门常用的媒介，它的影响范围局限在部门内部，对企业总体影响很小。但黑板报是部门最好、最方便的媒介。通知某些活动，对某些工作进行安排，黑板报是非常有效的。

（5）企业赞助。提起赞助，企业可能感到头疼，面对社会各种名义的赞助，企业领导者看到的是各种社会关系，虽然没有能力或不愿赞助，但又不能说"不"，企业领导有时不得不"失踪"回避。这种状况，有待于通过社会机制的调整与改革及企业经营机制的完善来改变，但由于被赞助者会通过某种途径宣传企业，企业赞助还是有一定宣传作用的。

（6）新闻发布会。新闻发布会是一种正式的传播途径。由于新闻媒体具有很强的权威性和可信性，因而通过开新闻发布会来对外公布以本企业的价值观、经营理念和企业精神为核心的企业文化，是得到公认的最佳传播时机。需要注意的是，一定要使新闻媒体对本企业文化有准确的认识和理解，否则就会适得其反，呈现在社会公众面前的就可能是被歪曲的甚至是截然不同的企业文化。

（7）经销商会议。经销商可以说是企业对外延伸的触角。因为经销商的表现在一定程度上可以使公众透视到企业的形象，所以企业如果不想在经销商这个环节上出问题，就必须在开经销商会议时，大力、精确地对他们传播本企业文化，并结合其他让利措施，得到经销商的全面配合，共同搞好企业文化的对外传递和展示。

三、企业文化传播组织实施

（一）企业文化传播的时机选择

1. 公司成立周年庆典或分公司成立

成功企业往往会总结出本企业取胜之道和企业文化的精髓，并通过公司一系列的周年庆典活动来传播。当企业规模壮大，需要建立分公司时，将母公司的企业文化先行输入，也是分公司良好运作的基础和前提。

2. 公司上市或新产品上市

公司上市意味着本企业将日益受到越来越多社会公众的关注。此时，若能把握良机全方位地向外界宣传本企业文化，定会取得企业文化传播的佳绩，推动企业的经营发展。新产品上市，使企业的物质文化有了新的内涵，新的企业文化需要借助这股东风传遍大地。

3. 新总裁就任或新员工进入公司

新总裁就任，企业领导层换了新首脑，新的企业发展理念必须及时被全体员工共享，以促进企业迈上新台阶。新员工进入公司，最快的融入方式就是在第一时间了解并认同本企业的文化。因此，给老员工注入新文化或是对新员工灌输已有文化都是企业文化传播不容错过的时机。

4. 新年伊始或庆功典礼

新年伊始，企业各方面工作都要有新气象。企业文化传播当然也不例外。大多数企业都会借助新年丰富多彩的活动和节目来打开企业文化传播的新局面。庆功典礼是企业对自身所取得的成绩的肯定，目的是继往开来，希冀未来的更大成功。企业并不想躺在原有成就上睡大觉，因此，庆功典礼本身就是企业在对内对外方面展示其不断超越的企业文化。

5. 职代会议

员工是企业的最大资源。"以人为本"的观念已经获得了企业家们的共识。企业文化也只有被全体员工认同、内化为他们的精神品质，并外化为自觉的行动才能最终发挥作用，所以通过职代会议传播企业文化的效果是不容置疑的。在职代会议上，企业领导层不仅可以通过职工代表进而向每一位员工传输本企业精神，而且可以通过职工代表的反馈来了解员工对本企业文化的认同感。

（二）企业兼并重组中的文化传播

随着经济体制改革向更深层次推进，经济领域中以资产融合为特征的企业重组现象日益增多。从一般形态看，企业重组是一种经济行为，但从更深层次看，企业重组也包含着大量的文化因素的重组。因此，企业重组的成功与否，不仅取决于资产融合的运作状况，还取决于企业文化融合的程度和重塑状况。

1. 企业重组中必须进行文化重塑

企业文化具有多样性和独特性，不同的企业，即使是规模、设备、产品等条件完全等同，其企业文化的特点也不尽相同。我国企业重组许多是在不同行业、不同所有制、不同地区之间进行。企业原有的企业文化要素，如价值观念、行为准则、战略目标、经营管理作风和方式、组织结构、劳动报酬等方面的差异，必然成为重组中的文化障碍。企业文化作为一种意识形态的东西，具有较强的历史延续性和变迁的迟缓性，因此，不可能像更新设备、转换产品那样容易地改变各企业原有的文化观念。某个企业联合或兼并了其他企业之后，原来不同质的企业文化共处于同一时空环境中，一般来说，它会以原有的优势企业文化作为基础，吸收异质文化的某些成分，组成新的文化体系。

2. 企业文化重塑的内容

（1）企业价值观念将原有的企业价值观念规范为一种新的适应企业发展战略的统一价值观。

（2）企业形象重组后企业的整体形象容易模糊不清，特别是劣势企业由于种种原因会给优势企业带来一定的不良影响，这就要求通过企业形象的整合与重塑，让优势企业优良的企业形象更好地树立起来。同时，尽快通过品牌、管理、经营业务、产品、技术等方面的融合与统一，使企业有一个更加良好统一的形象。

（3）企业制度文化。制度规范是企业价值观的具体贯彻，同时又从硬约束的角度与其他各种软约束角度共同促进了新文化的形成。

（4）企业物质文化。企业统一的服装可以使员工产生纪律感和归属感，企业的商标、标志物、厂房车间、工作环境等物质因素，都会与企业文化的其他要素一起，逐步在员工思想上行为上发挥作用，有利于形成统一的新的企业文化。

3. 企业兼并重组中企业文化的传播模式

（1）文化输出。从一定意义上，企业重组也是优势文化在更大的范围内获得认同，成为共识，发挥作用的过程。因此，以优势企业为龙头的企业重组，其文化运作是优势文化的注入，以优势企业文化带动、改造弱势的企业文化，从而实现企业文化的融合和优秀文化的创建和共享。如海尔集团兼并亏损企业的重要法宝就是输出海尔的文化管理模式，普及海尔管理理念，培育海尔精神和海尔作风，再发挥海尔品牌的优势，以无形资产盘活有形资产，救活亏损企业。原青岛红星电器厂是一家拥有 3 500 名职工的全国三大洗衣机生产基地之一，在并归海尔前，资产负债率高达 143.65%，资不抵债 1.33 亿元，被海尔兼并后，海尔分文资金未投，只派出了 3 名管理人员，通过输出海尔管理模式，3 个月后，就转亏为盈，显示了企业兼并中"无形资产盘活有形资产"的巨大力量。

（2）文化吸纳。弱势企业的文化中也常常蕴涵着一些积极的因素，有的或许还是优势企业的文化中所缺乏的、需要的。因此，既要重视优势企业的输出，又要重视对弱势企业文化的吸纳、融汇。

（3）文化融合。表现为几种势均力敌的企业文化有机融合起来，形成一种新文化。在"强强联合"中，本来就没有严格的强势与弱势之分，对重组的各个企业原有的企业文化的吸纳、融汇便显得更为重要。

（三）企业文化传播的过程

1. 企业文化内传播的过程

企业文化内传播指的是企业文化在企业范围内的传播，以使企业全体员工形成对企业物质文化、制度及行为方式、企业精神和价值观的共识。具体来说，企业文化内传播又可分解为以下过程。

（1）滴流过程。滴流过程是对企业领导层将企业文化向下灌输给普通员工的形象描述。企业领导是企业的头脑，他们在企业的发展上起着战略性的决策作用。同样，他们也是企业文化传播的主体，甚至很多企业的领导（包括创始人）直接就是其企业文化的建立者。明智的企业领导会通过言传身教，让员工对本企业的精神理念、规章制度等能有准确地把握和真正的认同。这样，才能最大限度地调动员工发挥积极性和创造性，使企业领导有如虎添翼之感，能够齐心协力提高生产力；否则，企业领导者必定最终陷入孤家寡人的境地。

（2）逆流过程。顾名思义，逆流过程正好与顺流而下的滴流过程相反，它是指企业文化的最初形态是在"民间"——普通职员中产生，然后逆流向上传播给企业领导，最终成为企业文化的过程。例如，员工的一些很朦胧、朴素的情感观念经过往上层层的提炼，最后升华为企业的精神和价值观。或者，员工在日常的工作中发现了若干可行而有效的做法，经过实践的检验，这些做法会被合情合理地纳入企业规章制度内。此外，普通员工中也会爆发出新点子，很多企业的技术革新、新产品上市都有他们的功劳。

（3）横流过程。上文中的滴流和逆流都是企业文化传播的纵向路线。企业文化除了在公司上下级之间相互传递外，也存在一个横向传播的过程，我们称之为横流过程。它反映了企业文化在企业员工之间来回流动的事实。较为明显的一种情形是，当新员工刚刚进入公司时，老员工会热情地向他们介绍公司情况，传播企业文化。而最经常的则是企业中的意见领袖们会在横流过程中大显身手。他们能利用自身的信息优势、知识特长帮助一般员工理解企业文化。因而，企业文化的横流传播中，绝对不可小觑意见领袖的权威影响作用。

2. 企业文化外传播的过程

企业文化外传播是企业文化在企业范围外的传播，最终要在社会公众心目中塑造兼具文明度、知名度和美誉度于一体的企业形象。企业文化外传播过程可细分为：

（1）扩散过程。企业不是孤立生存于社会之中的。它必须与外界环境发生联系。企业对外联系的一个很重要的方面就是企业文化的外传播。企业文化的对外传播实际上就是企业文化向社会各类公众扩散的过程。这些公众包括与企业建立起直接贸易往来联系的供应商、销售商；企业产品和服务的最终归宿——消费者；给企业提供外部政策支持的政府部门以及一起争夺市场空间的企业同行——竞争者。

（2）传入过程。传入过程也属于企业文化外传播之列。这是因为，一个企业在对外传播文化，相对而言，另一个企业就是在传入和吸纳文化。正如人们在社会交往中总是互动的，企业之间的交流也是双向的。企业除了要向外界展示自身形象，也要善于学习其他企业的文化，借鉴它们的成功经验，取人之长、补己之短。这一过程中，需要特别注意的是，不能只学习他人的皮毛，不深入精髓，否则就只能是东施效颦。

（3）群体同化过程。企业文化传播的过程与群体同化过程密切相关。群体同化的过程大体可分为三大主要阶段：即准备阶段、经历阶段和质变阶段。准备阶段是指群体同化发生在加入某一组织之前的心理、知识及行为等一系列活动。

经历阶段是指新员工加入组织成为其中一员后，摈弃旧的习惯以适应新的组织环境。质变阶段是指新员工已融入组织之中，成为一分子，同化过程完成。群体同化过程无时无刻不存在信息传播活动，没有传播，同化是难以实现的。而传播形式又是多样化的。

第一，面试。即新成员加入企业之准备阶段的最后环节，是个人与企业之间正式的面对面传播。虽说企业是决定面试活动的主体方，但个体也通过这一传播初步尝试或领悟了企业的工作情况。所以，这种双向传播活动是互益性的。

第二，新成员信息寻求。这是企业同化中的第二个主要传播活动，它出现在同化的第二阶段——经历阶段。企业新成员并非只是被动受信者，而是积极的寻信人。他们每时每刻都在寻求有关新角色和企业文化的信息，而且方式也多种多样。方式的选择对新成员来说，有较大的自由空间，可以依个人要求而定。但共同的一点是方法应根据信息内容确定性程度而有所倾向，较确定的信息可以采取各种间接性方式，而易误解的信息则以直接方式为好。

第三，成员角色发展。这是群体同化过程的第三阶段即质变阶段的主要传播活动。从准备到质变，传播始终贯穿始终。角色发展实际上就是企业员工相互影响和相互传播的行为结果。一个企业员工角色的发展大体上经历了三个阶段：进入角色、形成角色和角色稳定化。

一是进入角色——强迫式。当一个人成为企业员工后，经历一定时期便开始进入角色。管理者会通过一系列有目的的测试，来考察新成员，以发现其能力和特长。这个时期，新成员一般没有多少自由选择余地，而是领导者代为选择。所以管理者总是提供各种机会和要求，给新成员注入预定角色，观察其反应，以评估他的智能、知识和工作能力，从整体上圈定其素质标准和使用价位。从工作和管理方式上看，管理者发号施令，新成员执行命令；上司扮演的是一个问题积极处理者的角色，新成员只是一个被动的指令回应者。之所以如此，是新成员刚入角色，还有很多不确定性环境因素，领导者的强迫进入角色方式有利于新成员的传播活动开展。

二是形成角色——协商式。新成员"被迫"进入角色后，便开始了形成角色的阶段。在这个阶段，管理者与被管理者之间关系已不简单是发令者和执行命令者的关系，他们之间会对角色的作用进行一定程度的协商，然后再加以确定。协商是相互交换的过程，在协商中双方都视对方为宝贵的资源和财富，并且是平等的、合理的和正常的交换行为。在这个过程中，企业员工可以提供时间、技能和努力作为形成角色的交换，管理者则提供正式的奖励、信息资源或相应的权力支持作为成员努力付出的交换。这样，在管理者和成员之间经协商——相互交换能量的过程中，新成员的角色才正式形成。

三是角色稳定——自觉式。角色稳定化阶段是管理者与成员都对角色的地位和作用有了明确的共识性认识，达到了自觉的程度，或者说是一种理所当然的认识。在这种情形下，每位管理者都与自己的部下形成了比较稳定的角色关系。然而，这些关系并不相同，事实上存在着"自己人"与"外人"的差别。所谓"自己人"是指管理者信得过的人，或者说是传播双方的相互信任、相互支持的关系。它建立在长期的理解基础上，既是正式的工作关系，同时也是非正式的群体关系。作为"自己人"在工作上会有很大的自由度，而不仅仅是依赖职权作用。而"外人"之间的关系是缺乏信任和支持的，一方以权力施加影响，另一方也以职权关系的理解来回应，工作上主要依靠正式的指示或命令来保证任务的完成。这两种关系中人并不是两个极端，只是说人际关系亲和程度不同而已。换言之，在社会群体同化过程中，上下级之间的关系存在着不尽相同的信任度、支持力、影响力和奖惩问题，它对企业管理有比较复杂的影响作用。总之，企业员工的角色发展主要经过了三个阶段，各阶段各有特点，但都是以传播为依托的。

（四）企业文化传播的技巧

传播技巧，是对传播内容的美化与包装，指的是灵活运用一般传播原理、规律和方法所表现出来的具体而又特殊的传播手法。它由结构形式、表达方式、修辞手法和各种符号有机组合而成。人类传播史反复证明：传播实践是传播技巧的源泉，而传播技巧也可以优化具体的传播实践。传播技巧是传播经验的结晶。

1. 明示法和暗示法

就是将所要传播的中心思想或基本内容作出明确的或含蓄的归纳总结。思想明示的基础是通过证明和逻辑推理而试图取得接受者的同意，思想暗示的基础是通过直接移植心理状态的途径而在接受者身上发生作用。所以明示法主要是理性的影响，而暗示法则主要是情绪的影响。通常，在具体的运用中，属于思想观点上的沟通，其结论宜明示，属于情感心灵上的联络，其意图宜暗示；接受者的阅听能力若较弱，其思想宜明示，接受者的接受能力若较强，其思想又宜暗示；权威性较低的传播者，其传播可用明示，权威性较高的传播者，其讲话可用暗示。

2. 首位法和新奇法

在出现两个以上的传播者和阐述两种相反的观点时,先出场的传播者和先阐述的观点在其特定的情境中获得了较大的传播效果,谓之首位法;相反,后出场的传播者和后阐述的观点也在特定的情境中获得了较大的影响效应,则谓之新奇法。这两种方法或技巧是在不同的情境或条件下起作用的,因此,很难说哪种技巧更为有效。我们应取长补短,综合运用。在企业文化传播中,可以先用首位法取得好的第一印象,而后再以新奇法不断强化、巩固首位法造成的印象或效果。

3. 论证技巧

(1) 引证法。企业文化传播中传播者巧妙合理地引用事实材料(案例)和理论资料作为证明反驳观点的论据,叫做引证法。引用资料证明观点时必须注意:事实要真实可靠,绝不可胡编乱造。事实要典型生动,引文要准确贴切,不要断章取义,不要无的放矢。资料要认真核实,要确保资料来源的可靠性和权威性,不要添油加醋。

(2) 印证法。引证法是传播者直接引用资料来证明自己的观点和主张,而印证法是真正的传播者隐藏在幕后,操纵别人现身说法来达到间接证明自己观点或主张的目的。印证法在具体运用中主要表现为两种形态:一是用预存事实证明现存观点,也就是把早已存在的客观事实再搬出来证明现在传播者意欲灌输给接受者的观点。如带领公众参观企业历史展览等。二是用现在事实证明现存观点。如为宣传企业某一已经实行很长时间的方针政策,就要选择一些典型事例来证明,诸如组织报告会、新闻发布会、召开现场会、举办成果展览会、到企业参观访问等。正确运用印证法的原则是:一是真实。切不可弄虚作假、移花接木、张冠李戴。二是典型。事例要具有代表性和普遍意义,要能起示范作用和榜样作用。三是平凡。四是易学。

(3) 比喻法。它是指运用具体的感人形象喻证抽象的观点和道理的方法。它一般是用人们比较熟悉的而又容易理解的具体事物来证明人们比较生疏且比较抽象的道理。在比喻论证中,论据是喻体,论点是本体,两者之间有着某种共同的特点。同文艺中的比喻不同,宣传中的比喻的目的是说明道理、论证观点。在具体的运用中,比喻法有直喻、隐喻、讽喻三种方式。大多数的比喻法是用一个故事形象来说明一个道理,但也有用几个寓言故事和比喻交错起来论述一个道理的。

（4）假借法。传播者有目的地把自己本人的观点、产品或行为与接受者普遍喜欢的美好的事物联系起来，使人容易接受，这就叫作假借法。假借形式有很多，但归结起来主要有三种类型：第一，假借符号。这是假借具有象征性、标记性和寓意性的符号来表达欲宣传的东西，如厂徽、厂服、厂旗等企业标志。第二，假借声音。把人们熟知的声音或音乐巧妙恰当地引入到传播活动中来，可以增强传播内容的可信性，也容易形成进行有效传播的气氛。传达高级领导人的讲话精神，若对其个别重要的或风趣生动的内容，模仿他的讲话习惯和腔调讲出，就会使人如临其境、如闻其声，有亲近感。第三，假借名人。设法同社会各界名人一起露面（如共进晚餐、同看演出、一起参观、打球、下棋等）也能增加传播的可信度，同时还能显示出企业的社会影响力。

（5）比较法。用正反两方面的或相近相似的事实或观点的比较来进行论证说理的方法，叫比较法。比较法可以使被论证的事物的某些层次更加鲜明，更加突出，可以帮助人们准确地认识、评价事物，使人能够在大量相似的事物中找出它们的不同点，在许多不同的现象中发现它们的共同点。在实际运用中有四种情况：一是对立比较。这是一种通过对立双方的企业文化的比较，来证实自己企业文化优劣的方法。二是类似比较。在运用这一方法时，应特别注意相类比的企业文化必须是同一类别，具有本质方面的相同点。否则，不属同类而只有某些相似点，就只可比喻而不可进行类似比较。三是横向比较。这是把同一时期的两种性质截然不同的或有点相似的企业文化进行比较。四是纵向比较。这是把同一企业文化在不同时间的不同情况作比较。

4. 鼓动技巧

（1）赞扬法。赞扬法就是通过对某种思想和行为的肯定，使这些思想和行为得到强化和推广的方法。它在具体的运用中主要有四种情况：一是精神赞扬。以口头或书面的形式进行的表扬，方便灵活，随时随地都可以运用。二是物质赞扬。以发奖金或给实物的形式进行的表扬，通常在月底年终或一个活动的结束时进行。三是直接赞扬。直接当面对被赞扬者予以表扬。四是间接赞扬。在被赞扬者不在场时，对他的某个好的思想行为予以肯定，并由第三者在无意中将这一赞扬告诉被表扬的人，这就叫间接表扬。一般来说，运用赞扬法要注意四点：一是赞扬要真心诚意，就是说，赞扬的话要发自内心，而不是口是心非或职业需要。二是赞扬要明确具体。明确具体的赞扬有利于改进和推广人们的某个良好行为，含糊其辞和鉴定性的赞扬可能会产生误解、混乱、窘迫，甚至导致关系恶化。三是赞扬要符合实际。不论表扬与批评，必须实事求是，真实可靠，决不能道听途说，弄虚作假，浮夸失实。不真实的表扬会降低对赞扬者的尊敬，降低了赞扬的可信度和影响力。四是赞扬要适时适量。适时的赞扬就是选择最佳的赞扬时机，赞扬要适量，是指表扬太少了不会引起被表扬者的注意或重视，而无休止的赞扬无疑又是一种"噪音"。

（2）批评法。批评法是通过对某种思想或行为的否定，使其受到削弱并转化到正确方面来的方法。开展正确的批评和自我批评，要注意：实事求是，要斥之有据，责之有理，分寸得当。与人为善。批评的目的应该是哑然无声，而不是与人为恶，要适时适量。同赞扬相比，批评应宁缺勿滥。过多的批评会使批评者与批评对象之间的关系变得紧张，出现对立情绪。批评也要看火候，看场合，抓准时机，巧妙出击，这样才容易被接受。

（3）情感激励法。这是通过抒发情感来达到传播目的的一种方法。一些心理学家认为，对人类影响最大的是情感，不是理智。情感推动人去行动，而理智阻碍人的活动。通常，在下列情况下可用情感煽动的方法：第一，对文化程度较低的普通接受者，尤其是女性，宜采用情感煽动的方法。在复杂的现象面前，他们分析思考、判断是非以及控制自己行为的能力也较弱，因此，用理性分析的方法常遭失败。在传播活动中，假如传播者在讲话时抒发了与接受者相同的生活感受和情感体验，或者以直接的利害关系来渲染情绪，就会使这些接受者产生感情共鸣，进而不由自主地朝着你所暗示或指引的目标行动。第二，如果传播对象对你所分析的问题漠不关心，不感兴趣，或者知之甚少，甚至全然不知，那么，比较可行的方法就是你在谈论这一问题时以情感进行煽动，作热情洋溢的演讲。第三，如果你的演讲是为了形成暂时的、当时所需要的态度，也就是想立即见效（如选举什么代表、就某个问题作出表决等），那么，在比较短的时间内，比较合适和比较正确的做法是诉诸情感。当然，传播者也可以综合地运用情感煽动和理性分析的方法。开头和结尾部分应当热情洋溢、娓娓动听，中间部分应当是运用逻辑推理，合乎理性。这样，情感煽动的力量可使接受者对传播者持肯定的态度，激起听众对将要分析的问题的兴趣。再加上理性分析，就可使你所主张的观点成为接受者意识中比较稳固而持久的观点了。

（4）理性分析法。它是运用概念、判断、推理来说明观点、剖析事理的方法。与情感煽动方法的运用条件基本相反,理性分析的方法可在下列情况下合理使用:第一,向具有高度智力水平的接受者(如知识分子和掌权者)宣传,比较正确的做法是运用理性分析方法。因为这类人信息来源广,知识面宽,情感的锻炼比较多,而且有较强的识别真假、判断是非的能力和控制自己行为的能力。第二,如果传播的目的在于通过比较稳定的影响使接受者形成某种共同的定向和相对固定的立场,而长期地保存在接受者身上,那么,比较合适的做法是诉诸理性分析。第三,如果接受者对你所论述的问题非常关心,兴趣很浓,并有亲身感受或部分了解,这时,运用理性分析的方式是比较合适的。不过,这种方法在讲话或文章的开头和结尾部分往往缺乏吸引力和感染力。由于理性分析是把现象和问题作外化的、抽象的、逻辑的和思辨的表达和论述,因此,它要以合理的论据为主,结构缜密严谨、条理清晰、语言明白流畅、通俗易懂。这就是列宁主张的,应当善用简单明了、群众易懂的语言讲话,应当坚决抛弃晦涩难懂的术语和外来的字眼,抛弃记得烂熟的、现成的但是群众还不懂、还不熟悉的口号、决定和结论。

(5)角色扮演法。这种技巧的影响力不依赖连续不断的奖励和惩罚,不依赖口头与文字上的宣讲鼓动能力,它取决于接受者对角色扮演者的认同程度和相信程度。如果群众认为你在他面前的所作所为被认为是某种意义上的"自己人",那么,他就会对你产生亲近感或好感,进而会相信你的观点和主张。反之,如果群众以为你是高高在上,或者认为你的一言一行是虚假的、做作的,那么你本人和所持的观点及主张就会遭到拒绝或回避。所以,如果你想使人们相信你是对的,并让他们按照你的意见办事,仅仅给他们提供一点好的意见是不够的。必须让他们爱戴你,否则,你的愿景必遭失败。

(6)号召从众法。从众是一种普遍存在的心理现象。它来源于群体意见和规范对个体的不知不觉的压力感。所谓号召从众法,是指传播者的宣传总是力图让接受者相信,能对他们产生真实或臆想压力的那个群体(个人)都已经或正在接受他所宣传的观点和方案,暗示(号召)接受者要想避免孤立、减少压力就应该采取与大家相一致的态度和行动。那么,接受者为什么会产生从众行为呢?原因有三点:一是想得到奖励或好处(如得到别人的喜爱或被别人接受),防止孤立或惩罚。二是缺乏主见、自信心和信息资料,而把别人的意见、行为当作自己行动的参考构架。三是屈服于周围环境和舆论的压力。传播者要想使号召从众法真正发挥作用,必须注意以下三点:一是传播者本人要有很高的权威性和可靠性;二是要形成"众口一词"的传播环境;三是传播者提出的这一号召既要坚定有力、确凿无疑,又要富于弹性、留有余地,使接受者不得不采取与公众相一致的行动。

(五) 企业文化传播效果

1. 传播效果的构成

传播效果的构成从层次上看应该包含五个方面的内容。

(1) 知识。这是指在传播者与受传者之间形成的分享含义、共享信息、传承知识、评价知识的效果层次。

(2) 智能。智能包括智慧、智力、能力和创造力等。这里是指信息传播有助于人们正确地认识、理解事物,提高运用知识和经验解决问题的能力,以及辨析判断、发明创造的能力,含观察力、想象力、思考力、判断力、创造力等能力。而智能只能在信息传播以及实践中形成。

(3) 价值。这既是指信息对受众所具有的理智的、道德的、审美的价值,及其产生的健康向上的积极作用,也是指信息传播所引起的受众价值体系的变化。世界观、人生观的转变,伦理道德的规范,精神上的享受和愉悦,都是受众价值体系变化的具体体现。

(4) 态度。传播活动能够强化或改变人们对社会问题、政治观念的看法和态度,能够引起受众在情感上的起伏变化(喜爱、厌恶、恐惧、愤怒、胆怯等),也能够强化人们的动机,坚定人们的意志。这些态度的变化更多地表现为对固有态度的增强和发展,有时也表现为对固有态度的改变和抛弃。

(5) 行为。综合运用大众传播和人际传播,并通过一定的传播手段和传播技巧,传播者不仅可以改变受众的行为习惯、行为规范,还可以改变其公开行为,使其向传播者所期望的方向发展。

上述五种变化内容共同构成了作为整体的传播效果体系,实际上很难截然分开。通常,前三种对信息的真实性和正确性有着十分严格的要求,后两种则要求信息具有一定的倾向性、劝服性和感染力。

2. 企业文化传播效果的形成因素

(1) 人的因素。人是传播的主体和受体,传播是人类的精神特权,因此,人的因素对传播效果的形成具有举足轻重的影响。在传播效果的形成过程中,有四类人分布在传播渠道的各个关口制约着效果的形成。第一，传播者。其个人地位的高低、资历的深浅、知识的多少以及他个人的政治立场、品德修养、心理素质、工作效率等因素，都与传播效果的发生和形成有着密切的联系。第二，守门人。一切有权决定哪些信息可以进入媒介广为传播的编辑、导播、导演、制片人、领导者等都是守门人。这些人以什么样的观念、价值、标准和习惯对大量的待传信息进行筛选、取舍、突出、淡化、修改、拼组，直接影响传播的效果。第三，中介者。这类人是传播者与受传者之间的联系人，拉扎斯菲尔德（1944）称之为竞选信息传播中的"意见领袖"，格林伯格（1964）说它是新闻传播中位于全体受众之前的"主要受众"和"次要受众"。第四，受传者。受传者的预存立场、个人经历、智能结构、接受心理、兴趣爱好、性别年龄、个性特点、人格变数等因素通常是因人而异的，因而传播效果的形成也是各不相同的。

（2）讯息因素。讯息内容真实与否、新鲜与否，适用性和可试性如何，情节性和紧张性怎样，讯息安排是两面都说还是一面之词，是诉诸感情还是诉诸理智，是客观报道还是空洞议论，是清楚还是含糊，是精心设计还是信口开河等，这些都会对传播效果的形成产生直接或间接的影响。

（3）媒介因素。在大众传播中，书籍、报纸、杂志、广播、电视、电影等媒介具有不同的特点和优势，因而在形成传播效果时也会有所不同：有的容易形成知识传播效果，有的容易形成新闻传播效果，有的容易形成艺术传播效果。在组织传播中，通告和通知、讲演和讲话、公文和通函所产生的传播效果不会一样，因为他们具有微妙的媒介变数关系。此外，传播媒介的权威性和恒久性怎样，可信性和美誉度如何，传播手段是否先进，实际操作是否科学，所有这些也都会对传播效果产生一定的影响。

（4）环境因素。不论是国家安定、民族团结、政通人和的社会环境，还是地点适中、空气清新、布置整洁的物理环境，也不论是优美舒适的自然环境，还是愉快和谐的心理环境，它们都是贯穿于传播活动始终的情况和条件，因而都会对传播效果的形成有一定的制约和影响作用。

3. 企业文化传播取得成功的三大条件

（1）主观条件。刘双、于文秀在《跨文化传播》一书中提到，由于传播双方往往构成说服与被说服的关系，要求传播者具有说服力。可信性是使传播行为达到效果的重要因素，要求传播者具有权威性，这种权威性表现在权力和地位上,表现在资历与威望上,表现在知识特长和信息掌握上,反映在能力和才华上。领袖魅力是构成传播者可信性的另一个要素。文化身份也是影响传播可信性的一个因素。除此以外,在信息传递和人际传播过程中还有少数具有影响力、活动力、既非选举又无名位的人,他们被称为意见领袖或舆论领袖。他们具有信息的加工与解释功能、信息的扩散与传播功能、行为的支配与引导功能、协调传播的功能。企业文化的传播尤其要充分利用和发挥意见领袖在人际网络中的纽带作用。

(2)客观条件。企业在生产经营活动过程中,确立起正确的、符合环境要求的、适合本行业特点、具有本企业特色的企业文化,是企业文化得以传播的客观前提。当公司的生存、发展面临真正的威胁,企业原有的文化受到冲击和挑战,此时经过重塑的企业文化成为传播的基础。在购并企业时,扩张企业(如海尔)的优势企业文化成为传播的重中之重,而企业文化的跨国传播需要一个日益扩大开放的世界。

(3)实践条件。传播企业文化时,要树立有形的"象征",便于员工学习、领会、认同、融入企业统一的价值观,在实践中自觉遵守行为规范,即传播时光靠理论上的灌输和表面上的思想交流是不够的,那可能会使人充耳不闻,必须借助各种生动活泼的传播手段,使员工在日常工作和生活中将企业文化内化为心中的信念,并外化为实际的行为。特别是当企业从一种文化向另一种文化转变时,更要为员工提供学习新文化的训练机会。

4. 影响企业文化传播效果的六大效应

受众的心理效应是指传播活动中的一些心理现象对传播过程和传播效果的影响。主要有以下六种。

(1)威信效应。这是指传播者个人或群体的权威性、可信性对受众的心理作用以及由此产生的对传播效果的影响。传播学研究认为,当受众把传播者或信息来源确定在高权威性、高可靠性的位置上时,这种认定就会转变为对信息内容的相信。而且,传播者的威信的高低与受众影响的程度之间存在着某种正比例的关系。传播机构或信息来源的权威性也能形成威信效应。在传播活动中,受众威信效应的产生主要取决于传播者、传播机构或信息来源在受众心目中的威望和地位,而这种威望和地位不是靠权力获得的,而是由受众授予的。

(2)名片效应。这是指传播者首先向受众传播一些他们所能接受的和熟悉并喜欢的观点或思想,然后再悄悄地将自己的观点和思想渗透和组织进去,使受众产生一种印象,似乎传播者的思想观点与他们已认可的思想观点是接近的。"名片效应"有助于消除受众的防范心理,缓解他们的矛盾心情,也有助于减少信息传播渠道上的障碍,形成传受两者情投意合的沟通氛围。因此,只要传播者摸准受众的预存立场和基本态度,而后恰当地运用"名片",就能比较有效地对受众施加影响,并顺利地完成自己的传播目的。

(3)"自己人"效应。这是指受传者在信息接受活动中感到传播者在许多方面与自己有相似或相同之处,并在心理上将其定位为"自己人",因而提高了传播者的影响力。那么,传播者应具备哪些条件才能在受众中产生"自己人"效应呢?一是立场相同。传播者与受众在世界观、阶级立场、信仰、理想等方面大致相同,就容易建立起一种特殊的、亲近的"自己人"关系。二是背景相同。传播者与受传者在民族、籍贯、经历、职业、年龄等方面相同点越多,就越容易形成"自己人"效应。三是个性相投。传播者和受传者之间的兴趣、爱好、性格、气质等相近或投合,也容易产生好的沟通效果。四是观点一致。传受两者对社会事务和面临的问题看法一致、观点相同,也容易产生"自己人"效应,提高传播效果。

(4)晕轮效应。晕轮是指起风时月亮周围的晕圈。晕轮效应是指受传者在接受活动中将认知对象的某种印象不加分析地扩展到其他方面去的接受倾向,从而得出全部好或全部坏的整体印象,就像晕轮一样,从一个中心点逐渐向外扩散成越来越多的圆圈。它起因于相关先行经验对其后所进行的接受活动的影响,包括"光环作用"和"扫帚星作用"。光环作用指的是一位传播者由于被标明具有好的品质,他及他的传播便笼罩在受众"爱屋及乌"的积极肯定的光环(评价)之中。但是,如果他被人标明具有坏的品质,"扫帚星"便会出现在他的头顶,人们会很不公正地对待他,认定他具有一切坏的品质,连同他的传播。在接受活动中,不仅传播者的社会名声会产生晕轮效应,其个人的人格特点也具有同样作用。晕轮效应具有使信息接受变简单、便捷的特点,因而合理地加以利用可迅速取得传播优势,获得即时的短期的传播效果。但是,由于晕轮效应有时是推人及物或推物及人,有专重虚名、以貌取人、以衣取人的倾向,因而会使人以偏概全,对认知对象作出不够客观公正甚至十分错误的评价。

(5)投射效应。在接受活动中,当受传者处于相对封闭状态,有关方面没有提供理解作品的参考信息,而接受对象本身又具有模糊、含混、多义的特点,此时,受传者往往以自己的特性与心理为依据来理解和推断接受对象的含义,这就是投射效应。投射效应犹如"借景抒情",它借助传播者的品质特征、行为模式及其所传信息来宣泄、表达自己的情感和人生观。同时,这一效应也是受传者的一种自我呈现或"自画像"。但是,投射效应往往会歪曲传播者的本义,使对信息作品的理解发生畸变与错位。可见,投射效应对客观、准确的信息接收,也是既有正面又有负面影响。

(6)从众效应。这是指作为受众群体中的个体在信息接受中所采取的与大多数人相一致的心理和行为的对策倾向。从众是合乎人们心意和受欢迎的。不从众不仅不受欢迎,还会引起灾祸。在信息接收中,在从众效应的作用下,常有以下表现:一是受众对已经有了定论的职业传播者和信息作品几乎没有人会再提相反的意见;二是从众能够规范人们接受行为的模式,使之成为一种接受习惯;三是一致性的群体行为能够形成"流行";四是会对那些真正富有独创意义的信息作品加以拒绝,从而挫伤少数传播者探讨真理的积极性;五是多少抑制了受传者理解信息的个人主观能动性。因此,从众效应也是优点与缺点并存、有利与不利同在。

案例思考

茅忠群:方太"中学明道"的企业文化

用东方文化管理企业最典型的莫过于稻盛和夫,崇尚阳明儒学的他创造了"以心为本"的经营哲学,让企业经营"围绕着怎样在企业内部建立一种人与人之间牢固的、相互信任的关系这么一个中心点进行"。

优秀的企业,除了有完善的制度,还一定有高尚的价值观和信仰,并构筑自己独特的企业文化。方太总裁茅忠群为了将方太打造成世界级受人尊敬的企业,仔细研究了世界级企业的文化,并把目光投向中国传统国学,形成"中学为道,西学优术,中西合璧,以道御术"的现代儒家管理模式。市场环境变幻莫测,方太提倡用"不争之争"的思路去掌握发展的主动权。"不争之争"是指通过不断发现、挖掘并满足消费者的新需求而寻求企业的发展,是超越竞争,是蓝海战略。相反,陷入激烈的市场营销竞争是红海战略。我们反对对消费者没有实际意义和价值的排名之争,概念之争。方太在厨具行业第一次提出了自己的使命"让家的感觉更好"。使命是指对自身和社会发展所作出的承诺,公司存在的理由和依据，是组织存在的原因。方太以此使命为纲，建立并实施了系统科学规范的企业文化体系。作为每个方太人，在方太文化的渲染下，形成方太的核心价值观：人品、企品、产品三品合一。方太领导人在企业管理上站在了民营企业改革的潮头，他们深刻地认识到：要在市场经济的大潮中搏击，就必须把握住消费愈渐趋向于"一体化"的智能性和"人性化"的健康性，并及时地在内部管理上赋予"以人为本"的管理精髓，把高科技和人性化紧密地融合起来，才能创造出领先21世纪主题的新的产品。

资料来源：李妙娴，载于《新营销》2013年第10期。

思考：

1. 方太企业的文化核心是什么？你如何理解"中学明道"的企业文化？
2. 家族企业的文化体系如何在企业落地？
3. 方太企业文化传播的路径分析。

第五章　家族企业文化建设的保障与评价

第一节　家族企业文化建设的保障

一、家族企业文化建设执行原则

家族企业家在思考过程中,构建了企业的基本价值观、基本理念和行为准则。它通过一定的方式传达出去,为员工所接受,并将其贯彻于企业的经营管理制度和经营管理过程中,体现于员工的行为中。这就是企业文化的本质。实践—假设—验证—实践,这就是企业文化在企业中的生成机理和作用机理。提出企业文化的假设固然重要,验证这种假设并付诸实践更重要。企业文化的建设和弘扬过程,本质上就是企业文化理念回归实践的过程。企业文化建设应当遵循以下基本原则:

(一) 文化建设要与企业战略相结合

企业文化由于其导向、约束、凝聚、激励等重要功能,成为企业战略实施的重要手段。但当企业战略发生较大调整时,企业文化变革的缓慢又可能制约企业战略的实施,因此,企业文化必须与企业战略相适应。加强企业文化建设,首先必须有一个明确的企业发展战略。只有紧紧地将文化建设与企业战略相结合,企业文化建设才能有源源不竭的动力和明确的方向。

(二) 文化建设要体现行业特点和企业个性

企业文化是一种亚文化,既存在于民族社会文化之中,又因各企业的类型、行业性质、规模、人员结构等方面的差异而有所不同。企业文化的共性是时代特征和社会特征的综合体,反映了社会环境对企业文化的影响。然而,企业文化又是企业基本特点的体现，是一个企业独特的精神和风格的具体反映，并以其鲜明的个性区别于其他企业，形成自己的具体特色。每个企业应根据本企业的具体情况，因地制宜地建设适合自己需要的、具有行业特点和自己特色的企业文化。

（三）文化建设要与形象管理相互促进

企业文化是企业形象的内在根基，企业形象是企业文化的外在表现。企业形象是企业内外对企业的整体感觉、印象和认知，是企业状况的综合反映。企业形象是企业在与社会公众（包括企业员工）通过传播媒介或其他方式的接触过程中形成的。企业形象有好与不好之分，当企业在社会公众中具有良好形象时，消费者就愿意购买该企业的产品或接受其提供的服务；反之，消费者将不会购买该企业的产品，也不会接受其提供的服务。因此，企业应将文化建设与形象管理有机地结合起来。

（四）文化建设要发挥企业领导群体的核心作用

文化是人们意识的能动产物，不是客观环境的消极反映。在客观上，对某种文化的需要往往交织在各种相互矛盾的利益之中，羁绊于根深蒂固的传统习俗之内，因而一开始总是只有少数人首先觉悟，他们提出反映客观需要的文化主张，倡导改变旧的观念及行为方式，成为企业文化先驱者。正是由于领导群体和先进分子的示范，启发和带动了企业的其他人，形成了企业新的文化模式。领导群体对新文化的塑造可以起到很好的倡导和总结作用、宣传和鼓动作用以及表率和示范作用。

（五）文化建设要全体员工达成共识

企业终究是由广大员工组成的，文化体系的最终完成与实现有赖于他们的认可、积极配合与行为上的支持，因此，文化建设必须以全体员工的整体愿望为基点达成共识，也只有如此，才能确保文化建设的有效性。"共识"，是指共同的价值判断。共识是企业文化的本质。企业文化建设强调共识原则，是由企业文化的本质所决定的。人是文化的创造者，每个人都有独立的思想和价值观，都有自己的行为方式，如果在一个企业中，任由每个人按自己的意志和方式行事，企业就可能成为一盘散沙，不能形成整体合力。企业文化不是企业中哪个人的"文化"，而是广大成员的文化。因此，只有从多样的群体及个人价值观中抽象出一些基本信念，再由企业在全体成员中强化这种信念，进而达成共识，才能使企业产生凝聚力。可以说，优秀企业文化本身即是"共识"的结果。建设企业文必须不折不扣地贯彻这一原则。在企业文化建设中贯彻共识原则，应特别强调发挥文化网络的作用。企业文化的形成过程，就是企业成员对企业所倡导的价值标准不断认同、内化和自觉实践的过程。而要加速这一过程，就需要发展文化网络，通过正式或非正式的、表层的或深层的、大范围的或小范围的各种网络系统，相互传递企业所倡导的这种价值标准和反映这种价值标准的各种趣闻、故事以及习俗、习惯等，做到信息共享，才能有利于共识的达成。同时，贯彻共识原则，还需要逐渐摒弃权力主义的管理文化，建立参与型的管理文化。权力主义的管理文化过分强调行政权威的作用，动则用命令、计划、制度等手段对人们的行为实行硬性约束，在决策与管理中，往往用长官意志代替一切，这样做肯定不利于共识文化的生长。因此，打破权力至上的观念，实行必要的分权体制和授权机制，是充分体现群体意识，促使共识文化形成的重要途径。

二、家族企业文化建设计划

（一）进行企业文化评估

领导团队一旦决定全力建设由价值驱动的企业，那么，下一步要做的工作是对目前企业文化进行详细的评估。价值评估工具就是为此而设计的，它可以找出企业最重要的若干个价值以及弄清楚企业意识的分布情况，还可以评估个人价值与企业价值、企业目前的价值与企业理想的价值、企业理想的价值与企业的实际价值之间相符的程度。价值评估的主要益处是，能够将"软件"变为"硬件"，能够搞清楚企业文化目前的状况，并订立明确的目标，以便对企业文化的转变进行监控。价值评估可以达到以下目的：明确当前企业文化的优点和缺点；确定企业文化转变的方向和先后次序；为企业文化变革所采取的措施和行动提供充分的理由。

（二）确保领导者全力投入，建立价值驱动的企业文化

如果领导者确信有必要进行文化转变，那么他的第一项任务就是实施一个带有强制性的试验。如果试验很成功，那么领导者应进一步进行规划，制定一个阶段企业发展的愿景目标。如果试验不成功，那么领导者应果断地采取新的措施，以便推动企业的更新。企业变革要想成功，领导团队中的每个人都必须认真审视他们个人的价值和行为，并在必要的情况下进行调整，以便适应新的企业文化，因为企业的变革实质上不是企业自己会发生变革，而是企业中的人在变革！没有

领导者个人的投入，企业文化的转变不会发生。许多员工，特别是管理人员，可能发现这种文化的调整十分困难，特别是从控制者变为辅导者，从管理者变为指导者，这些都要求他们进行意识的转变，而意识的转变对于许多人来说是十分困难。结果，那些能够实现自身变革的人将在工作中找到新的意义，而那些无法转变的人将最终离开企业。

（三）在领导团队内部培育价值凝聚

文化变革必须从最上层开始，并自上而下在整个企业推行。助理团队的所有成员都必须全力投入文化的转变，并乐于解决他们自身的管理问题。如果领导团队作为一个整体无法为新的价值和行为做出表率，那么下一层的助理人员将不会主动地接受转变。

领导价值评估工具的目的是帮助管理者找出他们在管理方面存在的问题。在领导价值评估结果的基础上，领导团队的协作成员都应参加个人领导能力的培训项目，并从其他成员中寻求支持，以便解决自身的领导问题。企业如果想成功地对文化转变进行管理，那么领导团队内部必须形成一个相互支持和相互信任的环境。

（四）树立整个企业对于愿景、使命、价值的认同

文化变革要想取得成功，企业中的每个人都必须认同并实践新的愿景、使命和价值。因此，要让所有员工参与全过程。开展员工参与的第一步，应该是向员工通报领导团队对于目前情况的评估以及进行文化转变的原因。应将愿景、使命和价值宣言的草案交给员工并征求他们的观点和意见，只有完成了这一过程才能将宣言定稿。但员工的参与需要在深层次下进行，需要在企业的愿景和使命与每个工作部门及每位员工的使命之间建立驱动关系。如果不能建立这种驱动关系，员工就无法通过工作实现他们的个人价值。

（五）建立监督机制

实施阶段中的一个重要步骤是在企业内部成立两个跨部门的委员会，以便对新的企业文化的实施和维护进行监督，使创新观念的采集制度化。

文化委员会的目的是营造一种能够激发创造力的氛围，以便将所有员工的智慧集中起来，用于解决企业所面临的关键问题。创新委员会的目的是通过建立一定的机制，将新观念、新想法转化为流程和产品的改进，从而促进企业内部的创新。

文化委员会应由企业内各类人员的代表参加。越来越多的企业开始设立以管理企业文化为主要职责的高层管理职位，如企业文化副总裁。他们的主要职责是监督企业文化的实施、发展和维护。在现代企业里，这种工作包括：对企业文化进行定期监控，以确保企业所信奉的价值得以实践；开展领导能力培训项目，重点是培育内部凝聚力和对员工赋予权力；帮助员工通过工作实现个人价值；确保人力资源管理机制和程序符合企业文化，聘用个人价值与企业价值一致的新员工，使企业成为充满乐趣的工作场所。创新委员会的工作是激发员工产生能够改进产品和流程的观点和想法，建立鼓励员工提出新观点并对员工的观点进行评估的机制。同时还要建立与客户和供应商沟通，让客户和供应商充分发表想法的制度。创新委员会面临的挑战是，需要开辟一条创新的渠道，使企业能够不断地进行产品创新，领先于它的竞争对手，同时还能使企业不断地进行流程创新，降低成本或提高质量。

（六）将企业信奉的价值纳入人力资源管理体系和程序

对于企业而言，能够成功实施并能长期保持文化转变的最有力的工具，是在人力资源评估过程中引入企业所推崇的价值和行为。企业所信奉的价值必须完全反映在员工的提拔或降级聘用或解雇的标准。只有具备企业所信奉的价值的员工才能得到提升或聘用。领导价值评估和员工价值评估工具可以测量出领导及员工的价值与企业价值之间的相容程度，为职位的晋升和员工的录用提供依据，同时为员工的培训打下基础。

（七）实施培训项目，为新文化提供支持

支持新文化需要两种培训：为员工提供培训，帮助他们通过将个人的使命与企业的愿景、使命和价值相联系，在工作中找到他们人生的意义。为管理者提供培训，帮助他们成为领导者。由价值驱动的企业文化，要求企业将重点从管理转为领导，从智商转为情商。它需要的是真实认同公共利益并在生活中保持平衡的人，即由较高的意识层次主导的自我实现的人。向由价值驱动的企业文化进行转变时，最大的障碍将来自那些个人价值完全由较低的意识层次主导的管理人员，他们对生存、地位、自我尊严存在很大的担忧和恐惧。

（八）对内部和外部经营环境的变化进行鉴定评估

现代企业用于确定战略更新方向的依据是企业内部和外部环境提供的反馈。作为对企业绩效进行年度审核工作的一部分，文化委员会应对内部文化进行鉴定评估（价值评定），文化评估报告应包括以下内容：实际价值与企业所信奉的价值的比较、意识的分布、价值的类型，以及文化的力量。同时，创新委员会需要对外部经营环境进行鉴定评估。评估报告不应仅限于企业目前经营的领域，还应包括社会价值的主要发展趋势、人为变化的情况、教育、政治、环境和科技等。理解并分析这些趋势对企业的使命和愿景的影响，以及这些趋势对支持员工个人价值实现、客户满意和社会商誉的影响。在大型企业中，这些信息被用来进行以远景预测为基础的规划——考察它们可能产生的结果以及它们可能对产品和服务带来的影响。

（九）检视或调整愿景、使命和价值

根据内部和外部环境的评估结果，对愿景、使命和价值进行微调。之后应向生产经理和员工通报管理团队的建议，而经理和员工应对拟做的修订进行审核，并制定下一年的指标。这些结果反馈给管理团队后，管理团队最后确定所应做的调整，并通过会议、培训项目和公告栏等形式向所有员工进行通报。

三、家族企业文化建设保障机制

（一）建立强有力的组织保障机制

1. 建立专职机构——企业文化委员会

企业文化建设对于任何企业来说都是一件大事，中国家族企业领导层一定要从思想上重视、在行动上支持企业文化建设工作。具体来说，中国家族企业的领导层要认识到企业文化建设的重要性，能从全局出发，从战略的高度来思考企业文化建设的重要性；要把企业文化建设工作纳入议事日程，与其他工作同部署、同检查、同考核、同奖励。企业文化建设工作需要有专门的部门来负责，而不能由企业内部的职能部门监管，为此需要建立专门的主管部门。本书认为，需要在中国家族企业内部建立企业文化委员会，由企业文化委员会统一领导、组织企业文化建设的各项事务，各职能部门负责具体落实。

建立企业文化委员会的重要作用主要是：信号传递和组织实施。信号传递的作用主要体现在通过企业文化委员会的建立，让中国家族企业内部的所有成员感受到企业高层的重视和决心，认识到企业文化建设的重要性，引发组织成员的关注和思考，这样有利于企业文化建设的顺利进行。企业文化委员会应该充当中国家族企业文化建设的组织实施机构，主要职能在于在思想、组织和舆论上为企业文化的建设做好铺垫，全面负责企业文化建设的实施工作。

企业文化委员会最开始可能只有少数几个人组成，但一定要有一个有分量的高层领导担任领导之职。随着企业文化建设工作的深入，领导者要有意识地进行人员方面的充实，应包括企业的各层管理人员和一线职工，以形成中国家族企业文化建设的强有力的领导核心。企业文化委员会的职责在于计划、指挥、组织和协调企业内部资源，对企业文化建设进行领导和管理。

2. 全员参与企业文化建设

企业文化就是全员文化。员工是企业的主体，是企业活力的源泉。企业文化建设必须着眼于全员、立足于全员、归属于全员。因此，中国家族企业必须树立以人为本的思想，坚持把领导层的主导作用与全体员工的主体作用紧密结合起来，实现员工价值观与企业发展的有机结合。这是中国家族企业文化建设的核心部分，在企业文化建设的实施阶段，一定要强调这一原则。为了做到这一原则，中国家族企业需要统一全体员工的认识。

在企业文化建设的阶段，领导者极易遇到两个问题：没有足够的同盟者和无法得到组织员工的响应。原因是双方面的，既有领导者自身的原因，也有来自员工方面的障碍。企业文化建设实施的领导者工作不够细致，事先没有考虑周全。例如，领导者过于自信，在宣传上投入不足。员工在认识上可能也有一些不到位。对未知情况的恐惧忧虑、已有的思维惯式以及来自组织内非正式群体的压力，都可能使组织员工不主动配合企业文化建设的工作。

以上的各种情况都会使得中国家族企业文化建设工作受阻、进度放缓，甚至有被完全放弃的危险。为此，中国家族企业文化建设的领导者有必要从以下方面进行努力：一是做好策划工作，为企业文化建设的实施做好人才储备；二是积极寻求支持者，尽可能扩大企业文化委员会的影响范围；三是加强宣传力度，极力在全企业范围内传播核心价值观念；四是企业文化建设领导者的亲身示范，以自己的实际行动来获取组织员工的支持。这样才有可能在中国家族企业内部取得认识上的统一，让大家都投入到企业文化建设的工作上来。

3. 充分利用舆论

舆论是一种群体意识，是公众意志的体现。舆论既有正向的功能，也有负向的功能。正向的功能包括传播真理、褒扬真善美和监督；负向的功能则会传播谣言，误国误民。因此，中国家族企业文化的建设也要重视舆论的作用，积极引导组织内的舆论氛围，充分利用好舆论的正向功能而消除负向功能。为此，企业文化委员会需要做好以下三个方面的工作。

（1）宣传企业文化的核心内涵。企业文化委员会需要在全企业内部宣传中国家族企业文化的核心价值观，让全体员工都能了解和理解企业文化的核心内涵，并转化为自觉的行动。实际上，这就是利用企业内部的正式沟通渠道传播真理，以达到引导舆论的目的。

（2）创造民主的氛围。完善上通下达的组织沟通渠道，积极采纳员工的合理建议，鼓励全体员工提出企业文化建设工作的具体问题和解决建议。对于员工提出的问题和建议，企业文化委员会要给予重视，及时处理并反馈结果。这样才能创造出一个公开、透明和坦诚的民主氛围，提高大家对企业文化的认可和承诺，有利于提高全体员工进行企业文化建设工作的积极性。

（3）监测舆论的动向。一般来说，任何企业都存在着非正式组织和非正式的沟通渠道。中国家族企业需要监测企业内部的舆论动向，及时发现未能通过正规沟通渠道来传达的信息。特别是在企业内部正规沟通渠道失效，或者企业文化建设工作陷入困境之时，更是应该加倍地给予重视。

4. 领导的率先垂范

企业领导身体力行，全面倡导并践行企业价值观，让员工认可和接受企业的价值观，并自发地效仿。领导需要带头遵守企业价值观和行为准则，用实际行动来推动企业文化建设的进程，领导的率先垂范首先就表明了企业高层对企业文化建设的态度和决心。领导者的言行就是员工们学习的榜样，为员工们树立了标杆。

（二）重视建设企业文化传播机制

在企业文化产生与发展过程中，文化传播处于基础地位。中国家族企业需要建立起多样化的传播机制，利用这些传播机制把企业文化的核心内涵传达给全体员工。从这个意义上说，传播才是企业文化建设的根本。因此，在建设企业文化之时，中国家族企业一定要注重建设企业文化的传播机制。企业文化的传播机制可以分为正式渠道和非正式渠道两种。

1. 正式传播机制

企业文化的正式传播机制是企业文化在全企业范围内传播的重要途径，也是企业文化委员会所依靠的重要手段。中国家族企业文化的正式传播机制包括：

（1）企业报纸、期刊宣传。企业报纸、期刊宣传包括的内容有：企业经营管理方面的重大事件；方针和政策；企业领导的讲话；企业人物的专访和报道；企业员工的工作体会和思想动态；典型案例的剖析；企业的历史；以及企业创始人的典型事迹等。

（2）工作场所和生活区的宣传栏、广告牌等。这种渠道的特点有成本低、时效强、与员工的工作和生活联系紧密等。

（3）制作企业文化手册。将企业文化的核心内涵以及其他与企业文化有关的内容集中起来，并编辑成册，分发给企业员工，作为学习和领会企业文化核心内涵的重要依据。

（4）举办各种集体活动。可以利用节日、年会和企业庆典的机会，举办各种集体活动，鼓励全体员工积极参与，让大家在游戏之中增进了解，创造和谐融洽的组织气氛。

2. 非正式传播机制

企业文化的非正式传播机制有助于企业文化的建设，可以全方位、潜移默化地影响员工的思维和行为习惯。对于中国家族企业来说，非正式传播机制也是一种重要的传播途径，其可以分为对内和对外两种。

（1）对内传播。可以举办企业文化论坛之类的活动，让员工们积极发表对企业文化的感想，以及对企业文化建设各方面工作的建议；构建多样的沟通渠道，如直言信箱，尽可能地让员工们的想法和思想动态传递至高层。

（2）对外宣传。积极宣传企业文化建设的情况，树立良好的企业形象，为企业文化建设工作造势，让员工们感受到优秀企业文化的魅力，增强他们对企业文化建设工作的承诺。

（三）建设可靠的硬件设施保障机制

1. 建立专项资金制度

强有力的资金支持是企业文化建设的重要保证。中国家族企业需要建立企业文化建设专项资金制度，根据企业文化建设的实际情况做出预算，要做到专款专用，切实保证资金能够落实到位。企业文化建设的费用包括宣传费、文娱活动费、培训费和部门建设费等。

2. 加强硬件设施建设

根据实际情况和企业文化建设发展需要，适时、适度加大企业文化建设硬件投入，完善员工培训中心、教育基地、员工文化体育场所、图书馆等企业文化设施，为企业文化建设的顺利推进提供强有力的设施保障。

（四）重视先进典型事例的作用

人们行为的改变主要来自学习和模仿，榜样具有巨大的力量，企业文化建设更是如此。先进个人和集体的典型事例体现了企业的价值观，是企业文化的生动教材，具有示范作用，是企业员工学习和模仿的榜样。

1. 树立典型事例

不仅要不断地发现和挖掘企业内部的先进典型事例，更要注意培养先进的个人和集体。先进典型事例的评选需要大家的积极参与，树立真正符合企业文化价值取向，又能使企业员工佩服的典型事例。先进典型的树立要真正做到名副其实，不能有半点虚假，因为先进典型来自于企业内部，员工之间是非常熟悉的。不能为了塑造典型而作假，只会得到相反的结果。

2. 积极宣传和推广典型事例

先进典型事例不仅要"树"，更要宣传和推广。先进典型事例能够给人以鼓舞，能够教育、熏陶和启迪人，中国家族企业需要利用先进典型事例来促进企业文化建设工作。为此，需要通过各种形式的活动把先进个人和集体的事迹推广开来。中国家族企业要利用典型的人和事来鼓舞和激励员工，强化员工的自觉性。

（五）相应的考核和奖惩制度

中国家族企业家希望建立起积极的企业文化，但是建设的成果如何有待评估。评估机制主要被用来掌握企业文化建设的实际效果，发现不足以期改正。这是企业文化建设的重要环节，中国家族企业需要给予足够的重视。有了考核，就需要有奖惩机制，奖励先进，惩罚落后。

1. 考核机制

在企业文化建设实施的阶段，中国家族企业往往会出现员工，甚至企业管理者的言行与企业文化的核心内涵相背离的情况。通过对企业文化建设的考核工作，可以达到表明企业的决心和评估工作效果的目的。中国家族企业文化的评估要形成制度，用科学、客观和标准的程序和方法来规范评估，以使得出的结果具有真实性和可信性。为此，需要做到目标具体化、全员化，并常抓不懈。

2. 奖惩制度

企业文化的建设需要建立奖惩制度，从外部给予员工一定的压力，促使他们遵守企业价值观、转变言行举止。建立奖惩制度需要坚持原则：制度透明，规范严格；奖惩分明，以奖为主；坚持执行，重在引导；公平公正等。另外，奖惩制度要以正面激励为主，惩罚只适合那些严重违反企业价值观的行为。

（六）其他配套制度的建设

制度对中国家族企业文化建设具有重要的意义，既保证了企业文化建设工作能够落到实处，又为各项工作的开展提供了行动准则。

1. 学习制度

学习在企业文化建设过程之中处于基础的地位，员工们需要学习企业文化的核心内涵，学习先进人物的事例，学习组织的各项规章制度。为此，中国家族企业需要建立起有效的学习制度。

（1）全员学习。学习的过程需要全体员工都参与进行，上至管理高层，下至一线员工。企业领导层要开展积极的讨论和学习，形成统一的意志，为企业文化建设打下坚实基础；企业的各级管理人员也要进行学习，他们起着承上启下的作用，通过学习让各级管理人员支持企业文化建设工作；一线员工更是要学习，要使全体员工认可企业的价值观，调动他们的积极性。

（2）形式多样化。学习的形式需要多样化，增加趣味性，要让大家愿意学习，真正地参与进来。为此，中国家族企业可以采取教授授课、座谈会、辩论赛、员工自学、小组讨论等形式。

2. 监督制度

由于受到惯性思维、言行习惯和既得利益的影响，员工并不会积极主动地接受企业文化的约束。因此，在企业文化实施阶段，中国家族企业需要建立相关的监督制度，让员工理解、接纳并拥护企业文化。

领导要积极督促下属学习企业的核心价值观，让下属认可并真正接受企业的价值观，并考察下属在实际工作中是否能遵守企业的规则和规范；组织的每一个成员都需要鉴别身边人是否遵守企业的规则和规范，若是没有遵守，就应该给他施加压力；个人也要加强自律，自觉地参与到企业文化建设中来，领会企业文化的真正含义所在，内化为自己的理念，外显为自觉的行动。

3. 物质环境

企业文化建设要做好细节工作，需要从企业的工作和日常生活环境入手，让企业的每个员工都感受到企业文化就在身边，让每一个来过企业的参观者都能强烈地感受到浓厚的企业文化氛围。

中国家族企业需要加强表层文化的建设，企业名称、标志、标准字、标准色、厂旗、厂服、厂标、厂貌、产品样式和包装、设备特色、建筑风格、纪念物、纪念建筑等这些都是表层文化的具体表现。企业的表层文化是企业的直观反映，是企业的"衣裳"；企业形象常反映在厂区厂貌的文明环境上，是企业的"门面"。

四、家族企业文化建设的组织运作

以传统家文化为本质的我国家族企业，在企业规模不大的发展初期往往呈现出极其旺盛的生命力。但是，我们也不难发现，我国家族企业"其兴也勃"背后隐藏着"其亡也忽"的阴影，家族企业平均寿命很短，许多家族企业难以逃脱倒闭的厄运。因此，家族企业要在市场竞争中发展壮大，必须突破自身的局限，保持家族企业的基业长青，促进家族企业的可持续发展，使我国的家族企业能在未来不断长大，就必须进行企业文化的整合、重视文化建设组织运作。

1. 以人为本，建立现代企业制度

改革开放以来，我国很大一部分家族企业是通过从集体企业、乡镇企业中转制而来，其发展也多依赖创业企业主的个人能力、特殊的关系等资源。家族企业主对企业的发展具有至关重要的影响，领导理论亦表明，领导者的领导风格与行为方式会对组织气氛产生很大影响。这对于家族企业而言表现更为突出，因为家族企业很多情况下是领导者、管理者与监督者集于一身。因此，家族企业文化建设不仅要提高家族企业主的领导水平和领导能力，更重要的是培养与现代市场经济体制要求相适应的现代企业制度。现代企业制度建立的目标是使企业管理有章可循、有法可依。它强调的是外部的监督与控制，通过规范、程序等约束力量提高组织各项活动的可预期性，尽可能地终结企业管理的混乱现象。现代企业制度的建立与以人为本并行不悖。企业发展过程中强调的以人为本要求把员工视为组织最重要的资源，为员工提供良好的组织环境，从各个层面去满足员工的需求，调动并尊重员工的主动性和创造性的发挥，在此基础上为顾客提供良好的服务。相反，如果家族企业中任人唯亲，家族成员和非家族成员相互对立，漠视非家族成员利益，仅对非家族成员人力资本进行攫取而忽略了对其进行培训与开发，则会阻碍家族企业的进一步成长壮大。

2. 识别、培养和应用企业核心竞争力

当前，我国家族企业大部分是中小企业。家族企业想要在激烈的市场竞争中保持竞争优势，就需要有意识地识别和培养企业的核心竞争力。企业核心竞争力包括核心技术、核心产品、核心人物和核心价值观等。其中，核心人物即前述企业领导者，它引领着企业的发展方向，就我国家族企业集权情况而言，企业领导者的决策直接决定企业的生死。核心技术和核心产品是企业保持竞争力的关键，虽然绝大多数学者认为我国家族企业的演进方向是不断融合外部资本，做大做强。但笔者认为，家族企业规模大小与核心竞争力关系不大，就家族企业而言，即便规模较小，依然可以培养专属核心竞争力。如日本很多中小企业就是通过掌握核心技术，通过"小而精"的方式生产自己特有的核心产品在市场中赢得竞争优势。核心价值观是企业核心竞争力的价值层面，与制度的外在约束不同，价值观内化在企业员工的精神中，是一种软性的约束和激励力量。如果使用得当，它将激发组织成员发挥出巨大的能量。

3. 内外兼修，积极承担社会责任

家族企业文化的建设不仅体现在组织内部的文化建设，其组织文化还反映在对社会责任的承担上。世界银行把企业社会责任定义为：企业与关键利益相关者的关系、价值观、遵纪守法以及尊重人、社会和环境相关的政策和实践的集合，使企业为改善利益相关者的生活质量而贡献于可持续发展的一种承诺。家族企业积极承担社会责任，一方面，可以从观念与行为的角度向外界传达出企业的信息，树立企业良好的外部形象，从而扩大企业知名度，最终促进企业业绩的提升；另一方面，家族企业良好的社会形象又会反过来促进组织文化的建设与完善，由于公众的认可其可能获取的企业绩效的提升对家族企业而言是一种有效的外部激励，这种激励有助于提升家族企业组织成员的荣誉感和自豪感，从而促使其以更好的产品和服务回馈社会。

4. 淡化家长权威，树立继任者权威

20世纪90年代Pierce首次提出"心理所有权"的概念，他认为，心理所有权是一种心理状态，"在这种状态下，个人感觉某个目标物（自然属性可以是物质或非物质）或其中的一部分是自己的"。Furby也通过研究指出，这种心理层面的所有权体验是一种占有感，它使得人们把占有物视为"自我的延伸"，进而影响着人们的动机，导致态度并最终引发行为。其作用在于它能够激发人们对目

标的责任感，促使个人维护"自己的"心理占有欲。就家族企业代际传承而言，心理所有权区别于法定所有权，在增强继任者企业的占有感及责任感方面发挥着重要的作用，因为法定的所有权作为一种社会状态，并不一定意味着能够深入继任者内心而转化成一种心理状态，而心理所有权的培养使得继任者即便在没有法定所有权的情况下也会对家族企业承担应尽的义务。这种责任感在心理所有权与家族文化中的"忠""孝"观念结合起来时会显得更加强烈，如1989年挺宇集团面对困境时，创始人潘挺宇的女儿潘佩聪不甘家业衰退，年仅18岁就主动扛起挺宇集团的重担。前述家族企业代际传承过程中继任者的低接管意识从反面说明了继任者心理层面的接受与认同在家族企业传承过程中起着基础性的作用。心理所有权理论为我们提供了一个极好的研究视角，该理论认为心理所有权的产生途径包括三种：对目标进行控制、对标的物具有深入的了解以及个人投入。就家族企业而言，要成功实现心理所有权的转移，需要注意以下方面。

（1）让继任者参与家族企业运营，可以从基层起步，逐渐向上延伸，在这个过程中试着让继任者控制某一工作领域，这种控制会引致继任者的所有权感，控制力越大，占有感就会越强，从而使继任倾向发生改变。

（2）分享企业运营信息，增加继任者对企业的了解程度。心理学的研究表明，个人获得的信息越多，对某一物体的了解越深，自我和物体之间的联系就会越亲密。在家族企业语境下，企业主应积极向继任者提供相关的所有权目标信息，如企业结构、运营团队、所开展的项目等。需要指出的是，信息并不是心理所有权产生的充分条件，为此，还需要扩展联系的广度和深度，加强继任者与家族企业相关领域的联系从而有助于培养其心理所有权。

（3）充分信任继任者，使其对自己负责的工作、岗位、部门等有足够的自主权。继任者在工作过程中投入时间、精力、资源、才干等有形无形的资源越多，心理所有权就越强。与职业经理人可能存在的职务侵占行为不同，企业主无须担心继任者自主权的扩大，因而在继任者心理所有权的培养和转移方面可以大胆操作。组织权威包括正式权威和非正式权威，家族企业代际传承过程中应兼顾对继任者两种权威的培养。就正式权威而言，应依照公司章程，通过赋予继任者一定职位，使之通过参与公司部门计划的制定、项目的执行、部门轮岗等方式，获得相应的职位权威。然而，正式权威作用的发挥需要非正式权威的配合，只有正式权威和非正式权威结合起来，才能发挥"1+1>2"的效果。非正式权威与职位无关，它来源于领导者的个人魅力、学识才干等，为树立继任者的非正式权威，需要在企业主的引领下尽可能使其获得创业元老的支持。同时，应考虑组建继任者辅佐团队，辅佐团队不一定是创业元老，可以由继任者自己选择，企业主予以把关。此外，要注意培养继任者的完善人格，提升继任者各方面的能力，如决策执行能力和宽广的视野等。

5. 积极吸收借鉴国内外优秀家族企业经验

随着世界经济一体化进程的加速和国际间交流的日益增多，使得我们有机会了解国外家族企业的发展历程，并借鉴其有益的发展经验为我所用。西方发达国家市场经济实行时间较长，其市场发育也比较完善，相应的其家族企业发展历史与家族企业文化建设经验也更为长久和完备。如美国不少家族企业经历上百年的发展，经过管理革命，很多走上了两权分离的道路，实行经理人主导的专业化管理方式，其管理过程中对规则和制度的强调值得我国家族企业学习。与我国具有相似文化传统的日本，家族企业发展过程中所实行的"终身雇佣制"和"年功序列制"有效地激励了员工的组织认同感和奉献精神，企业中的团队协作意识和精神激发了组织成员的积极性和创造性。就国内家族企业而言，经过了20多年的发展，也产生了如方太等成功实现传承并使企业稳健发展的知名企业，其所秉持的"大家文化"，即由顾客、员工、合作伙伴、社会和股东五个"家"组成的、以顾客为中心，将顾客与员工和谐放在最前面，将股东放在最后的具有社会责任的家，强调品牌、领袖和文化的开放和谐文化观。比较而言，国内家族企业由于其立足国内生长和发展，因而更易学习，更具借鉴意义。

第二节 家族企业文化建设的评价

一、家族企业文化建设指标体系构建

（一）构建指标体系作用与设计准则

1. 建立指标体系的作用

家族企业文化建设模式形形色色，一方面我们面临着原有企业文化的分化、解体，另一方面新的机遇正促使我们建立新的家族企业文化。那么，如何结合家族企业的实际情况，评价家族企业文化建设的状况、水平和存在的问题，找到一

条可操作性强、见效快的建设道路，是摆在我们面前的重大任务。这都需要我们建立一套家族企业文化建设的评价体系，对原有企业文化和正在建立的新的企业文化模式进行评价。

家族企业文化的形成是一个漫长的过程，检验一定时期企业文化建设实效是提升企业文化水平和素质的必要环节。目前人们对家族企业文化的认识基本上集中于定性的分析，为了增强家族企业文化建设发展思想在研究和制定企业发展战略中的指导作用，就必须将家族企业文化建设目标具体化，即用一些可测量的定量的指标或是容易确定的定性的指标将其明确地表征出来，并构成指标体系，通过对家族企业文化建设水平的分析评价，为家族企业发展目标的制定提供支持。各指标均为数量指标，附带一定的分值和相应评分标准，能较准确地对某一家族企业进行企业文化评估，从而帮助管理人员准确认识该单位企业文化发展状况，为塑造企业文化提供决策依据。

综合评价的作用，突出表现在它为家族企业建设富有自身特色的企业文化提供了完整的衡量标准，为外界或家族企业自身对企业文化进行评估提供了依据。在认清了自身的企业文化建设现状后，家族企业才会有如何建设企业文化的决策依据，才会有施行动态调整、进一步细化和完善企业文化建设的措施。

2. 设计指标体系的准则

指标体系设计准则是我们针对某个特定家族企业设置企业文化评价体系必须遵循的原则，我们按照这些原则的要求制定的评价体系才能如实、有效地反映企业文化的现状。

评价指标体系是对被评价对象进行全面考察的工作蓝本，它应当在明确的评价目标的指导下，尽可能多侧面、深刻地阐述被评价对象的各个方面。关于评价指标的设计原则已经有大量文献给予描述。这些文献强调了评价指标体系设计的目的性和专门性原则，即家族企业文化评标体系的设计应当符合评价指标的特点，为家族企业文化建设工作服务，并充分体现家族企业民族性、区域性和时代性等特点。

SMART 是世界银行及许多国家政府部门和组织在评价工作中所普遍遵循的评价指标体系设计准则。SMART 是五个单词的词首字母组成的简写，这五个单词是：特定性（specific）、可测量性（measurable）、可得到性（attainable）、相关性（relevant）和可跟踪性（timebound）。SMART 准则对一般评价指标设计的基本要求给予了描述，这里结合家族企业文化评标的特点，对 SMART 在家族企业文化评价指标设计中的具体应用和内涵进行了研究和探讨。

（1）特定性（Specific）。指标体系是对评价对象的本质特征、组成结构及其构成要素的客观描述，并为某个特定的评价活动服务。针对评价工作的目的，指标体系应具有特定性和专门性。表现在：

第一，目标特定。评价的目标是指标体系设计的出发点和根本，衡量指标体系是否合理有效的一个重要标准是看它是否满足了评价目标。常见的评价目标大致可分为：一是对评价对象作出客观性评述，指出优点、缺点，并分析原因；二是竞争性评价，即通过对被评价对象进行比较，给出排名，选择优秀的，排除低劣的。不同的评价目的其评价指标的选用不同，对于客观性评价要求指标体系全面，并且指标之间具有因果性，可以相互验证；对于竞争性评价，评价指标应具有可比性，易于比较、计算，最好是量化的，并且对被评对象的细微差别是敏感的。家族企业文化评价指标属于客观性评述，目的是通过体系找出该企业文化的客观现状，分析优缺点，并针对存在问题进行研究。

第二，导向特定。由于评价的目的不同就决定着评价具有一定的偏向性，即特定的导向作用，因此，评价指标必须能够反映出政策的关注点和导向，明确什么是应该支持的、什么是应该鼓励的。家族企业文化建设在一定程度上也具有一定的政策导向性，体现了国家的宏观经济政策、产业政策和技术政策，在评标指标体系设计时应注意这些倾向性。

（2）可测量性（Measurable）。评价指标的可测量性是指：对于指标进行评定应当有相应的标准，以相同的标准作为统一的尺度，来衡量被评价对象的表现。这里的可测量性要求并非强调一定是定量指标，对于定性指标的测量只要建立详细的评价标准，也认为是可测量的。指标的概念正确、含义清晰，是建立详细的评价标准的前提。详细的指标评价标准能够尽可能避免或减少主观判断，确保指标体系内部各指标之间的协调统一。在家族企业文化指标体系中，市场占有率、净资产收益率、科研开发能力（R&D）、新产品和新技术开发成功率等是定量指标，而其他指标基本上主要是定性指标。对于这些定性指标的评价应建立详细的评价标准，并选择合适力度进行适当地细分，保证定性指标评价在统一标准下进行衡量。

（3）可得到性（Attainable）。指标体系的设计应考虑到验证所需数据获得的可能性。如果用于一项指标考察的数据在现实中不可能获取或者获取的难度很大、成本很高，那么这项指标的现实可操作性就值得置疑。这些考察数据的取得方式和渠道应当在指标体系设计时予以考虑。在实际操作中，有相当一部分数据的获得具有难度，特别是判断一些定性指标时难度就更大，这时可以采用一些近似方法获得数据。

(4) 相关性（Relevant）。评价指标体系中的各个指标应该是相关的，指标体系不是许多指标的堆砌，而是由一组相互间具有有机联系的个体指标所构成，指标之间绝对的无关往往就构不成一个有机整体，因此指标之间应有一定的内在逻辑关系。这里的内在相关性一方面指各个指标应当和评价的目的相关，为评价活动的宗旨服务；另一方面指各个指标应对被评价对象的各个方面给予描述，并且它们之间具有关联性，能互为补充、相互验证，但应注意不要让各个指标出现过多的信息包容、涵盖而使它们的内涵重叠。

(5) 可跟踪性（Timebound）。评价的目的是监督。一般评价活动可分为事前、事中和事后评价，无论哪种评价都需要在一定阶段以后对评价的效果进行跟踪和再评价。这就要求在评价指标设计时，应当考虑相应指标是否便于跟踪监测和控制。对家族企业文化进行评价就是要研究企业文化的现状，发现不良之处，提出建议对策，以便进行修改和完善，因此，在进行评标指标设计时，应当选择一些可用于跟踪监督的指标。例如，员工行为，通过员工之间的合作关系，员工对企业的感情等方面来进行跟踪，从而进一步地探讨企业文化的发展方向。

(二) 家族企业文化评价模型建立步骤

有效的企业文化评价关键在于：第一，文化指标的遴选。即从众多的文化相关指标中选择有代表性的指标以满足企业文化综合分析的需要。第二，各文化指标权重的确定。合理确定权重，确保其能够恰当地反映评价指标的重要性。第三，恰当评价框架的建立。适合的评价框架可以较为全面地揭示企业文化状况的综合信息。第四，对评价结果的应用分析。根据综合指标得分及各指标对综合指标的贡献，评价和剖析企业的文化及经营状况，分析其原因并提出对策是企业文化综合评价的出发点和归属点。为了满足这些要求，建立一套更加合理的企业文化评价模型十分必要。在系统分析中定性和定量分析之间的合理关系应是相互支持，而不是相互独立，甚至截然分开。根据需要可以把"硬"问题软化，把"软"问题硬化。因此，本书采用定性定量相结合的方法来建立新的评价模型。

1. 严格控制指标的选取

在企业文化评价中，指标的选取既要有代表性，能很好地反映研究对象某方面的特性，又要有全面性，能反映对象的全部信息。若要满足全面性，势必要增加指标个数；但增加了指标个数，指标间相关程度可能性增大，反而影响了代表性。所以需要一种方法能将代表性和全面性完美地综合起来，以准确地衡量指标体系的有效程度。在遵循实用性、公开性等基本原则的基础上，注重专家的经验，结合行业和企业特征，克服单独使用定性或定量分析的局限性，按照评价标准选取若干方面联合反映研究对象的整体特征，使其代表研究对象不同方面的属性。在每个方面里选取若干候选指标，用聚类分析将其分为若干子类。

由于各指标的分布未知，则对每个子类进行非参数检验，以检验该类中各指标有无显著性差异。对没有显著性差异的指标群，用秩相关系数法选出对其他指标偏秩相关系数平方和最大的指标，用它来反映研究对象在该类中表现出的信息；若有显著性差异，则把该类分成更小的子类，仍按上面的方法选出代表性最强的指标；如若不然，再分成相关性更强的子类，对每个方面都做同样的指标筛选，最后可以得到理想的综合评价指标体系。显然，"子类—显著性检验—更小的类—再检验"，这个动态筛选过程可以确保所分类中的各个指标归为一类。再把反映各个方面的指标联合起来，就基本可以保证指标体系的全面性了。另外，在选择代表性最强的指标时，传统的相关系数法只表示线性相关程度，但指标间可能存在非线性的因素，所以用秩相关系数法更为恰当。

2. 建立自适应的评价框架体系

家族企业所在行业的特点决定了企业经济收益与企业非物质性收入的相关性，同时也决定了家族企业文化对经济收益的影响程度。在特定行业里，家族企业文化中的某些指标会突出地影响到整个企业的收益从而需要具体分析。例如，在高新技术家族企业里，创新能力是决定企业发展的关键因素之一，企业中创新的文化氛围能够激发员工的创新精神，通过创新成果的推广，转化为相对较大的经济收益。此时，在评价体系的设计中，就应该突出有关创新能力指标的地位，相应地加大其所占的权重。又如，对于餐饮、化妆品等行业，顾客在交易前对于交易品的品质难以充分了解，这种信息不对称导致顾客承担的交易风险较大，为了减少可能存在的损失，顾客往往通过选择品牌或参考其他人的评价选择交易对象。因此，通过增加企业非物质性收入而创造的经济效益也较大。这时，相关企业公众形象和社会影响力的指标就应引起重视。

同样,同一行业的不同家族企业又各有自身的特点。所以评价框架体系的建立应充分考虑企业自身情况,把目标锁定在通过评价明确自身现在所处的阶段、诊断自身的文化特质、发现影响推行效果的症结,并及时予以控制或纠正。家族企业自身的力量在这个过程中往往是不够的,因此,需要管理咨询专家的介入。通过多次对企业的探访和诊断,员工满意度调查的设计和分析,依据众多同行业同类型企业的案例经验,管理咨询人员常常可以出色地完成评价体系构建任务,进而较为准确地对企业的文化现状做出评价。

3. 注意评价后的诊断分析

利用综合评价结果进行分析和诊断,进而找出改善和提高家族企业文化运营状况及其建设成果的对策和措施,进一步加强评价后续工作。例如,在模糊 Borda 评价法的基础上,对同一类型的多个被评价对象的评价状况进行进一步区分。本书选用格栅获取法计算每个对象的综合得分的方法。格栅获取法是心理学家凯勒提出的,一个栅格由元素和属性组成。

属性具有两个极性,一个元素的属性可以用一个线性的尺度来表达,一般通过具有 1~5 刻度或是 1~7 刻度的尺度来表达,本书对家族企业文化建设各评价指标的良好程度主要用 1~5 刻度,分为非常好(5 分)、较好(4 分)、一般(3 分)、差(2 分)、非常差(1 分)五档,用一线性尺度表示。两极的属性使得元素能够被评价,促进了元素的比较和排序。

(三)家族企业文化评价指标的设定

确定家族企业文化评价指标体系,需要根据家族企业文化的层次结构和家族企业文化的特点来研究。

家族企业文化的层次结构划分采取刘光明的四层结构划分法。本书结合系统工程和层次分析理论,将家族企业文化划分为四个层次结构,包括物质文化层、行为文化层、制度文化层、精神文化层,这四个层次结构构成了家族企业文化的一级指标。

1. 二级指标和三级指标的确定

对于二级指标、三级指标的确定,本书一方面是借鉴国外企业文化测量的理论方法,探讨国内学者郑伯壎、王国顺的企业文化模型和著名咨询公司的企业文化评估模型,特别是参考了杨政、魏光兴、张维华、张一青和王世法等研究得出的相关企业文化评价指标体系。另一方面是根据我国家族企业文化的特点,扬其精华,弃其糟粕,并结合现代家族企业发展需要进行确定。对此,本书对研究的范围作出如下界定:

(1) 家族企业都具有一定的企业文化,并且企业文化可由物质文化、行为文化、制度文化和精神文化构成。

(2) 暂时不考虑各个企业的自有特点,承认不同地区、不同行业的家族企业文化都具有一些共同特征。

(3) 不管企业的短期目标或者特定目标有多大的区别,但家族企业的最高目标是一致的,就是实现企业持续长远发展。

(4) 暂时不考虑创业期家族企业,主要针对已经进入发展阶段,或者是二次创业的家族企业。

2. 影响指标设定的因素

(1) 人治性特点的影响。当前家族企业文化都深深地打上了创业者的烙印,企业家的经营理念影响着企业的经营理念,企业家的意志影响着企业的意志。企业家的思想理念、知识结构、管理水平、创新能力和决策能力等在很大程度上决定着家族企业文化的特点,也影响着家族企业的发展。在对家族企业文化评价时,家族企业家的素质和能力是很重要的决定因素和影响因素,因此,本书将企业家行为或者企业家素质作为二级指标,归入家族企业行为文化之中。对于企业家行为的下一级指标,国内外学者多采用企业家决策、企业家为人处事、企业家和员工沟通状况、企业家示范、企业家作风等三级指标来对其进行解释。但是,作为21世纪的现代家族企业家,具备以上这些要素是远远不够的,还必须具备现代化的思想观念,具有必要的专业知识和宽广的知识面,具备现代化管理水平,并且善于不断开拓创新。因此,本书在以上三级指标的基层上,增加了企业家的思想理念、企业家的知识结构、企业家的管理水平、企业家的创新能力等四个指标,加上以上的五个指标共九个指标,共同作为企业家行为的三级指标。

(2) 宗族性特点的影响。绝大多数家族企业经营以家庭利益为首,家庭内部成员之间关系密切,形成了以家庭血缘关系的强大聚合作用来实现自身对企业管理的家族血缘文化。家族企业发展的过程中,家族文化的这些特点形成了企业对内的凝聚力,同时也造成了企业对外的排斥性。在家族企业中,家族成员携手同心,这对家族企业的发展起着关键的作用,特别是对于刚刚创业的家族企业更是起到至关重要的作用；但是，当这种家族文化演化成只是注重乡亲、熟人、朋友的感情，只是让家庭中亲戚们担任企业的大部分重要的职位，绝对地控制着企业的所有权和经营权时，此时家族管理就明显适应不了现代企业发展要求，甚至成了制约企业发展的瓶颈。为此，我们在评价家族企业文化时必须关注企业的民主程度，也就是企业民主制度。家族企业谋求长远的发展，家庭的力量是不可缺少的，但是充分发挥企业员工的聪明才智更是关键。因此，企业家要充分调动员工的积极性，让员工参与到企业的管理运作中来，并且能够充分地考虑员工的建议和意见。企业民主制度也要求企业信息渠道能够畅通，领导可以很快了解基层所发生的事，基层也能够很快知道领导层的决策；同时，企业内外信息交流也要求顺畅，企业内在机制或程序能够确保内部成员与外部世界之间的信息交流畅通无阻，重要的市场趋势能够迅速识破并传递到企业内部相关人员那里以采取行动。针对以上分析，我们将企业民主制度作为家族企业制度文化的二级指标，企业家民主作风、上级考虑下级意见的充分性、员工参与企业管理的程度、企业信息渠道、企业内外信息交流等五个指标作为企业民主制度的三级指标。

（3）弱遗传性特点的影响。文化的遗传机制，只有在较长的时间内才能形成。文化的遗传有赖于文化精神的连续性，有赖于群体的稳定性和认同性，有赖于精神文化积淀为机制文化。当前，家族企业员工普遍存在的特点就是高流动性，这使得文化的遗传基因很难在员工之中得到移植。因此，家族企业家为了使得企业文化能够自觉培育和巩固，使得形成的管理机制、经营理念能够连续地传下去，企业家在选择员工时除了看重员工的技术能力，还看重员工的忠诚度，所以我们在设计家族企业文化评价指标时还必须考虑员工行为，这其中除了工作体现员工价值、工作得到尊重、同事之间相处、工作冲突、工作环境满意度等五个普遍指标外，还必须增加对企业忠诚度，也就是员工是否愿意长期留在企业并愿意同企业一起共进退。我们把员工行为作为行为文化的二级指标，企业忠诚度等六个指标作为员工行为下的三级指标。

而在精神文化下，我们将企业风气作为二级指标，在企业风气下除了企业模范人物认知、企业的团队精神等普遍指标外，我们还必须增加员工对企业的认可度，也就是员工对企业的认同及奉献精神、主人翁精神，从而考核企业员工的忠诚度状况。员工对企业的认可度等三个指标可以一并作为企业风气的三级指标。

（4）重实效性特点的影响。家族企业文化具有浓郁的重实效性，使得企业具有唯功利行为，虽然这一点不包括所有家族企业，但可以从相当一部分家族企业中看到。这些家族企业的目标就是盈利，企业目的就是实现利润最大化，因此，这些家族企业的眼光往往只停在"积累资金"，不顾企业生产给环境带来了污染，只顾企业经济效益，忽视社会效益。所以我们在评价家族企业文化时也需要考虑该企业的社会责任，也就是说，企业是否具备环保意识，企业在生产经营活动中遵纪守法程度，企业是否注重地区利益。我们将社会责任作为行为文化下的二级指标，将环保意识、守法经营、对当地社区利益的重视等作为社会责任下的三级指标。

3. 指标设定结合现阶段家族企业发展的需要

（1）增强家族企业信用的需要。当前，我国家族企业信用文化缺失是一个很严重的现实问题。企业信用不仅仅是法律问题，还是企业道德问题。因此，我们在评价家族企业文化时，还必须考虑企业的信用评价，也就是企业在生产经营活动中的信誉度和对合同的履约率。所以我们将企业道德作为精神文化下的二级指标，将企业道德意识、企业道德行为、产品质量保证度等普遍指标作为三级指标；此外，我们还必须增加企业信用，以考核家族企业信用状况。这四个指标一并构成了企业道德的三级指标。

（2）提高科技水平的需要。家族企业在生产经营过程中，企业的科技水平和科研能力是相当关键的。企业要提高综合竞争力，也需要在企业科技上下功夫，需要提高企业科研开发能力，提高引进新产品、新技术的成功率，提高新产品、新技术开发速度，增加新产品比重，此外还需要保证企业科技技术的独特性和难以模仿性。因此，我们将企业科技作为物质文化的二级指标，科研开发能力、引进新产品和新技术的成功率、新产品和新技术开发速度、新产品比重、技术独特性和难以模仿性等五个指标作为企业科技的三级指标。

（3）树立品牌效应的需要。树品牌、创名牌是家族企业在市场竞争的条件下逐渐形成的意识，家族企业希望通过树立品牌让客户对产品和企业有所区别，通过品牌形成品牌追随，通过品牌扩展市场。品牌的创立，名牌的形成正好能帮助家族企业实现上述目的，使品牌成为家族企业的有力竞争武器。可口可乐总裁兼首席运营官史蒂夫·海尔曾经骄傲地说，即使全世界的可口可乐工厂在一夜间被烧毁，他也可以在第二天让所有工厂得到重建。这不是自夸，而是他很明白"可口可乐"这个名字的价值，美国《商业周刊》对其价值的评估是673.9亿美元。由此不难看出品牌的效应是非常明显的，而作为现代的家族企业必须注重品牌的效应和品牌的价值，在企业生产经营过程中也需要将塑造企业品牌放在重要的位置。因此，我们在评价家族企业文化时应考虑企业的品牌，分析企业产品是否具有品牌和品牌知名度状况。所以我们将企业产品作为物质文化的二级指标，将产品形象、产品品牌、产品售后服务的满意度等三个指标作为企业产品下的三级指标。

（4）适应外部环境的需要。家族企业谋求发展，除了要加强科技创新、树立品牌、诚信经营之外，还必须关注外部环境，包括国家宏观政治、经济、政策环境，企业社区环境、原材料供需状况、产品产销率及市场秩序状况。企业通过了解国家宏观环境和市场环境，了解国家的政策倾向和市场的需求状况，这样在生产经营的过程中才能够少走弯路或者不会走错路。因此，我们在评价家族企业文化时，除了要考虑反映员工安全卫生的工作环境、舒适的生活环境和生动活泼的文化娱乐环境等企业内部环境外，我们还需要考虑企业外部环境。所以我们将企业环境作为物质文化的二级指标，将企业内部环境、宏观政策环境、市场环境等三个指标作为企业环境的三级指标。

（5）营造学习型组织的需要。创新是企业不断发展的源泉，是现代家族企业延长企业生命周期和产品生命周期的动力。家族企业进行创新就需要不断地对知识进行更新，这就要求企业在组织上采用学习型文化，培养企业上下的学习态度，培育支持员工学习、合作和知识共享的软环境，使得学习型文化成为企业中各个成员的思维模式与行为方式，也使得家族企业成为学习型企业。

学习型组织是一个能激励企业全体员工全身心投入学习，以形成充沛的学习力，激发旺盛的创新力和竞争力，推动企业生产力和生命力持续增长的发展型组织。它以全体员工认同的公司发展战略目标为共同愿景；通过团队学习及实践，促进员工自我超越；抛弃落后的思维方式和工作模式，形成系统思考能力；从而把员工的学习转化为创造能量，转化为企业核心竞争力，促进企业的可持续发展。因此，我们在评价家族企业文化时，还需要考虑企业上下是否将学习作为工作的重要内容，团队是否倡导知识共享以及员工是否常常分享工作经验，团队是否积极进行学习并以标杆为榜样互相帮助，企业上下是否信息畅通以及员工是否能够及时接受新鲜事物，企业是否具备普遍性的创新理念培育。所以我们将学习组织作为行为文化的二级指标，将知识共享、群体互动、畅通的信息渠道、学习作为工作内容和创新理念培育等五个指标作为学习组织的三级指标。

（6）塑造企业形象的需要。在现代市场经济中，企业形象是一种无形资产和宝贵财富，它可以和人、财、物这三个东西并列，其价值还可以超过有形资产。良好的企业形象，可以得到公众的信赖，为企业的商品和服务创造出一种消费心理；良好的企业形象，可以扩大企业的知名度，增加投资或合作者的好感和信心；良好的企业形象，可以吸引更多人才加入，激发职工的敬业精神，创造更高的效率。可以说，良好的企业形象是企业宝贵的无形资产，它对企业内部管理和对外经营方面的影响巨大而深远，这就要求现代家族企业必须树立自己的企业形象。

因此，我们在评价家族企业文化时也需要考虑企业是否具有形象识别系统，消费者对企业的产品及服务的满意程度，客户与企业合作的满意程度，普通大众对企业的评价以及企业在社会上的影响程度。所以，我们将企业形象作为行为文化的二级指标，将企业特色形象（CIS）、消费者满意度、客户满意度、社会美誉度等四个指标作为企业形象的三级指标。

（7）完善企业激励制度的需要。激励是指利用某种外部诱因调动人的积极性和创造性，使人有一股内在的动力，向所期望的目标前进的心理过程；也就是激发人的行为，推动人的行为，调动人的积极性，使人们自觉自愿地、努力地工作，并创造好的绩效。家族企业人力资源是现代家族企业的战略性资源，也是家族企业发展最关键的因素，而激励是人力资源的重要内容，它是心理学的一个术语，指激发人的行为的心理过程。激励这个概念用于管理学，是指激发员工的工作动机，也就是用各种有效方法调动员工的积极性和创造性，使员工努力完成组织的任务，实现组织目标。因此，家族企业实行激励制度的最根本的目的是正确地诱导员工的工作动机，使他们在实现组织目标的同时实现自身的需要，增加其满意度，从而使他们的积极性和创造性继续保持和发扬下去。由此也可以说，激励机制运用的好坏在一定程度上是决定企业兴衰的一个重要因素。因此，我们在评价家族企业文化时还需要考虑企业的绩效评估能否反映职工的真正成绩，企业的薪酬能否反映职工的实现能力，企业能够提供多少发展空间，员工的提拔或升迁是否由员工的实际能力决定，企业是否为员工提供良好的福利待遇。所以，我们将企业激励制度作为制度文化的二级指标，将绩效评估、薪酬合理性、员工发展空间、员工升迁合理化、福利待遇等五个指标作为企业激励制度的三级指标。

(8) 完善客户导向制度的需要。随着实物经济向服务经济的转变，家族企业以产品为中心的经营观念也逐步转变为以客户为中心。为了实现这种转变，现代家族企业在制定产品以及营销策略时，应该站在客户的角度，并将其作为出发点；在吸引客户、服务客户、保留客户上，必须采取策略性的思维及顺畅的服务流程；同时也需要从与客户互动模式中找出问题，予以改进。家族企业要达到以上需求，需要接受并引进顾客关系管理的概念及工具，以期能够留住客户的心，同时也保持着自身的竞争力。因此，我们在选择家族企业文化评价指标时，需要考虑企业全体成员是否尊重每一个客户，企业是否经常征求客户的意见和建议，企业能否及时了解客户对产品送货、安装、维修等售后服务的满意度。所以，我们将客户导向制度作为制度文化的二级指标，将尊重客户、征求客户意见、对产品和服务的跟踪调查等三个指标作为客户导向制度的三级指标。

(9) 树立和更新现代经营理念的需要。在现代市场经济条件下，面对国际国内经济形势变化带来的机遇和挑战，家族企业要在日趋激烈的国际竞争中站稳脚跟并不断拓展生存与发展的空间，必须树立和更新企业经营理念，并用以指导家族企业的经营活动，走出一条在创新中求发展的企业之路。现代经营理念要求家族企业具备明确的市场竞争意识，推行和认可顾客至上的理念，注重搞好与客户的关系并具备"双赢"及"多赢"理念，能够着眼于长远发展并正确处理自生能力问题，能够内在的、自觉地遵守诚信。所以，我们可以将现代经营理念作为精神文化的二级指标，将市场竞争理念、顾客理念、理性双赢理念、可持续健康发展理念和内在诚信理念等五个指标作为现代经营理念的三级指标。

二、家族企业文化建设绩效评价

企业文化建设是一个动态变化的过程，但是，企业文化构成的一些基本的要素是相对稳定的，这就为企业文化建设绩效的考察与评价提供了可能。另外，从企业文化的内涵和结构来看，企业文化的外观形态（如物质文化、行为文化、制度文化）大部分是可以通过定量分析来评价的，而难以定量的企业的深层形态，如企业文化的价值层面，其价值的外显形式依然可以通过一些指标来反映。所以，企业文化建设的绩效依然可以进行评价和测量。

(一) 企业文化建设绩效评价的原则

对企业文化建设的绩效进行评估，就要选择适当的评价指标，明确企业文化建设绩效的基本因素，要做到较为准确地描述绩效的实现程度。这就需要坚持一些基本的原则。

1. 全面性设计与层次性展开原则

全面性设计原则，是指为了真实反映企业文化建设的绩效水平，就要全面而准确地把握绩效的内涵，使指标体系具有设计上的完备性，以期指标体系全面反映各有关要素和各有关环节的关联，及彼此间的相互作用过程和结果。层次性展开原则是指，由于企业文化建设的绩效涵盖的内容具有多样性、层次性，指标的设计体系也应该是一个多层次的结构，统筹兼顾，既突出重点，从整体层次上把握评价目标的协调程度，又能从微观层次全面反映企业文化建设的绩效系统。

2. 定量分析与定性分析原则

定量分析较为具体、直观，评价时往往可以计算其数值，而且标准明确，具有相对的客观性，如企业文化建设的经营绩效往往都需要借助这一方法和原则进行评价。但是绩效是一个复杂的系统，不是所有绩效都能通过量化的指标描述。或者说企业文化建设绩效的定性分析的需要远大于定量分析的可能，而且定性分析往往可以克服定量分析的"短视"缺陷，使企业文化建设绩效评价的结果更具有综合性和导向型。但是定性分析也有"主观性"的不足，所以指标体系的设计必须坚持定量和定性相结合的方式。

3. 静态剖析与动态追踪原则

绩效既是一种过程也是一种结果。在企业文化相对稳定并具有一定的强度和适应性的时期，往往需要对这一结果进行系统的静态层次的剖析，以巩固前期的成果，分析绩效的影响因素，以期在后期文化建设中及时修正和更新。同时，企业文化建设的外部环境是不断变化的，因此，绩效也就有明显的动态特征。所以指标体系的设计应对时间和空间的变化具有一定的灵敏度和灵活性，并且绩效的评价要多次进行，以求能反映绩效的时效。

4. 对比性与相斥性原则

所谓对比性，就是指评价指标的设计应具有相对普遍的适用意义，使评价的结果能够实现企业文化之间横向和纵向上的比较。这样才能做到绩效评价的真实性和可靠性。绩效的实现程度，必须与其过去的绩效、预期目标及同行业绩效的水准加以比较，才能得出可靠的结论。相斥性原则，是指每一个指标应该是独立的、确定的，不同的考察维度应该纳入不同的指标体系因素中，同层次中的不同指标在内容上应该互不重复。而不能过多地交叉在一起，不然会影响绩效水平的判断。

(二) 企业文化建设绩效评价体系

企业文化建设绩效评价设计的范围很广，所受影响因子也很多，并且十分复杂。但是如果能对其绩效进行较为准确的评价的话，对企业文化建设乃至整个企业的发展都有极大的帮助。

要做到对企业文化建设绩效的整体状况作出尽量客观、准确、完整的评价，就需要从多方位、多角度进行考察，选取适当的指标和评价对象是关键。根据以上原则，把企业文化建设绩效的评价指标作出如下的拆分：

笔者把企业文化建设绩效评价指标体系归结为"三个方面"、"四种维度"、"六大内容"。"三个方面"是指分析企业文化的经营绩效、文化绩效、社会绩效。"四种维度"是指考察企业文化的一致性、适应性、持续性、先导性。"六大内容"，是指为了考查操作的方便性，在指标的具体设计方面从价值理念、制度设计、文化网络和组织管理、环境因素、行为习惯、社会形象这六大内容展开。

需要进行说明的是，由于笔者研究所关注领域的影响、人力物力财力的有限性以及企业文化建设的经营绩效评价已经出现相对多的研究成果，所以本书中所设计的目标比较专注于文化绩效和社会绩效，而较少涉及经营绩效的内容。

1. 员工认同感

员工的认同感主要是指员工对推行的企业文化建设是否认同，它的外显的测量形式包括员工参与文化建设的积极性、对文化建设的成果是否有成就感，还包括员工对企业文化建设重要性的认识以及员工（家属）对企业所持的自豪感。对于价值理念这一内容评价的具体方法可以通过追踪企业文化建设或者变革所带来的效益的变化情况、专家的考察和评价以及全体员工的评分等方式来操作。

2. 制度设计

企业制度是企业文化的行为规范，是企业在长期经营管理实践中形成的带有强制性义务和保障一定权利的规范，通常包括企业制定或必须遵守的规章制度、各种程序、办法、纪律等，是企业中人与人、人与物之间相互关系和共同行为的标准，具有鲜明的文化特征。刘光明则把制度文化划分为企业领导体制、企业组织机构和企业管理制度三个方面。这里所说的制度，主要是指企业的成文或约定俗成的规章,主要包括:企业章程、领导制度、薪酬机制、岗位制度等。制度设计的考察角度有健全性、人性化、民主化、公正性和个性化。

健全性是指制定较为完备的企业制度,能够使企业生产、管理做到"有制可依"。

人性化是指企业制度设计是否以人而不是以物为中心,是否把人作为生产经营管理的第一要素。民主性是指制度制定的过程是否做到集思广益,确保每一位员工直接或者间接的参与。公正性是指制度的设计既要考虑企业的整体利益,也要考虑企业利益相关者的利益;在相关利益者之间要达到一种较为均衡的状态。个性化是指企业制度的主要内容应根据本企业的行业特色、经营规模、地方特征等制定出具有特色且行之有效的规章。

3. 文化网络与组织管理

这里所说的文化网络,是从狭义上的文化概念出发的,是指企业文化信息传递的主要渠道和路径,是承载企业文化建设的载体、机构及其运营方式等。文化网络是组织中基本的沟通方式,从承载者角度看,既包括具体负责企业文化建设的机构,也包括文化的物质载体(如文化设施);从方式上看,既包括企业正式的信息传播渠道,也包括企业内部以故事、小道消息、机密、猜测等形式来传播消息的非正式渠道。

为了方便操作,可以把文化网络这一内容进行指标的细分。

(1) 企业文化设施的使用状况。包括企业文化设施是否完备充裕,能满足员工精神文化生活的需要;设施使用的效率如何,很多设施是否只是"摆设"而长期闲置,因为成本等原因(如经费限制)没有真正很好地投入日常使用,或者其他主观性因素,使得员工并不积极参与到设施的使用中;设施对全体员工的开放程度,即是否每一位员工都能很好地利用企业现有的文化设施资源(如企业图书馆)等。

(2) 文化建设的受重视程度。包括有没有设立负责企业文化建设的专门机构;文化建设机构的人员配备情况;文化建设机构在企业中所处的地位和职能;文化建设机构的经费保障;企业的决策层是否把企业文化建设作为日常工作而常抓不懈;员工对于文化建设的重视程度等。

(3) 文化氛围和传播方式。这两者主要考察员工对企业文化氛围的感受程度、文化传播的机制是否高效。

（4）领导风格。即领导的类型：企业领导风格一般指习惯化的领导方式所表现出的种种特点。习惯化的领导方式是在长期的个人经历、领导实践中逐步形成的，并在领导实践中自觉或不自觉地稳定起作用，具有较强的个性化色彩。丹尼尔·戈尔曼曾把领导风格划分为远见型、关系型、民主型、教练型、示范型、命令型。不同的领导风格会给企业员工带来不同的工作满意度和工作动机。

（5）组织凝聚力。组织凝聚力是一个组织是否有战斗力，是否成功的重要标志，它对组织行为和组织效能的发挥有着重要作用。组织凝聚力即指组织对每个成员的吸引力和向心力，以及组织成员之间相互依存、相互协调、相互团结的程度和力量。它可以通过成员对组织的向心力、忠诚、责任感、组织的荣誉感以及组织成员协作意识来反映。

（6）人际关系的融洽程度。既包括整个企业所营造的人际关系的融洽程度，也包括上下级之间相处是否融洽，以及员工与员工之间相处是否和谐等。

4. 环境因素

考察企业的环境因素，即包括企业的内部环境，又包括外部环境；既涉及自然环境，也涵盖人文环境。企业的外部环境包括企业的行业前景、产业政策、市场环境以及企业与周边（如社区）环境。内部环境包括生产环境的宜人性、生产的环保性等。

企业文化建设的绩效深受企业文化环境的影响，同时企业文化的绩效也可以通过这些环境的因素显现出来。从宏观上看，企业文化的建设是否成为推动社会政治制度、社会经济发展状况、社会科技发展水平进步的动力因素，是否促进了自然环境的改善。从微观层面考察，企业文化的建设是否促进了与邻里（如社区、街道、城市等）的和睦相处、是否成为地方经济发展的有利因素、是否适应了当地的风土人情等。

5. 员工的行为习惯

根据心理学的解释，行为习惯是指人在一定情境下自动化地去进行某种动作的需要或倾向。或者说，行为习惯是人在一定情境中所形成的相对稳定的、自动化的一种行为方式。员工的行为习惯指企业员工在企业文化的情境中形成日常的行为方式、格调、传统等。它包括着装的规定性、企业的日常仪式、企业传统风俗的贯彻与变革、职位的规范标准和模范英雄事迹的效仿。

6. 社会形象

企业文化的 CI 理论（Corporate Identity system），中文也称企业形象识别系统。其内容包括理念识别系统（mind identity system）、行为识别系统（behavior identity system）和视觉识别系统（visual identity system）三个方面。这一理论一经推出就风靡全球，成为一个复杂而系统的理论。因为篇幅所限，在此笔者并无意引入，但是其仍然具有极大的参考价值。

这里所指的社会形象，笔者把它限定为外部形象，是指公众（主要是顾客、社区居民和政府公务人员）通过企业的各种标志（如产品特点、行销策略、人员风格等）而建立起来的对企业的总体印象。企业形象是企业精神文化的一种外在表现形式，它是社会公众与企业接触交往过程中所感受到的总体印象。对企业文化建设绩效的"社会形象"这一层面的考察，可以从企业的社会美誉度、知名度、品牌的识别度以及企业员工的社会形象四个方面展开。美誉度和知名度的概念清晰，操作相对容易。品牌的识别度主要是指企业名称、标志、标准色、象征图形、宣传口号及建筑外观和装饰等是否具有个性，能否为公众熟记、熟知。员工的社会形象是指企业员工在社会公众头脑中留下的整体形象，是企业文化和理念在主体身上的反映。最后，需要说明的是，这里并没有给出十分具体的考察指标，而只是提供了考察的维度，是因为企业文化建设因为企业的性质、企业的目标、企业的类型、企业的规模等方面的原因，不可能有一个统一而具体的刻板的企业文化的绩效考核体系，每个企业都需要从实际出发，找准企业文化绩效考核的切入点，进行科学而有特色的企业文化建设。

三、家族企业文化建设评估

1. 企业文化建设评估的目的

企业文化的系统建设要以制度为保障，全体员工认知与认同公司的文化理念需要组织的推动，通过建立企业文化建设评估与考核机制，将企业文化建设列入各部门的绩效考核评价之中，督促各级管理者开展企业文化建设；检验企业文化的成果；总结以往经验，为进一步实现企业文化落地，或调整企业文化建设思路提供客观依据，以确保企业文化建设工作得以落实。

2. 企业文化建设评估分类

企业文化建设的评估可采用两种方式。一是过程性评估，即对文化建设的行动进行监测，例如，考察文化传播网络的结构和效果、培训计划的完成率和完成效果，该项工作由企业文化部门根据年度整体计划安排，定期进行过程评估，可每半年评估一次。二是结果性评估,即对当前公司内部的文化特征及各部门的文化与业务工作结合成果进行测评,每年进行一次,包括员工对公司倡导的文化理念的知晓度、认同度;文化理念与规章制度的匹配度、理念思想与行为表现的匹配度;以及文化理念与业务工作结合的具体成果等。

3. 企业文化建设评估工具与方法

可以通过企业文化评估模型指数分析,对理念认知与认同、制度匹配、行为落地进行量化分析。通过问卷技术获得文化认知与认同、制度与理念匹配、行为与理念匹配的相关数据得到相应强度和离散度,进行企业文化建设评估。

案例思考

"蒙牛速度"、"蒙牛奇迹"

蒙牛在短短7年多时间里,创造了惊人的"蒙牛速度"、"蒙牛奇迹",它成功的因素是多方面的,但是加强企业文化建设,靠人才和文化取胜,是其成功的关键所在。

在蒙牛到处可以看到这样的大幅标语:"品牌的98%是文化,经营的98%是人性,资源的98%是资金,矛盾的98%是误会"。蒙牛还专门开辟了企业文化园地,里面挂满了企业文化建设的奖牌。有"全国企业文化建设示范基地"、"中国企业文化建设十大先进单位"、"中国企业诚信经营示范单位"等。流连在这个园地里,你会感到企业文化建设的春风扑面而来。

1. 蒙牛的企业家文化

对民营企业和私营企业而言,企业家就是企业的领袖人物,他们既是企业生存发展的核心人物,也是企业文化建设的核心人物。

蒙牛的领袖人物是牛根生,他的品德观念、思想意识、领导才能和管理能力,直接影响到蒙牛的发展。可以说蒙牛的企业文化就是牛根生的人格化。

牛根生的经营理念是,"小胜凭智,大胜靠德,认真做事,诚信做人"。"财聚人散,财散人聚"。他的创业精神是"这世界不是有权人的世界,也不是有钱人的世界,而是有心人的世界"。"想过成功,想过失败,但从来没有想过放弃"。"只为成功找方法,不为失败找理由"。他的处世原则和用人标准是:"君子记恩不记仇,小人记仇不记恩。君子和而不同,小人同而不合"。"用事业留人,用感情留人,用适当的待遇留人"。"有德有才,破格重用;有德无才,培养使用;有才无德,限制录用;无德无才,坚决不用"。蒙牛有了这样杰出的企业家和优秀的企业家文化，才使企业文化有了灵魂，企业有了灵魂。

2. 蒙牛的物质文化

一个好的企业，它一定非常重视自身的形象，总是从建设物质文化起步，开始企业的发展。

蒙牛从一开始就十分重视自己产品的质量和售后服务，十分重视工作环境和生活环境的优化。他们甚至把文化广场、文化一条街建到了内蒙古的首府呼和浩特。去蒙牛参观后考察组的主席们都感叹地说：这才是真正一流的现代化企业。

蒙牛对自己的产品也是精益求精的，售后服务也是日臻完善的。他们的牛奶从挤奶器套到奶牛身上到最后进入人的口中，全部流程都是真空加工，保证卫生安全，质量上乘。他们还向全世界承诺，只要发现包装不合格的产品，可以随意到任何蒙牛产品专卖店调换。蒙牛人坚信"技术创新一小步，市场领先一大步"，为了不断开发新产品，他们建成了我国第一个乳业生物技术平台，建设了世界一流的乳品研发中心，在那里搞科研的全部是从世界各地招聘来的博士、硕士，光博士就有80多人。研究开发出的新产品，申请国内外商标330个，申请国家专利350件。平均9天申请1个专利，6天1个新产品问世。四大奶类系列已有200多个品种，他们的目标是让外国人的餐桌上少不了蒙牛的产品。

3. 蒙牛的行为文化

企业行为文化是企业员工在生产经营、学习娱乐中产生的文化活动，它是企业经营作风、人际关系、精神面貌的动态体现，也是企业精神、企业价值观的折射。

在蒙牛到处可以看到这样的标语牌："股东投资求回报，银行注入图利息，员工参与为收入，合作伙伴需赚钱，顾客购买要实惠，父老乡亲盼税收"，"讲奉献，但不追求清贫；讲学习，但不注重形式；讲党性，但不排除个性；讲原则，但不放弃责任；讲公司利益，但不忘记国家和员工的利益"。这就是蒙牛的企业价值观。他们奉行的是顾客至上，他们实行的是人性化管理，他们追求的是企业整体利益和员工利益的最大化。

蒙牛的人性化管理是非常典型的。他们担保贷款给牧民养奶牛，到奶牛投产后，再逐步从牛奶款中扣还贷款。7年多来累计发放奶款180亿元。在农牧民中流传着一句话，蒙牛建到哪里，农牧民就富到哪里。甚至对牛也实行人性化管理，挤奶的时候，播放优美的音乐，让它们在轻松的环境中挤奶，如果哪头牛今天不想挤奶,他们可以不给它挤。

4. 蒙牛的制度文化

制度文化是企业为了实现自身的目标,而对员工的行为给予一定限制的文化。

没有规矩不成方圆。蒙牛对制度文化建设是十分重视的。他们用制度规范人性,全面建设"蒙牛法典"。他们推行的 OEC 管理就很有特色。在蒙牛,每个工厂车间,每个部门都挂着"OEC 管理考核栏",它由目标系统、日清控制系统和有效激励机制组成。日清栏上天天有员工的表现情况,并对员工的行动提出表扬或批评,而且作为奖罚的依据。当月考核不合格,必须变换岗位。二次考核不合格,公司就给予除名。这样在蒙牛的员工中就形成了有智慧的出智慧,没智慧的出力气,不出智慧和力气的卷铺盖的氛围。

5. 蒙牛的精神文化

企业精神文化是企业在生产经营过程中受一定的社会文化背景、意识形态影响而形成的一种文化观念和精神成果。它是企业文化的灵魂和核心。蒙牛的精神文化是千姿百态,丰富多彩的。首先,蒙牛用精练的文字把企业精神提炼出来,就是:"精诚团结,勇于拼搏,学习创新,追求卓越,与时俱进,报效祖国"。充分体现了他们开拓进取、无私奉献的精神境界。其次是蒙牛的标识,这是蒙牛企业的形象。蒙牛标识的主色调是绿色和白色,象征着草原和牛奶。图案非常简洁明快,就是一片绿色中两条白色的弧线,下面的弧线长,象征一望无际的草原,上面的弧线短象征着弯弯的牛角。还有蒙牛的口号,这是蒙牛企业精神的体现。蒙牛的口号就十一个字:"蒙牛、草原牛、中国牛、世界牛"。口号虽短,但牛气冲天,气贯长虹,充分反映了蒙牛人领先中国,领先世界的决心和信心。可想而知,蒙牛人戴着自己的标识,喊着自己的口号,他们的归属感、荣誉感、自豪感、责任感是何等的强烈!

资料来源:贾顺,《蒙牛奇迹的支撑——整合企业文化的人力资源管理》,载于《商场现代化》2008 年第 23 期。

问题:"蒙牛、草原牛、中国牛、世界牛"给我们哪些启示?

第六章 家族企业文化传承、创新

第一节 家族企业文化传承

一、家族企业传承相关研究

(一) 关于传承理论模型研究

为了充分理解家族企业权力转移过程，西方学者构建了一系列模型，而且他们在研究过程中把理论模型的构建提到一个非常重要的位置，正如 Stgodin 所说：要对一个观察到的现象或系统做出解释，必须构建一个关于这个现象或系统的结构或特征的模型，否则我们就不能说真正理解了这一现象或系统（Ashby，1970）。以往关于家族企业权力转移问题的研究大致可以分为两类："标准研究（nomrativestudies）"和"过程研究（rocessssutdies）"（e.g. Baraeh, Gnatisky, Earson & Doohcni, 1988）。所谓标准研究，是努力提出一个成功管理继任过程的标准。过程研究则集中于对权力转移过程的研究。

1. 家族企业的经典模型——三环模式

盖尔西克（Gerisck）是美国研究家族企业的著名学者。他和其他人合著的《家族企业的繁衍——家族企业的生命周期》于1997年出版，被誉为哈佛管理经典著作。该书1998年被翻译到中国，是最早介绍到中国的关于家族企业的研究资料之一。国内研究家族企业的学者几乎无一不从他的论述中得到启发。在这本著作中，盖尔西克提到了一个著名的描述家族企业的三环模式。该模型将家族企业看成是由三个独立而又相互交叉的子系统组成的三环系统。这三个子系统就是：企业、所有权和家庭。家族企业里的任何个体，都能被放置在由这三个子系统的相互交叉构成的七个区域中的某一个区域里。

2. 朗基奈克和苏恩（Longenecker & Schoen）的七阶段接班模型

Longenecker 和 Schoen（1991）是最早试图建立代际传承理论模型的学者之一。他们的模型认为家族企业代际传承的过程包括 7 个阶段，即进入前，初步进入，初步发挥作用，发挥作用，发挥重要作用，接班早期和正式接班。前 3 个阶段可以概括为接班人在家族企业以外工作以及在家族企业中兼职工作，被称为是一个社会化的过程。发挥作用阶段表明接班人在家族企业中成为全职工作人员。发挥重要作用阶段表明接班人占据了企业内部管理岗位。在最后两个阶段，接班人占据了高层领导岗位（Longeneeker & Sehoen，1991）。这是一个解释长期代际传承过程的宽泛的模型。但是，这一模型没有对接班人为何经历某一阶段的内在原因进行分析，而且模型也缺乏对接班人经历某一特定阶段的时间上的考察。

3. 戴维斯（Davis）的生命阶段模型

Davis 的模型集中在对时间的考察上，他研究了接班过程中父与子的关系（Ward，1987）。研究指出，在一个家族企业中，父辈和子辈所处的生命阶段对领导权的代际传承有重要影响。Dvais 特别发现，子女一般在 17～25 岁时，希望能冲破家族的束缚而建立一个属于他们自己的世界；一般在 27～33 岁时，确定他们自己的职业选择，并从父辈们那里寻找榜样；而当 33 岁以后，子女们渴望独立和被认可。而从父辈的角度来说，他们在 40～45 岁的时候，致力于企业的扩张，并喜欢直接控制企业的运作；在 50～60 岁的时候，开始强调企业和家庭的理念，并且较少直接控制企业的运作；过了 60 岁以后，他们考虑的焦点问题是对企业的忠诚和稳定，并且无力继续控制企业。Davis 建议，权力转移的最佳时机是在父辈 50 岁以后，而他们的子女在 27～33 岁的时候（Ward，1987）。Dvais 的模型集中在父与子的关系这一宽泛的领域，然而，这一模型所解释的是那些子女早已在家族企业工作的父辈与子辈之间的关系，而不是解释子女为什么加入或不加入家族企业的原因。

4. 海德勒（Handler）的三阶段模型

海德勒（1989）在 Dvasi 研究的基础上提出了一个新的家族企业代际传承的模型。这一模型将继承过程概括为三个阶段，即个人发展、企业发展、领导权继承。在个人发展阶段，潜在的接班人致力于通过学校教育、信仰确立和习惯养成等学习方式来发展他们自己。在企业发展阶段，潜在的接班人进入了家族企业，并成为一个全职的工作人员。在领导权继承阶段，潜在的接班人通常是在30~50多岁的时候肩负起了企业的责任并拥有了的决策的权力（Hnadler, 1998）。Handler 的模型将接班人的生命周期及其与父辈的关系结合起来考虑，提供了一个很好的分析框架。不过，这一模型集中于解释继承过程本身，而非解释是什么原因导致了家族成员经历这一过程。

5. 马修斯—摩尔—费亚克认知归类路径分析模型

Matthews 等人（1999）在 Longeneeker 和 Sehoen（1978）七阶段父子接班模型基础上将七阶段进一步归纳为两个阶段，即接班人作为全职雇员进入企业工作阶段（阶段1）以及父子领导权传承阶段（阶段2）。按照认知归类学说，从阶段1到阶段2，认知一致的领导者行为可以自动产生认知归类行为，而不一致的领导行为则产生支配性认知归类行为。历史阶段、企业所面临的任务选择合适的接班人，不仅如此还要根据所处的环境选择权力交接的时机和策略。这一模型还特别强调了在权力交接过程中技巧和沟通的重要性。

（二）关于传承视角研究

1. 关于资源观视角的研究

资源观的早期提出者 Barney 认为，造成企业之间不同竞争优势的正是每个企业所特有的一些资源。Habbershon 和 Williams 在进行家族企业的研究时，将家族企业中的独特资源称为"家族性"因素。随着研究的日益推进，一些学者开始认识到家族内部资源的独特性，并开始以崭新的视角重新审视家族企业传承问题，同时在已有研究基础上加入了有意思的解释。如 Miller 等从传承失败的视角进行研究发现，传承失败主要可归结为三种模式的影响：一是保守（conservative），即家族企业不愿意对过去的状态做出改变；二是突进（rebellious），即家族企业完全摒弃了过去的做法，在继承后转而投向全新的战略；三是摇摆（wavering），即家族企业过去战略和未来的发展方向不相协调，在其中犹豫不定。在此基础上，Sharma 的研究进一步指出，家族企业的代际传承事实上是一个隐性知识的传递过程，而传承的成功与否很大程度取决于这部分资源能否得以被传递。同时，Sharma 还指出，近期的研究已经越来越关注于这种传承和企业创新与知识创造的关系等。在强调资源和家族企业竞争优势的视角下，研究的重点在于家族企业传承与传承后行为与观念的关系和影响，如传承后企业的创新能力、知识吸收与创造能力、继承者的变革倾向和创业倾向等。也就是说，研究重点转变为哪些资源的传承会影响到传承后的哪些关键活动。本书正是对此问题进行初步的探讨。

（1）知识转移的过程。Cabrera-Suarez 等的研究将传承看作是在在职者和新进入者之间的知识转移过程。以往对于知识的划分——缄默的/显性的需要被引入到企业中家族内部的传承过程中来。缄默知识的传递需要企业建立特殊的组织机制以帮助将"企业运营的常识和情境"社会化，而这种隐性的传递可以形成家族企业竞争优势的一个重要来源——独特的"家族性因素"。因此，家族企业若要在跨代际间实现持续发展，需要发掘一系列有助于创造价值以及维持家族与企业特殊关系的组织常规。要实现该种传承，则需要克服 Szulanski 提出的四个知识转移障碍（模糊性和不信任；知识源缺乏传递知识的动力；信息接受者动力的缺乏以及情境的因素，如组织的约束、信息传播者和接收者之间的低效率等）。这个模型很好地提供了一个在家族企业内探寻继承过程的效率的思路和方向。从这个角度我们可以认为，前任和继任者的动力、家族的团结和承诺、前任和继任者之间的关系效率等都是研究家族企业传承所应考虑的因素。因此，为了保证传承过程的知识传递的连贯与顺畅，企业或家族有必要对继承者进行培训。一方面通过理论化的正式培训更好地明确组织知识转移的过程；另一方面通过经验性的培训帮助继承者尽早地融入企业运营的情境中去。

（2）社会资本传承的过程。除了对缄默知识的转移的关注之外，Steier 考察了与企业创新能力紧密相关的传承要素——社会资本。尽管社会资本的定义与界定、分类已经非常成熟，但其在传承中的应用研究还不多。Steier 的研究可看做是开创性的一篇。社会资本在两个方面对企业做出贡献：一是社会资本可以降低交易成本，从而促成并帮助开展合作；二是社会资本可以增强知识的移动性并帮助知识在企业与个人间的分享，而这对于加强企业的创新能力尤为重要。对于家族企业而言，社会资本的传承具有更重要的战略意义。家族企业往往规模中小，依赖于和互补性的合作伙伴或资源来源获取互补性生产能力以及技术诀窍（know-how）。对于继承前的前任创业者而言，其社会资本存量往往是与其较长的任期紧密相关的，这使得在家族企业中第一代创业者（企业领导者）往往具有较好的社会资本积累。那么，企业若要持续地发展，如何把这些社会资本有效地传承给下一代就非常重要了。Steier 提出了跨代之间传承社会资本的四种形式，他们在是否会有意识地对传承进行计划的程度上有所差别。前两种情况（无计划、突然的继承和仓促的继承）是在没有计划的情况下进行的，此时社会资本的传承仅仅是一种没有预期的事件所产成的结果。继承者会花费大量的时间用于理清、维持、作用于企业所嵌入的人际关系网络之中。在第三种情况自然传承下，社会资本是在自然的状态下被浸入到传承过程中去，前任无须刻意地花费大量的时间去转移社会资本，而继承者会通过时间以及经验性的参与逐步接近前任的社会资本。在第四种情况有计划的传承中，社会资本是在谨慎的考虑后有意识地被传承。继承者会积极地开展学习，以便通过学习获得与企业相关的关系网络，继承者会将在社会关系网络上的时间投入视为一种投资，将自己积极地嵌入到企业的社会关系中去。进一步地，Steier 提出了继承者管理社会资本的七个过程，包括释义现有的网络结构、了解现有网络中关系的内容、划分网络的边界、获取合法性、确定自己在网络中的最佳角色、对网络关系有意识地进行管理、重构继任者新的网络与关系。

2. 关于过程观视角的研究

什么是家族企业的继承过程？在按照合适的标准确定合适的接班候选人之后，家族企业的继承问题又会是怎样的呢？Lansberg（1988）将企业继承过程定义为一个可以给家族企业带来很多重要变化的一个矛盾重重的过程，可能涉及家庭关系和传统管理方式的调整和改变，以及企业人事结构和组织架构甚至所有权结构的更新等。Murray（2003）将家族企业的继承过程看成是一系列的阶段，而每个阶段都有该阶段必须完成的任务。他认为企业的继承过程耗时，有 2~8 年不等。关于家族企业继承问题的研究，不同学者从不同的角度进行了研究，且形成了一些不同的理论。Bechhard 和 Dyer（1983）的双模型系统理论认为家族企业实际上是由家庭和企业这两个圈子重叠而成的。每个圈子各有自己的身份准则和标准、价值机构和组织结构，合在一起就形成了家族企业独特的继承机制。相应地，整个继承的过程就可以看成是两个系统相互作用、不断寻求平衡的过程。

Gersick 等人（1997）在双系统模型的基础上发展了三系统模型，除了双模型的企业、家庭之外，还增加了所有权这一系统。他们的核心观点是继承远远不只是表面上看到的新老领导人的接替或交接，而是上述三个系统之间互相发展、作用的动态过程。三系统比双系统更加科学、全面地揭示了继承过程的复杂过程，是更为大家接受的理论。

Lambrecht（2005）在传统的企业、家庭和所有权三模型的基础上进行了深入的思考。他认为该模型存在一定的不足之处，有些家庭已经不再拥有企业的所有权但是对企业仍然拥有日常管理权。因此，他提出了一个全新的模型：将原有的家族成员个体、家庭和企业由内到外构成三环，而将时间贯穿其中。这三环之间的互动是一个长期而非短期的过程，可能代代相传下去。Chruchill 和 Hatten（1987）集中研究父子两代之间的继承问题，而忽略了其他形式的继承。他通过父子两代的自然生命周期的角度分析了家族企业"子承父业"的过程，并将它分为四个阶段：所有者管理阶段、接班人培养阶段、父子合作阶段和权利传承阶段。该研究阐述了父子两代继承过程的自然推动力量。Neubauer（2003）从企业所有者的生命周期和家族企业的生命周期两个角度将家族企业的继承过程描述为一个动态、变化的过程。因为每个周期都可以分为开始、发展、成熟和衰退四个阶段。他认为如果能顺利继承和实施，那么企业将进入下一轮生命周期中继续发展和繁荣，反之，将会导致企业绩效下降甚至破产、倒闭。Dyck 等人（2002）将继承过程形象地描述为一场接力赛跑，并指出这一过程受到四个因素的影响：顺序、时机、技巧和沟通。该理论的观点是，家族企业在进行交接时，要充分考虑企业所处的历史阶段和所面临的任务，适时地进行传递，并需掌握一定的沟通技巧。该理论无疑是一个全新的观点，但还缺乏实证支持。以上研究从各自不同的侧面让我们了解了继承过程的复杂性，为后续研究提供了理论依据，但是仍然缺乏实证研究和整合。

（三）对传承产生影响的主要因素研究

在选择了接班人之后，还有很多因素影响着传承过程能否顺利完成。一般认为，对代际传承产生影响的因素依次为：接班意愿、传承时机、传位人对接班人能力的信任等。

1. 接班意愿

众多学者的研究显示，接班人对接手企业的兴趣和意愿对企业传承的好坏起到至关重要的作用。Stavrou（1999）采用实证研究的方法，用大样本进行检验，得出结果，接班人的接班意愿对传承影响很大，如果接班意愿强烈，那么传承就会比较顺利，相反，则传承过程将比较曲折，传承结果不理想的概率也很大。在接班意愿对满意感的影响方面，Sharma（1997）发现，接班人的接班意愿并不影响传位人和高层管理者对接班过程的满意感，但是它影响到了接班人在接班过程中的满意感。

2. 家族企业代际传承的时机

李蕾（2003）指出，家族企业代际传承的时机应遵守企业"领导人能力不足"、"企业稳步经营"或"高速成长"的准则进行传承，如果时机选择不当，会严重影响代际传承的效果；而且家族企业的领导人只要感受到自身的能力已无法满足企业发展的需要，就应该积极考虑将部分或者全部职位和权能向家族内外人士进行传承；同时，家族企业领导人应该选择在企业经营环境相对宽松或企业高速成长时将一些职位和权能传给后继者。布鲁诺（2002）的研究也说明，如果企业竞争环境宽松，处于同行业中的领先位置，公司业务成熟，则此时进行传承并获得成功的可能性比较大。相反，当企业处于激烈的竞争环境中，企业自身资源又比较有限，与同行相比不占优势，此时进行传承失败的可能性就比较大。如果在环境不好的情况下，却又不得不进行传承，那需要注重传承效率，必须在较短时间内完成。

3. 传位人和接班人之间的关系

海德勒（1989）认为，传接双方在包括信任、支持、交流、反馈、相互学习在内的相互尊重和理解对代际传承有重要影响。Sharma（1997）的研究也指出，传位人对接班人能力的信任会影响到股东对传承过程的满意感，进而影响代际传承过程和对这个过程的评价。而主流的观点认为，传续两方之间是否互相尊重、互相信任，直接影响到传承中大家的满意感以及传承的顺利实现。Chfisrnan，sharma和Rao（2000）提供的证据表明，相对技能而言，正直和承诺对继承者成功可能更为主要。也有研究表示，家庭和睦对代际传承影响甚大，Seymour（1993）指出，家庭的凝聚力和适应性对传位人与接班人之间的关系有着重要的影响。Venter，Boshoff，Maas（2005）也通过实证证明了这一点。学术界也大多认同两代人之间如果有和睦的关系更容易促进代际传承的顺利实现。传位人对接班人能力的信任也会影响到传承效果。研究表明，不同的领导特质也能影响到传位人对接班人的信任，进而影响传承能否顺利进行。Sonnenfeld和Ward（1988）分析了以往企业主交班模式后，以是否信任接班人为主要内容，按照领导人将在位的传位人行为分为大使型、地方官员型、将军型、君主型等四种类型，进而分析了几种类型不同的传位人可能对传承带来的影响。此外，做好传承计划，执行好传承计划并做好传承准备，对代际传承的成效有着显著影响。

(四) 成功实现继任的企业特征

1. 继任成功的评价指标

家族企业同任何企业一样，所追求的绩效目标有两个方面，即主观上和客观上的绩效（Leenad Rogoff，1996；Tagiurinadovais，1992）。主观上的绩效目标是指主要的利益相关者、员工等对某种企业行为过程和结果的满意感；客观上的绩效目标是指某种企业行为所带来的诸如利润、市场份额、竞争能力等客观的企业绩效。Hnadier（1990）认为，权力继任过程的评价，可以从继任的质量和效率两个方面来评价。所谓质量反映的是有关的家族成员对继任过程的切身体验，而效率更多地与他人如何看待继任后的结果有关。很明显，质量和效率是相互联系在一起的，尽管这种联系有时候并不明显，但却是合乎逻辑的（Cfketsdevries，1993）。西方学者一般采用继任满意感和企业绩效指标。因而，继任作为一个特殊的企业行为，评价其成功与否，也同样依赖于两个相互作用的维度——继任过程的满意感和继任效果（Hnadier，1989）。前者是对继任过程和决策的主观的评价，而后者是继任事件对企业绩效产生的客观结果。

2. 成功实现继任企业的特征

Gersikc 等人（1997）认为，将家族企业经营管理从第一代过继给第二代能否成功的关键在于是否有一个成功的继承计划。Behsre 和 Carhcon（2000）的观点则是家族企业能否成功的关键在于其公司治理结构特征。Jmaes W. Lea 总结了成功实现继承的企业特征以及不能成功实现继任的企业特征，他认为，成功实现企业继任的企业一般具备以下特征：①将企业作为财富的来源，满足生活中心理和现实的需要的方式。②家庭成员视企业为家庭的事务，无论企业兴衰，他们都为企业提供勇气和道义上的支持。③家庭成员进入企业前经过培训。④具有善于应变、不懈进取的领导团队，这一点是最重要的特征。不能实现成功继承的企业特征：最高层领导以下两个层级管理职位的时候，这一优势更为明显。Sha（1992）的一个案例研究发现，Soctt 纸业公司只是在实施了一个有效的继任计划以后，才出现了转机。按照 Shal 的估计，Soctt 公司的产量因实施继任计划而提高了 35%，废品率却降低到 1% 以下。继任计划变得如此重要，以至于许多企业倾向于采用一个较为正式的继任计划。弗林（Flynn）对 108 家企业进行过调查，发现目前有 93% 的企业具有一个正式的继任计划或者正准备实施一个正式的继任计划。只有 7% 的被调查对象表示他们将保持非正式的继任管理。然而继任计划在华人企业的落地生根却是非常缓慢。

（五）基于文化内涵的传承研究

管理是以文化为转移的，并且受其社会的价值观、传统与习俗的支配。从管理学角度来看，家族企业的兴起有着深层次的社会文化背景，家族企业的家族特征创造了企业的比较优势，同时也带来了家族企业独有的弊端。中国的家族企业根植于中国的传统文化，因此，对中国族企业的研究，绝不能简单地套用西方现代管理理论和企业组织制度理论。中国的传统文化，通过传承、创新和发展，经历了几千年的历史，深刻影响着每一个华夏子孙的人生观、价值观和行为准则。儒家思想在中国的传统文化中占据着核心的地位，进而形成了一个以家、家庭或家族为核心的特殊的中国社会形式，同时以家庭或家族内部的私人关系就成为人际交往中最重要的关系。费孝通差序格局理论，就是对我国特殊人际关系的生动写照，中国的家族企业受中国传统文化的影响颇深，雷丁（1993）指出，华人家族企业实际上就是一种文化的产物。他指出，华人社会的人际交往是有限的信任，最主要的特征是完全相信自己的家庭，对朋友和熟人的信任取决于相互信赖的程度和投入到他们身上的面子，中国的关系网无处不在，在强调集体主义和团体利益价值观的社会中，华人与社会有着千丝万缕的联系，这与西方强调个体独立的观念不同，因此，他认为中国是低信任度的社会。沿着这一脉络，我国学者开始从两个方面研究家族企业。一方面从信任的角度研究家族企业的公司治理及家族企业的成长，并根据目前我国社会的整体信任缺失现实环境，提出子承父业的家族企业血缘传承的合理性及现实性。以李新春（2001、2002、2003、2005等）为代表的学者，从信任的角度研究我国的家族企业的治理问题，从家族企业中家族成员与非家族成员在管理中所占不同的比重入手，研究职业经理人与家族企业创始人之间的代理问题，从而指出家族企业存在的合理性，以及家族企业代际传承的复杂性和现阶段家族内部传承的无奈选择。以储小平（2002、2003等）为代表的学者，开始从信任的角度研究家族企业的成长。姚清铁（2010）在其博士论文中通过对国际比较与历史经验，对信任与家族企业代际传承的关系进行研究。另一方面从家、家庭和家族的角度研究家族企业的代际传承。Lansberg（1988）认为，对父母来说，将他们的希望和梦想永续的最好方式，就是将他们一生所从事和建立的事业传递给子孙并代代相传，这是人类的天性，在此意义上，作为家族组织，家族内的不断传承成为家族企业的目的，其重点不在于做好企业，而在于留给子孙，这种传承的目的称之为家业永续。张薇（2007）结合当今中国的现实环境，提出中国式家族企业代际传承问题及概念，并进一步阐述了中国式家族传承的独特之处及其形成的原因，并对中国家族企业权力传承的具体实施路径进行了初步的探索性分析，并大胆地提出了中国式家族企业传承模型的设想。王云飞（2007）在其硕士论文中探讨了家族企业传承中的文化分析，提出在当前家族企业传承的关键时期，迫切需要根据企业的实际状况，对传统的家族企业文化积极地加以改造和创新，培育积极向上的家族企业文化。王晓婷（2010）提出了基于家庭视角的家族企业传承研究，主要探究在家族企业传承情境下，家庭对家族企业传承方式及效果的影响及作用机制，试图通过控制家庭的影响来改善家族企业的传承效果。随着研究的不断深入，也有不少学者开始从家庭内部或接班人视角研究家族企业代际传承。周燕等（2011）认为，中国传统中以家为主题的文化和伦理，深刻影响着中国家族企业传承的目的、模式以及内容。文化背景下的事业永续还是家业永续的传承动机，促使企业家在家业和事业之间寻求平衡；在其传承的目的指向下，继承人选上亲和贤的矛盾，继承人缺失造成传承困境以及家族企业社会关系资本的传承等都考验着中国家族企业的代际传承。

还有一些学者从文化的其他方面展开研究，罗磊（2002）以文化为基础，通过对华人家族企业与美日家族企业的继承机制进行比较，以便对中国家族企业的继承及下一步应采取的步骤有更清晰的认识。李自琼等（2009）认为，众多家族企业面临代际传承问题困扰，其主要原因在于中国传统文化对传承问题的影响和制约，传统文化也成为对家族企业代际传承影响的主要因素之一，因此，只有深入了解家族企业生存背后的文化因素，才能对我国的家族企业有着深刻的认识，并对我国家族企业代际传承给予准确理解与探讨。

（六）国内外研究述评

自 Bernard 于 1975 年提出家族企业传承概念以来，家族企业研究一直受到西方学术界的重视，研究成果逐年递增，理论体系不断完善，而传承与继任问题一直是该领域中心议题。现有研究焦点集中于家族企业代际传承影响因素、不同传承视角、传承路径、家族企业二次创业、代际传承与企业绩效等方面研究。

（1）学术界对家族传承的影响因素进行了大量研究，但局限于描述性分析，缺乏对创新创业精神这一核心因素进行系统研究且尚未进行传承绩效实证分析。

Stavrou（1999）认为，接班人的接班意愿对传承影响很大，如果接班意愿强烈，那么传承就会比较顺利，相反，则传承过程将比较曲折。Sharma（1997）发现，接班人的接班意愿并不影响传位人和高层管理者对接班过程的满意感，但是它影响到了接班人在接班过程中的满意感。李蕾（2003）指出，家族企业代际传承的时机应遵守企业领导人能力不足、企业稳步经营或高速成长的准则进行传承，如果时机选择不当会严重影响代际传承的效果。布鲁诺（2002）的研究也说明，如果企业竞争环境宽松，处于同行业中的领先位置，公司业务成熟，则此时进行传承并获得成功的可能性比较大。相反，当企业处于激烈的竞争环境中，企业自身资源又比较有限，此时进行传承失败的可能性就比较大。海德勒（1989）认为，传接双方在包括信任、支持、交流、反馈、相互学习在内的相互尊重和理解对代际传承有重要影响。Sharma（1997）的研究也指出，传位人对接班人能力的信任会影响到股东对传承过程的满意感。

（2）学界对家族企业传承的研究大多从某一个视角，研究问题单一，研究结论不统一，基于创新创业视角研究偏少且未涉及创新创业精神如何持续传承。

第一，基于传承过程的研究。基于传承过程研究是代际传承的主要方法之一。Longenecker 和 Schoen（1978）率先提出了"家族企业的代际传承是一个长期的社会化过程"的观点，"过程观"逐步得到学者们的认同，开始尝试从不同的角度对家族企业的代际传承过程进行刻画和描述。陈凌等（2003）运用 Gersick 等人的三环模型对我国家族企业的代际传承进行研究；张兵（2004）运用过程观的相关理论，从经济和文化角度创作了家族企业代际传承模式研究的博士论文；窦军生等（2007、2008）介绍了家族企业代际传承研究的起源、演进与展望，家族企业代际传承理论研究的前沿动态，家族企业代际传承研究演进探析，家族企业代际传承影响因素研究述评等。贾生华等（2010）运用过程观的视角，对家族企业代际传承过程中出现的三个基本问题，"传什么、传给谁、如何传"，进行了深入的研究和探讨。

第二，基于企业战略的研究。国内外许多学者都认为，家族企业应该把传承/继承计划作为企业战略的一部分，从企业战略的高度去制定家族企业的继承计划，这样才能更有利于家族企业代际传承的顺利开展和实现。Aronoff & Ward（1995）认为，继承计划是指在代际传递中能够帮助企业持续运营的所有活动。

虽然他们给出的继承计划的定义比较容易接受，但是具体的继承计划包含什么并没有做出明确的说明。刘学方（2009）指出，家族企业继承计划的内容应该包括：接班人的选拔和培养；企业管理权的交接；企业所有权与家庭财产权的继承；制定继承后企业重大问题决策方式；制订继承后公司的愿景和战略计划；以及在这些过程中与各利益相关者有效的沟通与协调等六个方面。Koenig（2002）将家族企业的继承计划分为三种类型：管理继承、所有权继承和意外管理继承。Sharma（2003）通过在家族企业的一些实际经验，指出家族企业继承计划是家族企业传承的关键因素。他认为，继承计划就是指深思熟虑的正式过程，并把这个过程上升到公司战略的高度，在这一过程中推动管理控制权从一位家庭成员向另一位家庭成员的传递。Robert H. B.（2004）指出，教育水平、技术能力、管理能力和财务管理能力常常被用来评估潜在继承者迎合家族企业的这种战略计划能力。

第三，基于文化内涵的传承研究。中国的家族企业受中国传统文化的影响颇深。雷丁（1993）指出华人家族企业"实际上就是一种文化的产物"。他指出，华人社会的人际交往是"有限的信任"，因此他认为中国是低信任度的社会。沿着这一脉络，我国学者开始从两个方面研究家族企业。一方面从信任的角度研究家族企业的公司治理及家族企业的成长，并根据目前我国社会的整体信任缺失现实环境，提出"子承父业"的家族企业血缘传承的合理性及现实性。以李新春（2001、2002、2003、2005 等）为代表的学者，从信任的角度研究我国的家族企业的治理问题。以储小平等（2002，2003）为代表的学者，开始从信任的角度研究家族企业的成长。Lansberg（1988）认为，对父母来说，将他们的希望和梦想永续的最好方式，就是将他们一生所从事和建立的事业传递给子孙并代代相传，这是人类的天性。王云飞（2007）探讨了家族企业传承中的文化分析，提出在当前家族企业传承的关键时期，迫切需要根据企业的实际状况，对传统的家族企业文化积极地加以改造和创新，培育积极向上的家族企业文化。王晓婷（2010）提出了基于家庭视角的家族企业传承研究，主要探究在家族企业传承情境下，家庭对家族企业传承方式及效果的影响及作用机制。

（3）学术界对家族企业传承研究集中于接班人如何选择，没有考虑接班人是否愿意接班、未充分研究无论谁接班，创新创业精神对家族企业基业长青的深远影响。

Brahim（2001）认为，家庭中的男性相对而言有更多的机会接班，即便是在他们能力不如女性的情况下也仍然如此。储小平（2002）认为，真正完全以普遍主义的规则吸纳、整合人力资本，在中国可能是一个比较长的过程，也可能不会成为华人企业组织行为的普遍模式，代际传承肯定会受到家族文化的影响（而大多选择长子继承）。从现实情况看，长子继承也的确是众多继承方式中最普遍的。李蕾（2003）将家族企业代际传承的授予对象分为子女和社会投资者与职业经理人，指出在子女非常优秀的情况下，创业者会毫不犹豫地将其拥有的职位、各项权能全部传给子女，但在家族成员不能胜任相应的工作时，家族企业领导人必须考虑将重要的职位、权能和经营的事业向社会投资者或职业经理人传递。在接班人选择标准方面，韩朝华（2006）认为，在接班人的选择上，首选对象是其子女或亲属，但他们对接班人的能力也有较高要求，因而对于企业主来讲，选拔经营接班人不太可能是一种只讲感情不问能力的非理性过程，能力应当是选择接班人的主要标准之一。

（4）学界虽对家族企业创新创业精神传承进行研究，多集中于理论研究且研究者偏少，停留在创新企业精神内涵和影响因素的研究，未分析如何传承且未能构建创新创业精神传承持续性模型。

近年来，在家族企业的传承研究中，创新创业精神传承越来越受到人们的重视，特别是创业精神传承，国内外学者做了很多研究。在创业精神的内涵方面。刘常勇（2002）认为创业精神包含两方面含义：一是精神层面，代表一种以创新为基础的做事与思考方式；二是实质层面，代表一种发觉机会，组织资源建立新公司，进而提供市场新的价值。他强调，创业精神本质上仍着重于一种创新活动的行为过程，而非企业家的个性特征。朱素英（2007）从企业家能力的角度将家族企业的创业精神界定为，企业家的专业知识水平、企业管理技能、实现创业创新的能力、对内部人际关系的处理能力，以及对外部社会关系资源的动用能力。在创业精神与家族企业代际传承关系方面。国内学者朱素英（2007）率先对创业精神的传承进行了探讨。她认为，继承人对创业精神的继承、发展和创新，是家族企业成功继承的关键。杨学儒等人也认为，家族企业要在跨代之间实现长期可持续性发展，并不取决于权力的简单交接，而是源于家族企业背后家族创业精神的传承。而正是这种创业精神，才是基业长青，以及家业长青的决定性因素。窦军生等（2010）认为，保持和发扬创业精神才是家族企业传承的关键。李新春等

(2008)认为,家族企业要在跨代之间实现长期可持续性发展,并不取决于权力的简单交接,而是源于家族企业背后家族创业精神的传承。陈寒松等构建了企业家精神的多层次概念框架,对创业精神衰减的根源进行了分析,提出了创业精神在家族企业传承和创新的不同路径。窦军生和贾生华(2008)通过对41则媒体报道资料的结构化分析和对来自60家面临传承问题的家族企业调查数据的统计分析发现,企业家默会知识、企业家关系网络和企业家精神是家族企业代际传承过程中企业家个体层面需要传承的三大类要素。

(5)述评及未来研究趋势。综上所述,国内外学者对创新创业精神的代际传承进行了深入的探讨,形成了较为丰富的文献,这些成果对后续研究提供了有益的借鉴,但同时也存在以下缺陷和不足:第一,研究视角上,大多从某一个视角,研究问题单一,没有及多关注创新创业精神是家族企业传承的关键要素;第二,研究的内容上,现有研究大都关注企业控制权的传承,虽然有关于创业视角的代际传承研究,但缺少基于创新创业的代际传承研究;第三,理论方法上,国内文献大多利用案例研究、比较研究分析家族企业如何实现传承,没有将创新创业精神和代际传承绩效研究相结合,未能构建出创新创业精神传承持续性模型;第四,基于家族企业再创业持续传承,未来研究应聚焦于企业创新创业精神传承研究,系统研究创新创业精神与企业绩效间关系,由此,构建创新创业精神传承持续性模型及传承内在机理。进而提出建立和发展家族治理结构是家族创新创业精神传承的基础和路径选择。

二、家族企业文化传承关键要素

(一)影响家族企业文化传承的宏观因素

区别于一般企业,家族企业文化传承在宏观环境上主要受以下因素影响。

1. 政治因素

政治环境从法律的角度规定了一个国家及其人民的价值取向,从政治环境来看,我国家族企业有着进行文化管理的良好条件。作为社会主义国家,我们强调的是人民当家做主,强调人的重要性,强调"各尽所能,按劳分配",这与坚持以人为本,重视人的作用的文化管理思想有很多相通之处,为家族企业实行文化管理提供了潜在的思想条件。另外,近年来,我国中央及地方各部门相继颁布了一系列有利于家族企业发展的法律、法规及政策,如2000年2月颁布的《中华人民共和国中小企业促进法》、2000年7月国家经济贸易委员会发布的《关于鼓励和促进中小企业发展的若干政策意见》、2005年2月国务院发布的《国务院关于鼓励支持和引导个体私营等非公有制经济发展的若干意见》等。这些政策的出台为我国民营企业的加快发展提供了更为宽松的环境，都将促进我国家族企业的发展壮大，有利于家族企业提升自身的管理水平和实施文化管理。

2. 经济因素

经济环境从国家发展的角度限定了其生存方式。现阶段，我国还处在从计划经济过渡到市场经济的转型时期，我国还是一个市场经济欠发达的社会主义国家。很多企业仍保持着计划经济的经营思路，市场观念比较薄弱，更不要说如何面对知识经济的新形态了。这样的企业是不可能也不会意识到文化管理的重要性的。我国的家族企业由于其自身的灵活性受计划经济影响较小，但是，由于缺乏先进的管理思想，我国现在大多数的家族企业实行的还是"制度管理"模式，甚至"人治"模式也并不少见，实施文化管理的家族企业更是稀少。然而，随着我国市场经济的不断发展和先进管理思想的不断涌入，文化管理模式在我国定会大有作为。

3. 行业特点

每个家族企业都有自己所从事的特定行业，每个行业都有自己的经营环境和行业特点，企业不可能偏离自己的行业背景去随意建设自己的企业文化。有的行业投资巨大、回报期长，它需要企业凡事都能周密计划、仔细权衡；而有的行业时间就是金钱，就是效益，太多的考察时间会使企业丧失机会。有的行业服务的对象是消费者；有的行业服务的主要对象是生产企业，不同的服务对象对企业的具体要求也有很大差别。常见的按照企业的行业特点区分的企业文化有以下几种：（1）硬汉文化（tough-guy），适用于那些高风险、反馈快的行业；（2）努力工作、尽情享乐文化（work hard/play hard），强调低风险、反馈快；（3）长期赌注（攻坚）文化（bet-your-company），主要存在于那些高风险、反馈慢的行业；（4）过程文化（process），则存在于低风险、反馈慢的行业。所以，家族企业要根据自己行业特点所区分出来的不同企业文化来实施相应的文化管理，使企业的文化管理能与行业背景相适应，体现行业的经营特色。

（二）影响家族企业文化传承的微观因素

从微观环境上看，家族企业文化传承主要受以下因素制约：

1. 企业的发展历史

任何一个家族企业在成长中都会形成自己的风格，积累一种适合自己生存和发展的潜在文化。有的家族企业形成的是健全的、利于企业发展的优良企业文化，而有的企业则形成了病态的、阻碍企业发展的低劣企业文化。好的企业文化一般都能适应企业的发展，企业领导人所需要做的就是寻找其中个别不适应环境的地方加以改进并进一步强化企业的文化建设与管理。对于病态的企业文化则必须进行变革，使它朝着有利于企业发展的方向改变，否则，病态的企业文化只会循着自身的规律进行反向积累，最终导致企业的失败。企业文化建设是企业文化管理的基础，要进行企业文化管理就必须从企业文化建设开始，家族企业文化管理作为一种特殊的文化管理也不例外。企业文化是与企业共存的一种客观存在，有什么性质的企业，就有什么样的企业文化。家族企业文化建设是从家族文化的深层面来探索企业管理和企业经营成功之道的。我们常说，企业中存在文化，文化中存在力量，企业文化建设的好坏直接决定着企业的生命力和活力，也决定着企业文化管理的有效性。家族企业文化建设是一个不断积淀、塑造家族文化的渐进过程，建设家族企业文化的一个重要意义就是要加强家族文化对家族企业管理的促进作用，以充分发挥家族文化对家族企业物质文明和精神文明建设的推动力。因此，家族企业文化建设的成败直接决定着家族企业能否实施文化管理，完善的企业文化建设是家族企业实施文化管理的前提条件与基础。

2. 创立者的文化自觉

文化自觉是企业家对企业存在价值和经营管理的终极目标的思考，是对企业经济工作中文化内涵、文化意义的理解，是运用文化规律和特点于管理之中的文化理性。企业文化的建设和保持，文化管理的实施依赖于企业家的文化自觉。家族企业在我国发展时间不长，创立者的文化自觉是我国家族企业实施文化管理的重要因素。

家族企业的创立者在企业的发展历程中具有举足轻重的地位，在企业实施文化建设和文化管理中起着关键的作用，"家族企业文化等于老板文化"就是一个形象的概括。创立者所秉持的价值观、世界观、经营理念以及创立者自身的性格特点，道德素质等都会对企业文化的建设与管理产生巨大影响。企业文化的主要内容来源于创立者的文化思想，企业文化的建设和保持依赖于创立者的文化自觉，企业文化在员工中的内化程度，决定于创立者文化人格化的水平。同时，创立者文化思想形成的重要原因之一在于能够观察、认识、提炼企业员工的智慧，从而形成有本企业本家族特色的文化。杰出的企业创立者能够把员工自身价值的体现与企业目标的实现结合起来，能创造、管理和改变一种文化，很多家族企业的企业文化是创立者个人文化的映射，创立者的文化主宰着家族企业文化的形成，在不同家族企业中，创立者往往采用不同的文化管理方式。因此，创立者的文化自觉在很大程度上决定了家族企业的文化管理模式。

3. 员工的素质

员工是企业文化的最大载体，企业文化必须是针对企业员工的整体情况来建立的。我国的家族企业由于其自身的灵活性受计划经济影响较小，但是，由于缺乏先进的管理思想，我国现在大多数的家族企业实行的还是"制度管理"模式，甚至"人治"模式也并不少见，实施文化管理的家族企业更是稀少。然而，随着我国市场经济的不断发展和先进管理思想的不断涌入，文化管理模式在我国定会大有作为。

(三) 影响家族企业文化传承的关键因素

1. 家族文化因素深刻影响着中国家族企业文化传承

我国台湾著名学者李亦园认为中国文化是家族的文化。该观点简洁地概括出家族文化在中国文化中的核心地位。这种文化深深地影响着中国人的各种行为，从现实生活的角度来看，家庭在中国人生活中占据特别重要的地位，尽人皆知；与西洋人对照，尤觉显然。可见，家文化是构成中国文化的核心基因，人们的日常行为以家为原点出发，围绕着家展开，以这个基因为基础，形成特殊的中国文化圈。在这个特殊文化背景下成长起来的家族企业，其运行潜移默化地受着这种文化的影响。特别是在涉及企业传承这样的大问题上，企业掌门人在选择传承路径时，大多数以家文化为圭臬，在自家人的范围内展开传承人的选择，即使是自家人范围内，也是直系血亲优先于旁系血亲。而在亲与贤的抉择中，亲成为首选。为何会出现这种状况？因为，在家文化的引导下，中国人十分注重家，把家看作生活的中心和精神堡垒！家族企业掌门人，在家业与事业权衡之间，往往以前者为重，在选择传承人的时候，首先想到的是家业延续，而不是事业的发达，子承父业是传承的首选，其次才是泛家族化的传承。在这种家文化的影响下，职业经理人能够纳入企业传承范围的可能性微乎其微，这就极大地减小了中国家族企业实现基业长青的可能性！据有关学者研究表明，美国家族企业传承向职业经理模式转换，花了上百年时间，而这个成功很大程度上还归功于美国薄弱的家族文化传统和浓厚的契约传统。

可见，在家文化极其深厚的中国，家族企业向职业经理人治理模式过渡需要的时间可能会更长。因为，在多年来的中国现代化进程中，中国人家观念之重，家文化积淀之厚，家文化规则对中国人的社会、经济、政治、人的行为等各方面的活动影响支配之大，在世界其他国家和民族中是极其罕见的。家文化具有这样的特点：血缘性、聚居性、等级性、礼俗性、自给性和封闭性等，这些特征决定了其具有极强的内聚性。所以，重家、顾家成为中国人的美德，由此，中国家文化也成为人类文化史中的一道独特文化景观。这种根深蒂固的观念，在家族企业传承过程中产生的影响是多方面、多层次、多角度的。在认识中国家族企业传承问题时，家文化因素对其的影响是我们的一个基本逻辑起点。考虑设计中国家族企业传承模式时，这个因素是我们无法逾越的一个文化屏障，要让中国家族企业的传承模式跳出这个文化陷阱，模式设计者必须具体分析每一个家族企业里的家文化运行机理，以此来寻找传承的出路，打破传承的困境。

2. 制度因素制约中国家族企业文化传承

中国当前国家相关制度建设的滞后，极大地制约了家族企业制定自身严密的长远发展规划，这个因素首先体现为国家宪政秩序的非规范性现状导致家族企业的财产权安全面临风险，如新中国成立以来，发生大小不同的数次国进民退政策和一些地方实施的区域性剥夺民间资本的政策，这是典型的宪政缺失下的家族企业命运结局。在这种宏观制度背景下，不少家族企业掌门人对移民国外行为思考得比对企业传承思考得还要多，甚至有企业家用移民思维替代企业传承思维，力图在异国土地上寻找家业、事业的永续。对此，国家有必要通过建设良好的宪政环境来促进家族企业持续发展，以便家族企业能着眼未来数代人的角度来规划其发展。因为，国家的宪政环境是家族企业发展的核心环境之一，中国宪政环境建设滞后是目前我国家族企业发展面临的重大制度问题。所以，提高家族企业的宪政地位是我们解决家族企业发展面临的诸多制度性问题的关键之所在。

尽管我们国家宪法修正案特别强调：国家保护个体经济、私营经济等非公有制经济的合法权利和利益，国家鼓励、支持和引导非公有制经济的发展，并对非公有制经济依法实行监督和管理，但对家族企业来说，这样的制度关怀离最终变成有效保护还有一定差距。至少我们仍然没有把私营经济与公有制经济放在同样的制度位置上来保护，这给家族企业的发展埋下不少制度隐患。其次，是家族企业的发展需要健全、完善的法律制度体系来保障，以公正有效率的社会法制环境为依靠。目前亟须的制度建设是：完善专门针对家族企业的立法，强化公正司法，加快宪政改革步伐，建立违宪审查机制和法律纠错机制，扩大法院对市场管制的裁决，开展信用制度和信用环境建设。同时，进一步完善婚姻家庭法律制度来解决家族企业发展中的继承问题与企业整体发展问题的关系，完善物权法律制度来整体保护家族财产问题，完善家族企业法人财产的有关权属问题等。此外，彻底消除政府管理和司法保障中存在的一些歧视私营经济的行为，给予家族企业真正的国民待遇。家族企业一旦获得这样的良好制度环境，企业家就可全力以赴管理企业、谋划企业的未来发展大计。

3. 伦理因素对中国家族企业文化传承的影响

从伦理层面上来说，核心是一个信任问题，因为按照福山的定义，信任是在一个社团之中成员彼此诚实、合作行为的期待，基础是社团成员拥有的规范以及个体在所属团体中的角色。这里所属社团中的角色在中国家族企业中的体现，就是被家族企业掌门人纳入自己核心管理圈的人。为此，家族企业掌门人把企业传给谁，首先是企业掌门人信任谁，谁能被家族企业掌门人纳入企业核心管理圈。信任是企业掌门人给特定人委以重任的关键之所在。而中国家族企业里的信任往往是基于家族血缘的信任，在此信任基础上推出学缘、友缘、业缘等的广泛家族的信任。所以，中国家族企业里的信任是以顶于天道，立于人心的血缘式的信任为核心，兼顾一部分基于制度的信任。而基于纯粹社团、群体共同道德和价值观或共同信仰及法律制度、社会制度等而获得的普遍信任还是比较少见。这就造成中国家族企业在传承的过程中，在选择传承人的时候，选择的范围首先是在家族血缘的圈子里进行，圈子外的人能进入选择视野的可能性很小。

可见，中国家族企业获取信任的渠道单一，普遍信任在家族企业中很难找到！这种家族式的信任形成的原因在于，中国家文化特别注重家族之间的亲情，追求亲情为中心的伦理，这种家族伦理像一只"看不见的手"，无形中影响着家族企业的运转，特别是家族企业的传承。这种行为本质上由中国几千年传统文化的积淀决定，而家族主义管理模式正是由这种家族伦理和民族文化心理共同决定的。有学者指出：中国的家是一个事业组织，家的大小依事业的大小而决定。如果事业小，夫妻两人的合作就能负担，这个家也可小得等于小家庭；如果事业大，超过夫妻两人能负担，兄弟伯叔可以集合在一个大家庭里。中国传统社会更倾向于大家庭，由众多小家庭组成的群体也可称为家族。这种独特的家族主义文化以差序格局的形式存在于中国大陆社会。所以，传统的家族伦理对人们的行为有深刻影响和渗透，这是家族企业在中国普遍存在的伦理基础。家族企业普遍采取家族主义治理模式也就成为中国文化伦理观念的自然延伸，它使当今的家族企业尽管采取现代企业的组织与经营行为，但其制度形式却不可能摆脱这种社会伦理的重大影响，特别是在企业传承的时候，中国人的行为选择会理所当然地在自家人的范围内考虑，不少情况下，即使自家人，也会在自家人的男性成员中选择。这就是伦理的力量在企业管理中体现，也即家族企业掌门人对谁信得过。而家族企业中的职业经理人，要得到企业掌门人的重用，他或她首先必须获得家族的某种认可潜在信任，成为家族人所称的自己人有限信任，这就是中国特色的家族信任。职业经理人的职业道德对企业的扩张十分重要。但是，职业经理人职业道德的形成离不开特定的社会、制度因素。从中国目前的社会、国家有关制度现状来看，规范的职业经理人市场很难形成，普遍信任在家族企业中很难建立，家族式的信任还是家族企业传承中的主要伦理依据。

可以说，在我国的社会转型期，基于家族信任的差序式治理具有一定的合理性，也是家族企业成员的理性选择。但从长远眼光来看，这种治理机制并不利于我国家族企业的发展和生命周期的延续。因此，除维持家族企业的家族信任建设外，还要加强基于制度的普遍信任建设，使得家族信任与普遍信任互为补充，最终引领家族企业走向科学传承境地，避免无谓的家族内耗和职业经理人失德而使企业发展陷入困境。美国经济学家埃蒂思·彭罗斯指出：我们拥有的全部证据表明，企业的增长是与具体的人群做什么事紧密相关，如果这一事实未被充分认识到，那么不但谈不上建树，而且什么都丢失了。因为企业家才能的配置方向，取决于一个社会通行的游戏规则（即占据主导地位的制度）。所以，中国家族企业的传承过程中，政府应该提供充分的制度支持，引导家族企业掌门人在选择传承人时，把信任的范围进一步扩大，解决血缘系统内人力资源不足的问题，从而推动家族企业的持续发展。

4. 传承人与被传承人个人因素对中国家族企业文化传承的影响

中国目前的家族企业掌门人大多是20世纪80、90年代白手起家打天下的典范，他们大多数人为了事业，为了后代的未来，一心扑在事业上，对家庭的照顾，特别是对子女的照顾普遍不到位，他们出于对子女的爱可以不惜重金把孩子早点送到海外读书，以便学到本领来传承事业。但在现实中，往往事与愿违，把子女从中学甚至小学开始就送到国外接受教育的后果是，孩子在国外待了多年，接受了西方的文化习惯，他们大多数已经变成中国人长相的外国人，让他们传承父辈的事业已经很难做到了。因为他们在西方学到的是后现代社会的产业及其发展管理模式，而对于父辈从事的中国工业化阶段的产业，他们不少人很难接受，特别是制造业领域。两代人之间的代际鸿沟已经成为不同文化背景下的巨大差距。这是家族企业掌门人在创业的过程中，对企业传承的片面认识造成的后果。时代的原因使得目前的家族企业掌门人大多没有接受过良好的正规教育，于是他们认为孩子接受了西方的先进教育，在未来就可以更好地传承自己的事业。这种美好愿望在现实面前变得十分苍白。据有关调查显示，81%的企二代不愿子承父业，民营家族企业面临接班危机。因为，家族企业的传承不仅仅是财富的继承，更是管理经营权的传承、创业精神的传承，而对后者的传承是需要传承人在自家企业中历练，与被传承人长期相处才能潜移默化地接受，而不是通过学校教育来达成传承的意愿。所以对于目前中国家族企业传承受到制约的问题，家族企业的掌门人对传承路径把握的偏差是重要的原因。此外，家族企业掌门人在企业传承的过程中，经常出现迷恋企业管理权而影响传承人工作的有效展开，同时在处理家族股权时，往往碍于情面而造成家族内部股权交织、产权不清，最终也影响传承人的传承意愿。家族企业掌门人自身因素是造成目前中国家族企业传承困境的重要主观因素。为此，家族企业掌门人对企业传承要有一个清晰的路线图，为如何传承权力、管理、精神、关系等作出一个规划，然后有针对性地一步一步去推进。而不是简单地让孩子接受西方的教育，然后回到企业完成传承的使命。从东西方企业传承历史的角度来看，缺乏传承规划是多家族企业失败的重要原因。

由于家族企业掌门人教育的失误，传承人对家族事业的认可度普遍比较低，而且他们有自己的事业理想和追求，对于把父母辈从事的行业作为自己一生事业的追求，他们很难接受，传承人对自己家族的产业缺乏感情的认同。有些传承人由于受西方个人主义的影响比较深，甚至对自己家族的认同都很淡薄，就更谈不上家族企业的传承了。此外，心理负担重、压力大是很多企业接班人共同的心声。他们把企业搞好了，舆论认为理所当然，他们把企业搞垮了，舆论会说他们是败家子，在这样的心理煎熬下，传承人大多喜欢利用父辈的资本，自己创业。

因此，在家族企业传承过程中，家族企业掌门人加大对传承人的学校教育投入仅仅是传承的一个步骤。因为家族企业管理的本质在于行，不是知，企业传承人要想真正理解管理之道，应用所学的管理技能，需要经过长期的管理实践。此外，家族企业掌门人可以借鉴宗教传承的某些积极因素，把自己的创业精神潜移默化地传递给接班人，使企业家精神不因企业家的退休而消失。

三、家族企业文化传承对家族企业发展的作用机制

1. 家族企业文化降低监督和约束成本

约翰·斯图亚特·穆勒指出，"……现在要花费大量劳动监督或检验工人的工作，在这样一种辅助性职能上花费多少劳动，实际上就会减少多少生产性劳动，这种职能并不是事物本身所需要的，而只是用来对付工人的不诚实。……建立相互信任的关系对人类的好处，表现在人类生活的各个方面，经济方面的好处也许是最微不足道的，但即使如此，也是无限大的。……而如果劳动者诚实地完成他们所从事的工作，雇主精神振奋，信心十足地安排各项工作，确信工人会很好地干活，那就会大幅度提高产量，节省大量时间和开支，由此而带来的利益不知要比单纯的节省大多少倍。"[①]雇主与雇员相互之间的信任是非常重要的，企业主应做到"疑人不用，用人不疑"，只有这样才能在更大程度上调动全体员工的积极性与创造性，使员工产生被充分信任的归属感。在这种归属感中，员工才能把企业的事情当为自己的事情来做，根本不用内部约束与外在的监督就能很好地完成工作。只有雇主与员工相互之间信任，才能在工作中更好地展开协作，对降低企业的监督与约束成本有着非常重要的作用。家族企业文化之所以能降低监督和约束成本，在于家庭内部成员都具有相同的价值观念、道德规范，尤其是在企业创业初期，家族成员更是相互信任，团结一致，全力拼搏，相互扶持，毫不计较个人得失，无论在人力、物力、财力上都是倾其所有。即便是家族企业发展壮大以后，成员之间由于血缘、亲缘及地缘关系，相互之间也是充分信任的。这样可以把企业人为的监督变为员工的自省行为，企业制度的外部约束内化为员工的自律行为，员工把企业的事情当作自己的事情来做，工作效率会大大提高，家族企业的监督与约束成本自然会降下来。

2. 家族企业文化影响企业绩效

家族企业的绩效从宏观上来讲，会受家族企业内外环境、公司治理、公司管

理等多方面因素的影响。但从微观上来讲，就在公司管理方面，家族企业文化是影响家族企业绩效的最关键因素。日本政府总结了明治维新时期经济得以迅速发展的原因，他们在白皮书中提到，日本的经济发展主要有精神、法规、资本这三个基本要素。它们影响经济发展所占的比例分别是 50%、40%、10%。这说明，在经济的发展过程中，文化要素相对于规章制度、资本，对企业经济效益的增长起到更为关键的作用。美国哈佛大学商学院教授约翰·科特和詹姆斯·赫斯克特与其研究小组，历经 11 年的时间，从企业文化对企业经营业绩的影响进行了研究，最后一致认为："企业文化影响企业的长期经营业绩，重视企业文化的企业，它们的经营业绩远远地超过那些不重视企业文化建设的企业。"

3. 家族企业文化传承引领企业发展的方向

家族企业的主体是人，优秀的家族企业文化从员工的角度出发，协调企业的内部关系，将企业员工牢牢地凝聚在一起。全体员工对家族企业的核心价值观形成共识，使他们对企业的使命和宗旨矢志不渝，团结努力为家族企业核心竞争力的培育提供强大的动力。同时，家族企业文化使得家族企业明确自身以何种态度来对待客户，回报股东，以及怎样确定企业的经营策略，维护合伙人关系，协调好自身发展与社会的关系等。家族企业文化从价值取向、道德观念、行为规范及知识技能等方面，为家族企业核心竞争力的形成奠定了思想基础。其次，家族企业文化是打造家族企业团队合作精神的利器。"天时不如地利，地利不如人和"，这里的"人和"在家族企业文化建设中表现为"以人为本"的理念。一个企业的物力、财力、信息资源等都是有限的，而唯独人力资源的开发是无限的，并且人作为企业的管理者与被管理者，是整个企业管理的关键所在。在家族企业中，我们要通过先进的家族企业文化，不断挖掘人的潜力，发挥人的主体作用，充分调动人的积极性和创造性。这样，家族企业的物力、财力及信息等各种资源也能得到更好的运用。优秀的家族企业文化能使家族企业内各部门之间、管理者与被管理者及企业员工之间消除原则上的分歧，减少因内部冲突而导致的能量耗散。员工之间需求同存异，相互理解，为了本企业的发展及个人价值的体现而团结一致、共同奋斗；家族企业的管理者也应该摒弃家长式作风，认真听取不同心声，考虑员工的意见，在企业的管理过程中要尊重企业成员的建议，尽量发挥集体智慧，整体协作，搞好整个家族企业的"人和"，而不仅仅是家族成员内部的"人和"。家族企业管理应该尊重员工的人格、信仰和观念，使员工充分享受工作的自由与尊严，让每个人在家族企业中都能充分地实现自身的价值。优秀的企业文化使得员工之间能互相团结，整个企业犹如一个大家庭，从而形成强大的凝聚力。这种凝聚力使员工有着无限的工作热情，对企业核心竞争力的培育起着关键的作用。再次，家族企业文化为家族企业核心竞争力的培育打造"品牌"利器。"品牌"是一个企业综合实力的体现，是企业核心竞争力的集中表现。随着产品进入壁垒的降低，产品同质化现象日益加剧，企业间的竞争也从原来的产品价格和质量的竞争，慢慢地过渡到品牌之间的竞争。而品牌竞争优势，主要体现在品牌技术信息时代对核心竞争力的创新，也就是对知识文化的创新，在这一过程中企业文化起着举足轻重的作用。

首先，家族企业文化决定着家族企业成员的价值观念和思维观念。价值观念和思维观念的新直接决定着其他方面的创新，尤其是作为家族企业的领导者必须有创新的超前思维，才有可能进行创新。这就要求家族企业文化是学习型的、开放式的，要突破传统的思维定势与思维惯性，以敏锐的眼光时刻把握内外环境的变化，用新的思想观念为企业的未来规划蓝图。

其次，家族企业文化决定着家族企业的战略定位。战略定位的创新是企业核心竞争力创新的前提条件，家族企业要保有其核心竞争力，必须在变化的经济形势和市场环境中有正确的战略目标。但是这个目标并不是一成不变的，是随着内外环境的变化不断调整的，优秀的家族企业文化能适时地调整企业的战略目标，而封闭落后的企业文化则不能做到。

再次，家族企业文化影响着家族企业的组织管理模式。家族企业文化对家族企业采取何种组织管理模式来治理企业，起着指导性的作用。家族企业组织管理模式创新主要是：整合家族企业内外各种资源，加强对外的协作和联盟，不断建立并优化基于自己核心业务与核心能力的价值链体系；通过组织管理的不断系统化、规范化与柔性化建设，来提高家族企业适应复杂环境变化的能力，为家族企业核心竞争力的创新提供良好的内部环境。

最后，家族企业文化决定着家族企业技术上的创新。技术创新是企业核心竞争力形成和创新的关键，它是指生产工艺、装备、方法的改进和完善，它既包括企业内部的技术创新，也包括吸收企业外部技术，使其在企业内部进行的技术扩散。良好的企业文化促进企业不断通过技术的创新来推进产品更新的速度，进而为企业的核心竞争力的创新提供不竭的动力。

4. 家族企业文化是打造家族企业核心竞争力的利器

在家族企业的发展进程中，家族企业文化贯穿于家族企业发展的始终，它是一种潜移默化的、起长远作用的力量源。家族企业核心竞争力的构建是建立在企业文化氛围基础上的，优秀而先进的家族企业文化对培育企业核心竞争力有巨大的推动作用。

家族企业文化是家族企业的精神支柱。家族企业文化是企业的灵魂，家族企业文化是家族企业生产经营的指导精神，在家族企业的生产经营中起着至关重要的作用。在家族企业内部，企业文化能否得以良好的运用，直接影响着家族企业的长期绩效。企业内部员工身为家族成员，一般都有共同的价值观念，为了家族企业的发展而不遗余力，而作为非家族成员的家族企业员工，其价值观念和信仰并不一定与家族成员工的相一致。所以，家族企业文化要以共同的价值观念为核心，但这个共同的价值观念不应该是偏颇的，而应该是惠及全体员工及企业整体利益的，只有这样，才能塑造员工统一的价值观念和道德信仰。全体员工在良好的文化氛围、和谐的工作环境、融洽的人际关系中，才能激发自身的工作积极性和创造性，充分发挥内在潜能，进而影响他们的工作态度与行为，提高整个企业的长期绩效。

5. 家族企业文化是家族企业可持续发展的内在动力

家族企业发展的动力源很多，家族企业文化是各个动力源，尤其是企业员工这个弹性最大的动力源的黏合剂。我们知道，家族企业是由人创办并组成的一种经济组织，家族企业发展的内在动力源就是家族企业的全体员工；而家族企业文化是家族企业全体员工的价值观念、道德规范和行为准则的总和，所以说家族企业文化是家族企业可持续发展的内在动力源。家族企业创立之初，家族企业文化此时是隐蔽的，在一定意义上就是家族企业主或是该家族的文化。此时，家族成员是在统一的价值观念指导之下开始创办企业的，为了自身以后更好的发展，那种内在的动力使得他们相互之间不计得失、一味付出。家族企业发展壮大后，企业员工不断地增加，家族企业文化的作用也逐渐凸显出来。家族企业文化作为"看不见的手"，对员工的思想产生很大的影响，使他们形成了基本上都认同的价值观念和信仰。全体员工受这种价值观念和信仰的支配而团结一致、积极努力的工作，从而使他们凝聚成一股强大的合力，达到事半功倍的效果。总之，家族企业文化作为家族企业的灵魂，是家族企业成员价值观念、道德规范和行为准则的总和，是家族企业可持续发展的内在动力。

四、家族企业文化传承实施

（一）家族企业文化传承实施原则

1. 以人为本的原则

以人为本就是把人视为管理的主要对象和企业最重要资源。家族企业文化管理模式必须以人为中心，充分反映人的思想文化意识，通过家族企业全体人员的积极参与，发挥首创精神，企业才能有生命力，企业文化才能健康发展。一方面，企业文化作为一种管理文化，它需要强调对人的管理，并把强调"人"的重要性有机地融合到追求企业的目标中去。另一方面，企业员工不仅是企业的主体，而且还是企业的主人，企业要通过尊重人、理解人来凝聚人心，企业文化要通过激发人的热情，开发人的潜能来调动人的积极性和创造性，使企业的管理更加科学，更有凝聚力。在企业文化建设过程中，要正确处理好企业领导倡导与员工积极参与的关系。必须做到每一个环节都有员工参与，每一项政策出台必须得到广大员工认可，自始至终形成一个全员参与、相互交融的建设局面，从而实现员工价值升华与企业蓬勃发展的有机统一，实现企业和员工全面发展的有机统一。

2. 讲求实效的原则

家族企业实施文化管理，要切合企业实际，符合企业定位，一切从实际出发，不搞形式主义，必须制订切实可行的企业文化建设与实施方案，借助必要的载体，建立规范的内部管控体系和相应的激励约束机制，逐步建立起完善的企业文化体系。要以科学的态度，实事求是地进行企业文化的塑造，在实施中起点要高，要力求同市场接轨，要求精求好，做到重点突出，稳步推进。要使物质、行为、制度、精神四大要素协调发展，务求实效，真正使企业文化管理能够为企业的科学管理和企业发展目标的实现服务。

3. 重在领导的原则

实践证明，一个部门、一个单位的风气，80%的工作人员的所作所为，取决于该部门20%的领导干部的素质和所作所为。领导科学理论，特别强调领导者的行为，对下属工作人员态度和行为有重要影响，包括下属对领导者的权威心理、模仿心理及领导者的暗示心理等都决定了领导者在组织的重要作用。因此，

"一把手"和所在的领导班子对文化管理重视,以及在文化管理中发挥的表率作用对文化管理的效果是至关重要的。要树立"管理者首位"思想,领导干部要率先垂范。家族企业文化在很大程度上表现为"老板"文化,从一定意义上说,家族企业文化就是企业创始人理念的升华,企业领导是企业文化的倡导者、缔造者、推行者,不仅个人的理念要领先于他人,更重要的是能把领先的理念转化为企业的理念、企业的体制、企业的规则。家族企业领导干部在企业文化管理中,要先学一步,学深一些,带头思考,带头实践,时时事事给员工做出榜样,要在企业文化管理中有创新、有建树。家族企业管理领导者,都应明确自己的角色定位,承担起应负的责任,并善于集中员工的智慧,调动起全体员工的积极性、创造性,依靠全员的力量投身于企业文化管理中。

4. 系统运作的原则

无论从管理的角度,还是从文化的角度看,文化管理本身就是一项完整的复杂的系统。从管理的角度看,文化管理作为一个手段,它是家族企业管理的一个分系统。作为过程,它有文化调研、文化总结、文化创意与提升、文化传播、文化评估与文化再造等阶段;从组织文化的角度看,家族企业文化有物质文化、制度文化、精神文化等不同的表现形式。可见,一个家族企业的文化管理,并不是零散的,而是有层次之分、有轻重之分的整体。因此,实施家族企业的文化管理不能割裂家族企业文化各要素之间的相互依赖、相互影响关系,而要注意文化管理与其他管理保持有机的联系。

5. 执行性原则

管理是指同别人一起或通过别人使活动完成得更有效的过程。这个过程表示管理者发挥的职能或从事的活动,这些职能概括地称为计划、组织、领导和控制。计划包含规定组织的目标,制定整体战略;组织包括决定组织要完成的任务是什么,谁去完成这些任务等;领导是管理者激励和指导下属及选择最有效的沟通方式,解决组织成员的冲突;控制是当目标设定以后,就开始制订计划,向各部门分派任务,对人员进行培训和激励,监控组织的绩效,将实际的表现与预先设定的目标进行比较。文化管理是一种管理手段,是一种实用性的管理手段。各种相关的硬约束和软约束,既要有可操作性,又要有执行性。而不要将文化管理体系置于一种装饰、形式的地位。否则,就不能称其为管理。

6. 个性化原则

企业文化是一门应用性、实践性很强的科学,是在一定社会文化背景下的管理文化。工作中必须运用创新的方法去思考、去实践。由于发展历程的不同，每个家族企业都具有各自显著的特色。搞好家族企业文化管理关键在于突出家族企业的鲜明个性，追求与众不同的特色、优势和差别性，培育出适应知识经济时代要求的、能够促进企业整体素质提高、健康发展、具有自身鲜明特色的企业文化。因此，在文化管理过程中，必须牢牢把握企业的发展历史和现状，重视挖掘提炼和整理出具有企业鲜明特色的文化内涵来，走出一条具有本企业特色企业文化管理之路。

（二）家族企业文化传承实施途径

文化传承与管理是企业管理的最高层次。正如劳伦斯·米勒所说，公司唯有发展出一种文化，这种文化能激励在竞争中获得成功的一切行为，这样的公司才能在竞争中成功。我国在经历了改革开放、经济飞速发展之后，企业也步入了改革发展的轨道。许多家族企业结束了经验管理的历史，登上了科学管理的台阶，一些先进家族企业也率先建设出了优秀的企业文化，以企业文化为龙头带动企业的全面管理，形成了具有中国特色的家族企业的文化管理模式。

1. 明确企业使命，构建理念体系

企业无论大小，也不管是什么组织形式，都需要有指导企业发展的理念体系，只有确立科学的经营管理理念才能为企业指明发展的道路。作为一种特殊的企业形式，家族企业实施文化管理的基础则是构建起具有自身企业特色的理念体系。一个企业领导者的最大贡献就是确定价值体系，并加以传播实践。确定价值体系首先要明确组织的使命。家族企业通过寻找自身使命才能知道存在的社会意义，明确自己的最高目标和应该完成的任务。家族企业实施文化管理，要先创建理念文化体系，理念文化体系的创建要解决的第一个要素就是企业使命。企业使命是企业由于社会责任和义务或企业自身发展所规定的任务。它是企业领导和员工认识并尊重客观规律的结果，是企业主观态度的反映。明确了企业使命也就明确了家族企业自身存在的意义。包括企业的长期目标、短期目标。一个家族企业的使命至少包括两层意义：一是功利性的、经济的要求。家族企业为了自身的存在和发展，必然要以实现一定的经济目标、经济效益为目的。二是家族企业作为社会的一个组成部分，必然要担负着全社会赋予给它的使命，为社会的繁荣与发展完成它应有的义务。由于我国家族企业具有自身特点，因此，家族企业在进行使命和理念体系的确定与设计时要考虑以下因素。

（1）家族企业领导者所具有的个性。企业理念的定位是企业领导者自身个性的延伸，所以使命和理念体系的定位与领导者十分相关，包括领导者的理想、社会责任感、使命感有着密切关系，这在家族企业中表现得尤为明显。在我国，家族企业的发展历史不长，家族企业领导往往就是企业的创立者，因此，他们的秉性对企业文化影响至深，"企业文化就是老板文化"便是生动的比喻。可以说，家族企业理念是企业目标和领导人个人思想境界相互结合的一种反映。

（2）考虑时代特点、社会特征。家族企业是处在一个时代之中的一种组织，是一个特定的社会环境之中的组织，所以，家族企业的使命和理念体系的确定必须考虑到时代与社会的因素。

（3）家族企业的独特个性。在众多的组织中，一个家族企业的使命和理念既不同于一般企业或公司，也不同于其他家族企业。不同的家族企业具有与自身相一致的使命，有自己的起源文化。家族企业领导者和员工的素质、理想、目标也有很大差异。因此，强调家族企业理念的独特性是必然的，也是必需的。如沈阳海为公司的使命是"让电力系统更安全"。海为使命是海为要将自身的存在和发展与电力系统的安全紧密结合；郑重承诺用高质量的产品和优质的服务使变压器、互感器等电力设备更加安全、可靠地运行，保证电力系统为社会提供连续、优质的供电，促进人民生活的改善和提高，社会经济的健康发展和国家的繁荣昌盛。这是海为公司与其他公司不同的独具特色的使命。

2. 完善企业制度，建立科学机制

制度作为社会关系和社会活动的规范体系，对于人们的思想和行动具有导向、整合和调控作用。企业制度是对企业行为方式、原则和程序的规范性约束，对企业员工的思想和行动具有导向、调控等作用。科学、合理的制度设计和安排，有利于提高工作的效率与质量。完善、合理的制度规范对家族企业各项活动的正常进行，领导和员工之间、员工与员工之间的关系协调，都能起到有效的促进和保证作用。我国的家族企业，一般来说，所有者即经营者与决策者，缺乏科学的决策程序，缺乏监督与约束。这就严重制约了家族企业的长远发展，也为家族企业要实施文化管理带来了不可逾越的鸿沟。现代企业竞争的根本是人才的竞争，家族企业也不例外。我国家族式企业由于其天生的血缘关系，关键性职位往往都由家族成员担任，不愿意也不轻易相信即使是非常能干的外来人员。有的家族企业甚至还承担起安排亲戚朋友就业的"义务"，因人设事而非因事设人，伤害了非家族成员的感情。外来人员不仅感觉自己是雇员，是"被剥削者"，而且还是被排斥者，工作的主动性和忠诚感大减。当非家族成员有利于公司的意见不被重视，当他们创造性的劳动不及老板平庸的亲戚收益多时，他们容易采取短期行为谋取私利，或伺机跳槽到其他的企业。如此，传统家族企业的决策机制和用人机制都是僵化的，这反过来导致家族式企业人才流失严重、生命周期不长。家族企业要想最终摆脱企业文化建设与管理中出现的问题和困难，最有效或者说最根本的方式就是改革现有的与时代发展和市场机制不适应的管理模式，采用现代企业制度，为企业发展与企业文化建设奠定良好的基础。因此，现代企业制度是市场经济体制下适应社会化大生产需要的企业制度。现代企业制度的基础和核心，是独立的法人财产权，基本形式就是公司制。现代企业制度是一种体制模式，"产权清晰、权责明确、政企分开、管理科学"是现代企业制度的四项基本特征，最主要的是通过规范的企业组织制度，使企业的权力机构、监督机构、决策和执行机构之间相互独立、权责明确，在企业内部形成激励、约束、制衡的机制，唯有如此才能为我国家族企业的健康成长铺设一条宽阔而光明的道路。

3. 提高员工素质，促进文化管理

日本松下公司老板告诫自己的员工，如果有人问：你们松下公司是生产什么的？你应当这样回答：我们松下公司首先出人才，兼而生产电器。成功的组织都有一个共同的特点，就是奉行人的价值高于物的价值的理念。文化管理的最大特点在于以"文""化"人，在于提高人的素质，发挥人的最大潜能。企业文化管理的程度与企业缔造者、经营者的文化修养和价值取向有密切的关系，家族企业尤其明显，因此，无论管理者还是普通员工，都要加强自身素质的提高。员工素质和文化管理是相辅相成、相互促进的。员工综合素质和业务素质的提高能够促进企业实施文化管理，而企业内部文化管理的实施是提高员工素质的一个重要途径。对于家族企业而言，就是要实现企业员工较高的综合素质和良好的业务素质。员工的综合素质，包括良好的道德品质，即要求企业员工要具有良好的职业道德、心理素质、敬业精神和踏实的工作作风；具有开放的心态、与同事协作、与社会融合的能力。良好的业务素质，包括具有学习并接受新知识、新技能的能力；具有良好的专业技能和业务知识。提高员工的综合素质和业务素质，首先，企业的领导团队要成为学习型群体，开学习风气的先河。其次，要鼓励普通员工学习，确立激励机制，唤起员工自觉学习、提高自身素质的积极热情，倡导全员学习的风气。对于我国家族企业来说，普遍建设学习型组织存在很大的难度，最主要的就是创业者和其主要成员不断提高自身的文化修养，依靠其家长式的领导方式与家庭式的领导集体形成好的工作作风和企业文化。

4. 确保全员参与，力求上下互动

企业文化是指企业全体员工在创业和发展过程中培育形成并共同遵守的最高目标、价值标准、基本信念以及行为规范等的总和。企业文化的建设与管理离不开全体员工的积极参与，这对于家族企业尤为重要。家族企业的员工可以分为家族成员和非家族成员，而且这种"分类"往往在广大员工的潜意识里已经打上了深深的烙印。因此，如何淡化这种身份认同，整合全体员工的意识形态便是实施文化管理所需要急需解决的问题。而实行全员参与、上下互动的文化管理是解决这一问题的主要途径。全员参与、上下互动就是使家族企业全体员工既在思想上统一，又能在行动上互动、协调一致。全员参与，就是要保证员工参与决策的权利，进而缩短员工与家族领导者的距离，使员工的独立性和自主性得到尊重和发挥，积极性也随之高涨。通过全员参与，能有效地将企业已经确立的理念体系，深入到每个部门、每个员工，员工自觉地将理念与自身工作有机结合起来，真正贯彻理念，实现理念的认同、共有化。上下互动，就是在家族老板的领导下，将已经建立的理念体系，向下级部门传达、征询不同部门和员工的意见和建议，再将反馈上来的建议加以整理，提供给理念策划小组，进行理念体系再完善，如此，上下互动，既调动了企业广大员工的积极参与的热情，体现员工主人翁精神，又通过对理念体系的实际参与、讨论，从中受到教育，实现家族企业价值共有化，统一思想。因此，家族企业实施文化管理注意做好两个方面的工作：一是充分发挥全体员工的智慧，启发企业文化建设的灵感，特别是在设计企业文化"三大识别系统"时，要采取自上而下与自下而上相结合的方法，通过发放问卷调查、开座谈会、报告会、研讨会和开辟网上论坛、征文等形式，引导员工集思广益，献计献策，为形成企业"三大识别系统"奠定坚实基础。二是通过总结，进行企业文化的进一步宣传、灌输、教育活动。在具体方法上，首先，要让全体员工了解企业文化建设与管理的重大意义；其次，利用征文、回忆文章、演讲比赛等形式加强企业文化管理，如开展"企业文化管理之我见"的征文活动等。海为公司在进行文化管理过程中成立了专门的企业文化管理委员会，由总经理亲自负责，并采取了以下方法来调动广大员工参与文化管理的积极性，促进文化管理的实施：第一，舆论导向法：内部舆论与外部宣传相结合；第二，活动感染法：利用文体活动带动文化的深入；第三，媒介传播法：通过企业内外媒介进行文化传播；第四，典型树立法：通过树立正面典型人物加深理念的传播；第五，领导示范法：企业领导在推广文化方面要起带头作用。

5. 整合企业文化，全面导入 CIS 现阶段，我国家族企业的人员构成往往在员工的潜意识里分为家族人员内部群体，非家族人员的外来群体

家族企业文化大多根植于家族亲缘文化与地缘文化，家族企业中的家族人员具有较为统一的文化认同。而外来的非家族成员群体则具有较为分散的文化认同。家族企业这种通过以"家族利益为纽带，以家族血缘关系为强大凝聚力"实现的家族亲缘文化，克服了企业创业初期面临的种种困境，保证了企业平稳而快速地发展。但是，随着企业的不断壮大和外来人员的增加，企业内部文化认同越加分散，员工与企业，员工间的文化冲突也日趋明显，企业也就难以满足员工的社会尊重需要和自我实现需要。因此，整合企业文化，建立全体员工一致认可的价值观便是家族企业实施文化管理的重要策略。整合文化是不同的部分或因素结合为一个有机整体的过程，也即一体化的过程。一个社会从无序到有序，必须经过整合。一个企业经过改革或创新活动之后，也必须经过整合，才能提升到更高的水平。只有经过整合的文化，才会具有顽强的生命力，才能抵制外来的冲击，才能长期保持自己的特色。通过整合文化，使家族企业原来的发散的文化现象，达到方向、目标一致的为广大员工共同认同的文化体系，才能形成具有强大的生命力的、能长期保持自己的文化特色的主流文化。凡是经过高度整合的文化，制度化、规范化程度则很高，组织也均衡、和谐而有序地发展，具有很强的抗干扰能力和自我调整能力。但在一个未经文化整合的企业内，各种文化力量相互冲突，或缺少优势文化，或劣势文化占主导地位，组织内制度化、规范化程度则较低，抗干扰能力和自我调整能力较差。在学习型组织里，领导者的设计师工作也主要体现为整合。整合文化有多种方式：主要有理念体系的整合、制度的整合、规范的整合、形象的整合等。由于 CIS 的主要功能是对外易于交流、证明组织的存在；对内是管理者控制的手段，是组织成员身份认同与归属的依据，组织导入 CIS 能产生信任效果、谅解效果、竞争效果等，能使组织脱颖而出，赢得优势。导入 CIS 是家族企业有效实现文化管理的发展战略。家族企业导入 CIS 战略，进行企业形象建设能提高家族企业的凝聚力和社会声誉。家族企业全面导入

CIS 有助于准确制定自身的发展目标、服务策略等整体发展战略；有助于提高员工整体队伍的素质，增强家族企业的凝聚力；有助于扩大家族企业的社会影响。家族企业导入 CIS，即需要遵循一定的程序，如组织实态的检查与分析；根据调查结果，进行 CIS 企划和计划的作业，CIS 设计开发；CIS 的实施管理等。

6. 传播理念体系，强势企业文化

企业文化理念体系的建立是实施文化管理的基础，而在企业内外推广与传播企业文化对于家族企业的文化管理更为重要。我国的家族企业由于起步较晚，企业品牌尚在建设之中，部分企业还不为广大消费者所认知，再者，我国家族企业内部存在人员构成的内外之分，这些内外因素构成了家族企业的发展瓶颈，不利于企业的长远发展。通过不断地在企业内部和外部传播文化理念体系，不但能突破这些发展瓶颈，而且也完成了企业文化管理的重要过程。文化存在着双向的辐射现象：一种是内辐射，产生向心力，发挥凝聚功能；另一种是向外辐射，产生发散力，发挥融合功能。发挥文化的四个基本功能，即凝聚功能（融合功能）、动力鞭策功能、导向功能、约束功能，需要提高内外传播加以实现。只有内部和外部传播，才能使家族企业内部员工和外部公众对企业文化理念有深刻的认识、体验，最终发挥外部效应。家族企业文化的传播包括内部传播和外部传播两方面：内部传播就是要将文化理念体系，内化于心、外化于行。内化于心，就是形成家族企业的核心理念和价值观，真正做到上下同欲，情感同根，力量同心，从最低层到最高层保持高度一致，形成高度的认同感和归宿感，进而抓好每一个源头的精神动力。外化于行，就是将所形成的文化理念通过家族企业的形象展示出来，将抽象的理念文化变为可见的员工形象，通过向社会提供企业特有精神的优秀服务和优良产品，向社会展示并推广企业的先进理念，形成得到社会赞美的企业形象。针对家族企业现状，建立一套适合企业发展的内外部文化传播体系是家族企业强势企业文化，推行企业文化管理的重要途径。内部传播可以通过多种途径，用适合家族企业的沟通方式，向员工传达、渗透，以达到理解、认同和潜移默化影响自身工作的目的。主要方式有：一是文化理念理解与学习。即通过学习和不同形式的讨论，深刻理解家族企业已经形成的理念体系，并结合各部门的实际工作特点，探讨本部门、本人与理念体系的关系，以更好地将理念与自身的工作结合起来，指导自身的工作实践。二是仪式和礼仪规范的推广。仪式和礼仪的推广与实施的目的就是要将家族企业的文化理念，通过员工的言谈举止，活生生地表现出来。如果说，视觉要素是理念的静态传播途径，则员工的行为表现是一种动态的理念传播方式。三是领导的模范作用。通过家族企业领导或各部门中骨干分子的率先表现，引起广大员工的效仿，潜移默化地影响和教育员工的态度和行为。内部传播从传播的渠道来看，可以有正式传播和非正式传播方式。正式传播包括上级下发各种文件、指示、工作计划和工作标准；下级部门上报的各种材料，家族企业的网站、网页等。这些都是按照正规组织机构进行的传播。通过传播将理念深化到各个部门、各个岗位，并在总理念的基础上，提炼适合自己本部门、本岗位的理念，使理念进一步得到发展壮大。非正式传播主要指非正式场合中组织各层次，尤其是员工的口头进行。

外部传播方式可以是家族企业进行生产、销售和服务等的实际行为，也可以是举办各种文艺体育活动，策划新闻发布活动，专题研讨活动，积极参加社会公益活动等。强势文化是组织拥有并广泛共享基本价值观，员工对组织的基本价值观的接受程度越大，文化就越强势。强势文化对管理者的所作所为产生巨大的影响。弱势文化的特征是组织分不清什么是重要的，什么是不重要的，文化对管理者的影响很小。塑造强势文化，就是要发挥文化力的磁场效用，使企业员工表现出共性：相同的目标、共同的追求，以及类似的价值观和文化核心理念，在家族企业内部形成一个主流文化。文化本身就是最大的控制力，强势文化需要以共同的价值观来统摄员工的思想加以实现。因此，建立在科学理念体系基础上的，对理念体系的反复、理解、环境化、仪式、英雄式的领导等传播活动有利于强势文化的形成。另外，吸收优秀的传统文化与民族文化，借鉴国外家族企业文化成功地塑造模式等方法也是推进我国家族企业实施文化管理的重要策略。

第二节 家族企业文化创新

一、家族企业文化创新动因

（一）家族企业文化创新的必要性与紧迫性

家族企业经过近30年的发展，不少企业在企业文化建设的取得很好的效果，但是总体上我国的家族企业文化建设还存在不少问题，绝大部分家族企业未能找到适合自身的企业文化，家族企业的进一步发展迫切需要进行家族企业文化的创新。

1. 家族企业文化自身的本质诉求

家族企业文化是家族企业员工在共同的实践过程中形成的共有观念，随着家族企业的发展而不断变化。

（1）家族企业文化是一个动态发展的概念。首先，不同的家族企业有着不同的家族企业文化。各个家族企业根据自身所处的不同环境和拥有的条件，形成了具有各自特点和个性的家族企业文化。其次，家族企业文化既具有相对的稳定性又兼有动态性。家族企业文化在形成之后，虽然在一定时期内总体上是相对稳定的，但是却无时无刻不在随企业内外环境的变化而不断调整和更新。最后，家族企业文化的形成是一个长期的过程。不论家族企业发展到什么阶段，家族企业文化都要面临不断创新、重塑和完善的问题。

（2）家族企业文化的力量源泉来自创新。首先，创新使家族企业能够适应市场经济的要求，不断地通过调整和规范自己的行为，成为符合市场需要的企业。其次，不断创新、完善自我、追求卓越是优秀的家族企业文化的内涵。家族企业文化只有通过整合内部资源以适应外部环境的变动，并随着家族企业的发展和社会的进步不断加以完善，才能为家族企业的进步提供不竭的生命力。

（3）家族企业文化创新是家族企业创新的一个重要组成部分。首先，价值观念决定行为，没有良好的文化创新氛围，就不可能产生好的制度创新。制度创新只有适应企业的文化观念，才能够为广大员工所认同和接受，从而发挥出新制度的效果。其次，没有良好的文化基础，企业就难以实现好的适应企业文化的经营战略创新。只有跟企业自身的历史和现状相结合的经营战略，才能够对企业的未来作出良好的判断。最后，没有良好的文化创新引领和指导，就难以产生出能够推动企业向前发展的技术创新。技术创新所依靠的是人的价值理念和思想观念即文化观念。只有突破文化观念的限制，技术创新才能成为可能。

2. 家族企业发展的内在要求

我国家族企业发展存在的众多问题需要通过家族企业文化创新来解决。这些问题表现在以下四个方面。

（1）家族企业文化的缺失导致家族企业的短命现象。与国外相比，我国家族企业的平均寿命过于短暂，只有2.9年。这主要是由于被动、不成体系的企业文化建设无法支撑家族企业的生存和持续发展，更不用说把家族企业传到第二代、第三代甚至永续经营。家族企业领导人自身素质的不良、企业员工素质的不良等家族企业的弱点把家族企业文化建设引导到企业发展的对立面，企业文化成为阻碍家族企业进一步发展甚至把家族企业引向破灭的一个因素。

（2）家族企业文化的缺失导致家族企业的短视行为。一方面，家族企业是家族利益和企业利益的结合体。很多家族企业主把家族利益置于企业利益之上，把家族企业当成实现家族利益的工具。另一方面，由于我国的家族企业还处于生存和快速发展阶段，很多家族企业单一的追求经济利益。而现在社会对企业责任的强调越来越多，企业在追求经济目标之外，还必须考虑如环保、增加就业等社会责任。这种单纯追求利润最大化的目标与社会要求相左时，就不利于企业的发展。另外，我国很多家族企业主过分追求一些政治目标。为了得到一些个人荣誉称号，不顾企业的利益，盲目投钱，最终使企业背上沉重的社会负担。

（3）家族企业文化的缺失导致家族企业人才危机。很多家族企业任人唯亲，对于非家族员工即使有能力也不愿重用。即使很多家族企业主认识到人才的重要性，重金聘请外来人员来企业，但是由于家族企业文化中缺乏对人才的尊重，未形成以人为本的氛围，因而这些人才来企业后也待不久、留不住。

（4）家族企业文化的缺失导致家族企业创新能力差。家族企业文化是家族企业进行技术创新、知识创新、管理创新的基础。缺乏企业文化系统有意识的引导，家族企业的各种创新活动都只能是零散而不成体系的，就难以形成推动企业长久进步的动力。

3. 应对国内外市场化竞争的挑战

随着全球化的发展，家族企业面临着更加激烈的竞争环境。

（1）知识经济对家族企业文化提出了新的挑战。首先，知识经济对无形资产的强调要求家族企业文化形成"尊重知识，尊重人才"的价值取向。只有拥有更多的人才，引导家族企业形成吸引人才、尊重人才、留住人才的良好氛围，充分发挥员工的内在智慧和积极性，家族企业才能在知识经济中获得生存和发展。其次，知识经济的竞争特点要求家族企业文化倡导快速的应变性和适应性。知识经济时代，市场的竞争从单纯的产品竞争，提升到产品附加值的竞争，其实质是人的观念和思想的竞争。与产品竞争相比，这种竞争更加激烈，要求家族企业具有快速的反应能力，能够根据市场的变化不断推出新产品以应对市场的竞争。同时，家族企业要通过不断的学习，来提高企业的竞争能力和适应能力。

（2）全球经济一体化的特点要求家族企业文化创新。首先，文化的多元碰撞要求家族企业文化由相对单一性走向多元性。在经济全球化和区域化的背景下，一方面跨国企业大量发展，企业并购高潮迭起；另一方面，企业走向联盟化、虚拟化和扁平化。这要求家族企业文化能够包容不同企业、地区或国家的文化，既要具有独立性，又要具有开放性。其次，激烈的市场竞争使得企业形象的重要性凸显，必然要求家族企业提升企业形象。产品的多样化使企业品牌和企业形象在很大程度上成为消费者决策的一个衡量指标。家族企业不仅要通过提供优质的产品和良好的服务来确保企业良好的形象，还需要通过投资公益事业、参与社会文化活动的方式，扩大企业的知名度，增强企业的形象。

（二）家族企业文化创新动因

1. 家族企业文化的缺失导致家族企业的短命现象

随着企业内外部环境的变化，传统的家族企业文化已不能支撑家族企业第二次创业和持续发展，家族企业文化的负面作用日益显露出来。处于二次创业的家族企业意识到只有企业文化进行创新才能适应现代经济发展，但在创新的过程中，会出现创业者自身的权利地位削弱后的心理不平衡与其他家族成员因权力和利益调整而产生的消极态度。

2. 家族企业文化的缺失导致家族企业的短视行为

一方面，企业在追求财富最大化的同时，还必须考虑许多理性目标，诸如生存目标、双赢目标、可持续发展目标。但现在多数家族企业的目标，还是一味地追求眼前的利润和财富，这一短视行为必然使企业走向死胡同。另一方面，家族企业负责人还存在着对一些非企业（政治）目标的追求。企业目标与非企业目标主次不分，在家族企业中屡见不鲜。只有营造一种高境界的经营理念，才能将单纯追求利润最大化的目标与各种理性目标相结合，从而使企业的理念由短浅的急功近利向可持续发展理念转变。

3. 家族企业文化的缺失导致家族企业人才危机

家族企业文化缺乏人文关怀，因此，家族企业各方面人才奇缺，尤其是技术创新及职业经理人。家族企业也试图改变这种知识断层的现状，有意识地充电、重金聘请等，但终因缺乏人文关怀，难以吸引理想人才。对于企业内部其他员工，不是企业忽视对其能力的培养，就是花大成本培养出人才后，翅膀一硬就飞了。企业只有形成以人为本的文化氛围，才能留住人，并培育出一流的高级人才。

4. 家族企业文化的缺失导致家族企业创新能力差

家族企业文化缺乏技术创新、知识创新、管理创新、品牌意识等优秀企业文化品位。家族企业发展到现阶段，只有在观念创新的基础上，通过技术创新、知识创新、管理创新，引入品牌意识，才能再上新的台阶。但由于家族企业缺乏相应的内部环境配合，往往使这种需求难以顺利实现。家族企业文化必须针对企业内外环境，适时地调整、创新和变革，才能保证企业的进一步壮大。

5. 家族企业文化的缺失导致利益分配矛盾无法解决

（1）家族成员对利益占有的高期望。在利益分配方面难以做到公平、公正与大多数家族成员的认可，家族成员满意度会逐渐降低，纠纷与矛盾将逐步增加，企业也可能就此步入动荡期。

（2）子承父业的继承之争。在子承父业的模式中，对权与利的追求会引起继位之争，亲情失去出现矛盾。可能因为对继任者的不满、能力的不信任等，要求从企业撤出自己的股份而使原来企业规模锐减，或者拿着企业的核心技术、品牌、销售网络等无形资源自立门户，成为原企业最强劲的对手，或者是出卖企业的商业机密、关键技术谋取私利，损害整体利益。企业核心资源的分散、流失，企业内部瓦解，给家族企业致命一击。

6. 家族企业文化的缺失阻碍了与现代企业文化融合

家族企业文化是家长文化，实行的是业主长期自发形成的价值理念，与现代企业文化相距甚远；多数家族企业文化具有血缘、情缘的特征，企业缺乏持续凝聚力的文化氛围和强有力的文化支撑。

二、家族企业文化创新理念

1. 坚持以人为本的文化理念

知识经济时代，劳动与知识的结合达到前所未有的高度，劳动者对知识的掌握和驾驭日渐成熟，由此带来的新知识与新技术层出不穷。以知识为武装的劳动者创造出数倍于体力劳动者创造的社会财富，智力资源的运作成为自然资源增值的有力支撑，作为知识载体及其运作主体的人在经济活动中的重要性显得尤为突出。钢铁大王卡耐基高度重视人的作用，"将我所有的工厂、设备、工场、资金全部夺去，只要保留我的组织、人员，四年后我将仍是一个钢铁大王"。企业文化创新，要以尊重人、理解人、信任人为前提，营造有利于员工个性、潜能释放的环境氛围，充分发挥员工的主观能动性和创造性。首先，企业应当致力于为员工提供自我实现的广阔空间、充满活力的工作氛围和公平公正的竞争环境，增强员工的责任感、归属感和认同感，使之成为企业活力的真正源泉。其次，在充分了解员工发展愿望和职业兴趣的基础上，为员工进行系统的职业生涯规划，以提升员工的整体素质和工作效能，实现企业与员工的双赢。最后，企业要积极创造条件让员工参与到企业管理和决策之中，建立并完善信任基础上的双向沟通渠道，倾听广大员工的意见和建议。在微软公司，所有职工都拥有面积相差无几的办公室，停车位按照先来后到的顺序而非职位等级进行分配，即使是董事长比尔·盖茨也不例外。微软西雅图市总部办公大楼内没有任何钟表，员工拥有自由的上下班时间，加班多少也完全出于个人的意愿。而惠普公司则营造了信任员工的文化氛围，其实行的"开放实验室备品库"管理条例就是这方面的突出表现。按照条例规定，工程师可以任意借用实验室备品库里的电气和机械零件，公司甚至鼓励他们拿回家去供个人使用。因为惠普有这样一种信念，不管工程师们拿这些设备所做的事是否与他们手头所从事的工作有关，只要他们在工作岗位上或家里通过摆弄这些东西能学到一些有用的知识就行了。在这种有利于增强全体员工的凝聚力和创造力的文化环境下，无论是微软还是惠普的员工都能始终保持强烈的应变机制，并根据内外环境发生的变化及时调整企业战略，从而打破企业固有的惰性和局限，充分发挥企业的竞争优势。拓展激励机制、增强创新活力，是塑造创新求变的企业文化的必然要求。企业应当建立包含创新、学习、求变等内容的奖励评价指标体系，除了物质的奖励外，更应提倡精神层面的激励，以满足员工个性的彰显和自我价值的实现。鼓励创新，还应当形成允许挫折和宽容失败的良好环境，充分调动一切积极因素推动科技进步，全面提升企业的创新能力。培养多元融合的文化气质。随着全球经济一体化的发展，世界各国的经济呈现出相互依存、相互渗透的趋势，企业间以往单纯的竞争关系已逐步转变为既竞争又合作的新型"竞合"关系。

2. 合作的新型"竞合"关系

传统企业相对封闭的圈子被打破，不同文化交流、开放的进程日益加快，培育多元融合的新型企业文化成为一种必然的趋势。企业只有紧密融合多元文化和共享文化，实现优势互补，才能使企业突破相对有限的资源环境和市场空间，在激烈的竞争中占据长期的优势地位。多元文化就是秉承本土优秀文化的同时兼收并蓄、博采众长，在学习借鉴其他文化的基础上塑造独特个性，在保持自身优良传统的基础上充分汲取外来文化优秀成果的营养。知识经济时代，不同文化和教育背景下的人拥有不同的思维方式和价值取向，他们在管理实践中自主创新，建设具有个性特色的企业文化，而消费者也拥有越来越强的消费主动权意识，极具个性和主动性。亘古不变的竞争优势和长盛不衰的畅销品牌已不复存在，企业只有不断融合多元文化，塑造企业文化的灵活性与适应性，才能真正实现基业长青。肯德基是美式快餐的典型代表，却在中国市场上占据了绝对优势，其主要原因正是在于它对中国传统文化与美国文化的完美融合，不仅推出了中西结合并富有中国本土特色的产品，还在其电视广告中融入了中国传统文化核心知识经济时代企业文化创新力研究求知欲和创造欲，成为企业创新的核心力量和动力源泉。

坚持以人为本的文化理念，还需要构建以消费者为中心的价值体系。知识经济时代，消费者由于文化水平的提高，其消费需求由低层次的物质需求逐渐向高层次的精神需求转变，消费行为更趋于个性化和理性化。顾客不仅需要单纯的产品，而且还需要与产品有关的一切信息和服务，在关心商品实用性的同时，人们也越来越关注商品所蕴藏的文化内涵。新的市场需求特点，要求企业将企业文化的塑造和目标市场的文化需求紧密融合，对顾客需求的变化迅速做出反应。企业只有同顾客建立起密切的关系，努力为顾客提供更具特色和价值的产品、服务和信息，才能在激烈的市场竞争中找到机遇。"顾客至上"比以往任何时候都更加成为企业经营的最高宗旨。

3. 塑造创新求变的文化个性

知识经济时代，企业创新已呈现出快速发展的良好态势，强化创新理念、完善创新机制、优化创新环境是企业文化创新的内在要求。企业必须高度重视人的独立性和创造性，营造出充分发挥知识和智能效率的企业文化氛围，完善鼓励创新的奖励机制，才能在快速变动的商业环境中形成快速的反应机制，最大限度地发挥人的创新潜能。激发员工的忧患意识是塑造创新求变的企业文化的前提条件。企业应当努力提高员工对知识的敏感度，鼓励员工以创新适应变化，以创新创造变化，使创新成为企业全体员工的基本素质。微软永远用"我们离破产永远都只有一个月"来警醒和鞭策企业员工。通用电气公司启用了"末日管理"，要求企业经营者和员工时刻保持危机意识，不要陶醉在曾经的辉煌成就里。建立并完善适应市场变化的快速应变机制是塑造创新求变的企业文化的重要保证。企业应当积极构建有利于知识创新、共享和运用。

4. 创建学习型企业文化

当今世界知识正以爆炸式的速度急剧增长，企业持续运行的期限和生命周期受到严峻挑战。企业只有高度重视知识的积累与更新，通过创建学习型企业文化，鼓励个人学习和自我超越，逐渐培养企业组织和个人的学习以及知识更新能力，才能实现企业不断创新变革，开发新的企业资源和市场。建立共同愿景，树立学习型的价值观是学习型企业文化建设的本质要求。企业应当将学习视为组织发展的重要保障和员工发展的有力杠杆，在共同愿景的引导下，使学习成为所有员工的价值追求和自觉行为。

建立和完善对外开放、倡导学习、激励学习的组织机制，营造全员学习、终身学习、全过程学习的文化氛围，是构建学习型企业文化的重要环节。企业只有将学习渗透于企业经营管理全过程，组建积极向上的学习型团队，构建系统化的学习体系，搭建有利于学习的网络平台，健全奖励学习的激励制度，调整人才的知识结构，才能真正提升组织的学习能力和竞争力。学习型企业文化的塑造，还应将企业领导和管理人员的角色进行重新定位。他们不再是单纯的企业管理决策人员，而是整个企业的设计师和工程师，是倡导学习、善于学习的楷模。综观国内外优秀企业，无不重视学习的作用。摩托罗拉公司每年用于员工教育训的专项经费超过亿美元，拥有个遍布世界各地的著名高校。西门子公司把培训视为重要的竞争要素，在全球共拥有多个培训中心，开设了余门专业培训课程，每年参加培训的员工多达万人。

三、家族企业文化创新机制

企业文化创新机制是一个大系统。如果从创新机制角度讨论企业文化在整个创新过程中所涉及的问题，那么无论是企业文化创新的目标、动力源、创新的条件、运行形式，还是创新的过程控制，甚至创新的结果都是企业文化创新机制所要回答的问题。

（一）企业文化创新目标系统

企业文化创新目标对于企业文化创新机制的运行具有约束和规范的作用，主要体现在以下四个方面。

1. 企业文化创新目标形成了创新主体团结合作的动力，企业文化创新目标是使创新主体合作奋斗的聚合点

合理的、切实可行的工作目标是工作人员自我引导、自我控制的准绳，通过这一目标使全体人员心往一处想，劲儿往一处使，形成合作意识和团队精神，以促使企业文化创新目标得以实现。

2. 企业文化创新目标提供了企业文化过程控制的标准

在企业文化创新的过程控制中，创新主体作用于创新对象的活动，总是具有某种确定的目标性。另外，在创新的动态发展中，企业文化创新的发展方向和运行轨道也受创新目标的规范和制约。目标既是过程控制的开端和出发点，也是过程控制循环发展的归宿和终结点。也就是说，目标贯穿于整个企业文化创新过程控制的始终，并决定和制约着它的方向和性质。

3. 企业文化创新目标是创新主体运用、指挥与协调创新资源的前提

企业文化创新目标是统领创新活动的灵魂，创新主体在具体的创新过程中，要保证企业内部各个环节紧紧围绕这个目标开展工作，企业内部的创新资源要围绕这个目标优化配置，以避免出现因资源不足而偏离和改变目标，致使创新活动失败的情况。因此，企业文化创新目标是企业创新主体运用、指挥和协调创新资源的前提。

4. 企业文化创新目标是创新主体调整组织结构、开发人力资源的依据

企业文化创新目标要求企业组织结构对创新活动给予保证，要求企业建立越来越扁平化或网络化的组织结构，因为只有这样才能使企业的各个创新要素发生更为密切的互动。同时，创新目标呼唤着创新人才，这种人才要求必将影响企业对创新人才的重视程度，进而影响企业人力资源开发的重点。由此可见，企业文化创新目标是创新主体调整组织结构、开发人力资源的重要依据。

（二）企业文化创新的动力系统

企业文化创新的动力系统是指驱动企业产生创新动机和行为的动力因素以及这些动力因素的交互作用。企业文化创新动力的产生是外部推动力和内部驱动力共同作用的结果。

1. 企业文化创新的内部驱动力

内在驱动力是指存在于企业创新系统内部，促进企业文化创新的动力，主要有企业使命的召唤、企业利益的刺激、企业领导的鼓舞和企业员工的支持。

（1）企业使命召唤企业文化创新。追求利润是企业的目标之一，但不是企业的最高目标。企业的最高目标是为了实现企业使命而奋斗。企业使命是企业文化的灵魂，是对企业存在意义的高度概括，它回答了企业生存和发展的根本问题，更决定了企业文化的基本取向和性格。在这个科学技术飞速发展、社会变化日新月异的时代，崇高的企业使命呼唤创新。而这种呼唤创新的企业使命能够使企业的每位员工明确创新的价值和意义，激发出内心深处的创新动机，从而使创新成为全体员工的共同认识和追求目标，成为企业向心力和凝聚力的着力点。因此，企业使命的召唤是企业文化创新的深层动力。

（2）企业利益刺激企业文化创新。企业是生产经营单位，盈利是企业的基本要求。企业利润由正常的资源成本收益和通过创新所获取的超过正常收益率的利润两部分组成。在市场竞争日趋激烈的情况下，如何获得创新利润成为各企业制胜的法宝。而要在竞争中优势持久、后劲充足，企业文化创新势在必行。与其他外因相比，企业创新收益的驱动力具有明显的目的性和方向性，它既是企业文化进行创新的最初原因，同时也是其根本原因。因此，企业谋求提高经济效益、不断发展壮大的内在需求是企业文化创新的直接动力。

（3）企业领导者鼓舞企业文化创新。企业领导者是企业文化的主导者。企业领导者对创新的鼓舞会自发激励企业文化创新行为，尤其是企业家精神的发挥，对于企业文化创新有特殊的意义。企业领导者在创新动力中占据核心地位，而且它是一种内生机制，实际上市场对企业创新的拉动因素是通过企业领导者引领的创新形式实现的。刺激企业领导者进行企业文化创新的因素主要有两个方面：一是企业文化创新引发企业全方位创新，会给他们带来丰厚的盈利；二是创新成功能凸显企业领导者自己"出类拔萃"的才能，满足渴求成功的欲望，这种欲望、事业心或荣誉感是企业领导积极进取的内在动力，是一种强大的精神支撑。因此，企业领导者本质上是企业文化创新的组织者和承担者，企业领导者的创新活动是企业文化创新发展的主要动因。

（4）企业员工支持企业文化创新。企业文化创新不只是企业领导等少数人的事情，创新来自于每个人的头脑，每一位员工都蕴藏着创新的潜能，这才是企业文化创新的不懈动力。在真正的成功企业里，创新精神更多地表现为一种团队精神。创新不是一个点，而是一条线，乃至一个面。广大员工中蕴藏的创新积极性虽然不是自发产生的，但是在企业领导高度重视、反复引导，企业使员工个人收益增加等积极因素的作用下，企业员工会自觉地投入到企业文化创新活动中来，并且成为企业文化创新的中坚力量。

2. 企业文化创新的动力是企业文化创新产生的前提

企业文化创新的动力系统是企业文化创新的前提，企业确定创新目标之后，外部推动力和内部驱动力互相协调，共同作用于企业文化创新。其中，外部推动力存在于企业文化创新系统外部，它们通过转化成企业文化创新内部动力来实现它对创新的推动作用，表现为外生机制。科学技术是不容忽视的力量，影响企业文化创新；市场需求是企业文化创新的柔性动力，市场竞争是企业文化创新的刚性约束，因为要满足市场需求，赢得市场竞争，拓展企业生存与发展的空间，企业必须进行文化创新；政府政策作为企业文化创新的外部动力，为企业从事文化创新活动提供有利环境。另外，内部驱动力存在于企业文化创新系统内部，它们通过内生、激发并利用外部动力对创新行为进行驱动，表现为内生机制。企业使命的强力召唤是文化创新的灵魂所在，创新的利润收益是企业文化创新的追求目标，企业领导的创新精神是创新产生和发展的基本条件，企业员工的创新潜能是企业文化创新的不竭动力。动力系统是基于上述八种动因均衡作用的结果，体现了各种动力因素的内在作用。企业文化创新没有动力系统作为前提，创新活动就不可能发生。企业文化创新的条件因素创新本质上是各种条件因素综合运用和创造的过程，所以企业文化创新会受到众多变量的影响和制约。所谓条件因素，是指在企业文化创新活动过程中，影响和作用于创新行为和结果的各项因素。企业文化创新的条件因素主要包括环境条件、资源条件和能力条件。

（三）企业文化创新的环境条件

任何企业文化创新活动都处在一定的外部环境之中，这种外部环境构成企业文化创新发展的基本条件，它制约和影响着企业文化创新活动。当外部环境状况良好时，对企业文化创新发展起推动作用；反之，则起限制和阻碍作用。本书所研究的外部环境是一个相对广义的概念，是与企业文化创新相互联系的诸多要素构成的整体，主要包括人才环境、市场环境、政策环境、法律环境等。企业文化创新离不开方方面面环境的支持，并且各个环境并不是独立作用于企业文化创新的，它们之间存在一种相互联系、相互作用的互动机制，从而构成整体的外部环境。

1. 企业文化创新的人才环境

在企业内部的诸多要素中，人力资源要素扮演着极为重要的角色。企业文化创新需要有高质量的人才引导体系，一流的人才群体支撑，即国家和地区要为企业创造良好的人才环境，"引得进，用得上，留得住"那些具有远见卓识的企业家，富有创新才能的科研人员，各类管理人才以及乐于创新并拥有创新潜能的优秀员工。所以企业文化创新的核心问题是人才问题，建立完善的、高水平的人才环境，对于企业文化创新影响深远。

2. 企业文化创新的市场环境

企业文化创新与市场环境有着极为密切的关系。一方面，市场需求不断变化要求企业进行相应的理念创新，进而通过技术创新为市场提供其所需的产品和服务；另一方面，企业文化创新往往物化在其新产品和新服务中，这些新产品和新服务往往能够引导消费者进行消费，从而改变了其消费偏好和生活方式。企业文化创新的市场环境不仅包括产品市场，而且生产要素和消费资料市场，市场机制的完善有助于企业获取创新资源。市场环境透明度高，市场信息反馈速度快，有助于企业文化创新的顺利运行。

3. 企业文化创新的政策环境

企业文化创新具有不确定性和风险性，但是，一个宽松的政策环境在一定程度上可为企业文化创新降低风险。诚然，企业的发展从根本上必须依靠企业自身的竞争力，具有强劲核心竞争力的企业才能在市场竞争中生存和壮大，政府不可能也无力承担企业创新的风险。然而，也须注意，政府政策方面的强力支持，创造统一、宽松的创新环境，有利于创新资源的优化配置、创新人才的合理流动，从而能够为企业文化创新提供有效支持。

4. 企业文化创新的法律环境

企业文化创新特有的成长规律表明：宽松的、良好的外部环境是企业文化创新健康发展的重要前提。而创造有利于企业文化创新的人才、市场和政策环境，仅靠政府的行政干预是不够的，因为一方面政府行政措施触角有限，不能兼顾方方面面，另一方面各种措施也只是起到导向作用，对现实的利益冲突约束力较差。因此，从长远来看，必须建立起一套完善的法律法规，构筑良好的法律环境，来促进人才、市场、政策环境的优化，进而保证企业文化创新综合环境的优化。

5. 企业文化创新的人文环境

人文环境包括整个社会的风俗习惯、价值观念、社会风气、劳动者文化水平和心理素质等内容。社会文化直接影响着人们是否有追求创新的热情，人们之间能够建立起相互信任、宽容失败的创新风气。实践证明，环境中特有的社会文化因素，作为一种隐含的经验类知识，深深地影响着企业文化创新。

（四）企业文化创新的资源条件

所谓企业资源，是指企业所控制的所有资产、能力、信息、知识等，企业文化的创新成果是通过对资源的加工转换得到的，没有或缺乏这些资源，企业文化创新就会成为无源之水、无本之木。

1. 人力资源是企业文化创新的首要条件

人力资源是各种资源中最具能动性的资源，企业是生产要素的集合体，其中人在创新中占主导地位。将企业的各种资源加以整合，形成企业核心竞争力的关键人物是企业领导者。他通过战略决策，建立鼓励创新的相关制度，带动企业文化创新。如果没有企业领导者正确的战略决策和组织领导，企业即使在某些方面拥有一定的竞争优势或竞争潜力，也终将难以发挥出来。因此，企业领导者是特殊的资源，是企业文化创新活动能否发生的重要影响因素。具有创造能力和创新精神的员工是企业人力资源的核心部分。这部分人力资源数量上的多少、素质上的高低决定了企业文化创新能力的高低。而这部分人力资源的获得，从根本上还是取决于企业领导者对这部分人力资源的重视程度和开发程度。

2. 财力资源是企业文化创新的必要条件

财力资源包括实物资源和货币资源两部分。企业文化要进行创新，必须具备一定数量的实物资源，而这些实物资源的取得，一般情况下要以积累的货币资源为前提，企业货币资源的数量多少在一定程度上影响着企业文化创新的速度。第一，企业文化创新的核心资源——人力资源的培训离不开财力资源的支持，只有增加培训投入才能增加创新人才，这需要强大的财力资源加以保证。第二，企业信息资源的除来自于竞争者、客户、供应商等主要渠道，还要借助市场调研、专家咨询、查阅资料等方式获得，这些都需要财力资源的大力支持。第三，企业文化创新具有风险性，这迫使企业在进行文化创新的同时还必须保留充足的财力资源防范创新风险，这就对企业货币资源的积累提出了相应的要求。

3. 信息资源是企业文化创新的重要条件

信息资源作为企业文化创新的必要条件，可以使企业及时了解市场信息，把握市场机会，做出科学决策，提高企业文化创新的运行效率。当企业的信息资源与人力资源、财力资源相结合时，就能够产生可持续的竞争优势。同时，信息资源可以有效调节人力资源、组织资源、财力资源等资源的方向、速度和目标，从而降低企业文化创新的成本，企业文化创新的能力条件。

企业能力与企业资源一样，是企业文化创新机制的内部条件因素，而且广义的企业资源包括企业能力，但是两者仍有区别。能力是以人为载体的，包括企业配置、开发、保护、使用、整合资源的能力。具有相似资源条件的企业通常在使用资源的效率方面有差异，这种差异就是企业文化创新能力条件的差异，是令企业产生竞争优势的深层因素。

（五）企业文化创新的运行方式

企业文化创新的运行方式是指企业文化创新构成要素之间相互联系、相互配合、协调运转的工作方式。运行方式是企业文化创新机制中最为复杂的系统，它涵盖了企业在文化创新中从投入到产出的全部过程，但它又不是传统意义上的投入产出模式，而是一个典型的动态循环的反馈系统。

1. 企业文化创新的过程控制

企业文化创新作为一个复杂的过程，其创新目标受到诸多因素的影响，而且在创新过程中也可能出现创新行动与创新目标相背离的情况，这就需要对各方面的因素进行恰当调控，从而保证企业文化创新的顺利进行以及创新目标的最终实现。因此，对企业文化创新过程的控制是极其必要的。企业文化创新过程控制的基本环节企业文化创新的过程控制是指创新主体根据创新目标的要求，设立衡量工作绩效的标准，然后把实际工作结果与预定标准进行对比，以确定创新活动中出现的偏差及偏差的严重程度；在此基础上，有针对性地采取纠正措施，以确保组织资源的有效利用和创新目标的圆满实现。企业文化创新的过程控制主要有以下三个环节。

（1）确定创新标准。创新标准是创新主体检查和衡量创新活动及其结果的规范。制定创新标准是进行过程控制的基础。在确定创新标准时，要统筹长期与短期的关系，以确保创新目标不是以牺牲未来的利益和企业发展的稳定性为代价而取得的。总体来说，企业文化创新应以"三个有利于"作为基本原则，即企业目前的文化创新活动是否有利于增强企业的持续创新能力，是否有利于提高企业的核心竞争力，是否有利于调动最广大员工的创新积极性。这三个"有利于"应当成为创新主体衡量、检验、判断一切创新工作是非得失的综合标准，只有创新活动符合这个标准，才能保证企业文化创新机制良性运转，才能保证创新结果与预期目标相统一。确定创新标准是企业文化创新过程控制的前提性环节。

（2）衡量工作绩效。企业文化创新活动中的偏差如果能在产生之前就被预期，则可以指导创新主体采取必要措施加以避免。这种理想的控制虽然有效，但由于受到创新主体判断能力的制约，其现实性并不高。在这种条件限制下，最满意的控制方式应是能够在偏差产生以后迅速采取必要的纠偏行动。为此，创新主体需要及时掌握能够反映偏差是否发生以及其严重程度的信息，而用预定的新标准对实际创新工作成效和进度进行检查、衡量和比较，恰好可以提供这类信息。衡量工作绩效不仅可以帮助创新主体及时掌握反映偏差的信息，同时还能通过衡量成绩，检验创新标准的客观性和有效性。另外，衡量工作绩效要借助于信息反馈系统的建立，使反映实际情况的信息适时地传递给适当的人员。建立信息反馈系统能够及时将偏差信息传递给受控的部门和个人，使他们及时知道自己的工作状况，为什么出现偏差以及怎样更有效地完成任务。这样不仅有利于保证预定计划的实现，而且能防止基层工作人员把衡量和控制视为上级检查、惩罚的手段，从而避免产生抵触情绪。衡量工作绩效是企业文化创新过程控制的基础性环节。

（3）纠正活动偏差。利用科学的方法，依据客观的标准，对企业文化创新绩效进行衡量，可以发现计划执行中出现的偏差。纠正活动偏差就是在此基础上，分析活动偏差产生的原因，制定并实施必要的纠正措施。这项工作能够促进组织结构和人事安排更加合理，并保证创新活动不偏离原计划，创新结果符合预期目标。在企业文化创新中，并非所有偏差都能影响企业文化创新的最终结果。有些偏差可能反映了决策制定和执行工作中的严重问题，而有些偏差则可能是由一些偶然的、暂时的、区域性因素引起的，不会对创新活动的最终结果产生重要影响。因此，在采取纠正措施前要对反映偏差的信息进行评估和分析，对可能影响创新结果的偏差予以重视，探寻导致偏差的主要原因，制订改进工作或调整计划的纠正方案，及时采取纠正措施。纠正活动偏差是企业文化创新过程控制的关键性环节。

2. 企业文化创新的不同模式

由于各企业所受文化创新动力驱动的程度不同，所处的环境、拥有的资源和具备的能力也各不相同，因此，在具体的创新过程中表现出不同的创新模式，按企业文化创新的发生阶段划分主要有以下三个方面。

（1）初建期创新。大多数企业在创建初期，都充满生机和活力，创建者会根据所处的环境综合规划企业的目标、结构、运行方式等蓝图，在这一过程中，企业领导会把自己创新思想和意识规划到具体操作中，形成不同于其他企业的文化特征，并且尽量寻求最满意的创建方案取得最优秀的创新要素，尽量按最合理的方式组合，使企业步入正轨。这种创新虽然开始时力量强劲，但是经过环境的变化和时间的推移，创新能力会逐渐弱化，企业从此步入稳态发展时期。

（2）运行中创新。俗话说："创业难，守业更难。"在变化的环境中守业，只有积极地以攻为守、不断创新才能在市场竞争中占据一席之地。因此，部分企业在运行过程中选择了文化创新，以更新企业活动内容，调整企业组织结构，创新企业管理制度，实现创新能力的增长、市场份额的增加。

（3）贯穿始终的持续创新。在知识经济呼啸而来的时代，大部分企业都意识到了创新的重要性，并积极进行企业文化创新。但是，由于认知不深入或者条件不充分，使得大部分企业只是在创建初期进行创新，或只有当运行中出现问题时才被迫创新，当问题解决之后，又把创新抛在脑后。这些阶段性的创新并不是维持企业持续发展的成功之道。只有像少数大企业一样将创新贯穿始终、持之以恒，才能不断提高企业核心竞争力，使企业在竞争中立于不败之地。

四、家族企业文化创新内容

1. 家族企业价值观创新

家族企业价值观是指家族企业在追求经营成功的过程中，所形成的对于企业经营目的、经营宗旨、经营方法和行为准则的判断标准。分析判断当前的时代特点和社会特征，树立符合社会发展潮流的价值观。通过调整企业原有价值观，使之符合人类的发展方向，使家族企业能够得到社会的认同。结合家族企业自身发展特点，树立具有企业个性的价值观。家族企业自身发展特点包括两重含义：一是家族企业不同于其他形式的企业，家族企业面临着家族和企业两个系统；二是每个家族企业都拥有自身不同的发展历史，其企业所存在的意义和社会角色都不同，因此，其所要追求实现的目标也各具差异。家族企业价值观的创新就要对本企业的特点进行分析，树立具有本企业特色的价值观。明晰家族企业领导者的个性特征，确立符合其自身特色的价值观。从一定程度上来说，家族企业价值观就是家族企业领导人自身价值观的体现和延伸。

2. 家族企业愿景和使命创新

家族企业愿景指出了家族企业的长期愿望和未来状况，描述了家族企业未来的发展蓝图，体现了家族企业永恒的追求。家族企业使命则是在家族企业愿景的基础上，具体回答家族企业在社会中的经济身份或角色，体现家族企业的社会分工和存在价值。明晰当前企业的愿景和使命。通过对企业发展历程和当前发展情况的回顾，弄清企业未来的发展方向和目标，判断当前企业是否在往那个方向走。排除阻碍企业愿景和使命实现的障碍，弄清当前家族企业中存在哪些因素阻碍企业愿景和使命的实现。一般而言，阻碍企业愿景形成的因素主要有：自满、资产保护和内部焦点。通过对这些阻碍因素的排查，采取相应的方法解决，从而使家族企业实现自己的愿景和使命。

3. 家族企业精神创新

家族企业精神是指家族企业为实现自己的价值，在长期经营管理过程中所形成的一种人格化的理念和风范。从家族企业的历史传统中开发创新。通过收集家族企业既往的发展资料、了解家族企业发展的重大事件、发觉典型人物故事、收集企业格言警句等方式了解家族企业的历史传统，剔除当前企业精神中不符合企业历史传统的因素，重新提炼家族企业传统中的优秀因素，构建符合本企业的精神文化。从家族企业员工中开发创新。企业精神是通过员工的行为反映的。家族企业精神的创新就应该收集员工身上体现的新理念，把这些理念从员工意识提升为家族企业的群体意识。从家族企业家中开发创新。企业家是家族企业的灵魂，是家族企业的掌舵者。要充分挖掘家族企业家的思想资源，把其中的优秀思想成果提升为家族企业的共同财富，实现家族企业家理念与家族企业理念的完美结合。从社会优秀文化中开发创新。随着人们认识的加深，民族传统文化中的很多优秀的文化因素会被提炼出来并被大家所认可接受。每一个时代都会有反映当前社会主流意识的时代价值观。家族企业精神创新就应该通过对当前优秀民族传统文化和时代文化的提炼，融入本家族企业精神中。

4. 家族企业制度创新

家族企业制度主要包括各种制度和规范，它是家族企业理念的具体体现，同时又指导着行为文化和物质文化的形成，建立和完善家族企业内部的激励和约束机制。通过把家族企业文化与员工的实际利益相挂钩，能够更有效地引导员工贯彻价值观念的要求，促进家族企业理念的实现。将价值理念贯穿到家族企业的各项规章制度和工作流程、工作标准中，形成体现价值理念的制度体系，使价值观的要求转化为可遵循的制度约束。根据家族企业文化的要求，审查企业内部管理制度，看管理制度是否符合企业价值理念的要求，修订和完善不合适的制度，促进价值理念的贯彻执行。结合家族企业的实际经营管理活动，将家族企业文化创新融入家族企业经营管理活动中，积极开展安全文化、质量文化、品牌文化、营销文化、服务文化等各项管理文化创新，促进文化理念与经营管理活动的深度结合。积极把握企业员工的思想动态，把其中适合企业发展的观念意识制度化，引导员工按照家族企业价值理念的要求行动。这种内生于员工的家族文化，更容易被员工认同和接受。

5. 家族企业行为文化创新

行为文化是指在企业理念指导下企业团体和企业员工在生产实践经营中表现出来的行为特征。这些行为特征是企业文化在企业所有主体的活动中的具体体现。家族企业家行为文化创新。家族企业家要认识到自身行为对家族企业文化创新的重要示范作用，通过自身行为的变化和身体力行，体现对家族企业文化创新的决心和力度，从而让广大中高层管理者和普通员工重视和认同其倡导的价值观、企业信念，进而拥有更多的追随者，实现家族企业文化创新的推动和落实。企业模范人物行为文化创新。企业模范人物是企业员工中的先锋，树立企业模范人物可以推进家族企业文化的创新。首先，在家族企业员工中挑选那些符合创新后的家族企业文化的人员，树立为榜样，可以让家族企业的其他员工显示创新的家族企业文化是可行的。同时，模范人物行为也能够为其他员工提供一个学习的样板。其次，通过对符合创新价值理念的行为的激励而树立各种模范人物。设立一系列对符合家族企业创新文化的行为的物质和精神奖励，引导和激发其他员工对这些模范行为的效仿，推动家族企业文化创新的践行。企业全体员工行为文化创新。家族企业文化的创新最重要的是要落实到企业全体员工行为的创新上。家族企业可以通过制定新的体现家族企业新价值观念的行为规范和准则，如问候语，规范和统一企业全体员工的行为。

6. 家族企业物质文化创新

物质文化是企业文化的外部表现形式，指企业的物质基础、物质条件和物质手段等方面所反映的文化内涵的总和。企业产品的创新。家族企业产品的创新就是把使用价值、文化价值和审美价值融为一体，满足现代人们日益出现的各种生理和心理需求。首先，把握当前人们出现的新的需求，不断推出新产品。通过推出独特、新奇、多样的产品来满足不同层次消费群体的需求。其次，注重产品质量。质量是企业的生命。只有有质量的产品才能真正满足人们的需求。最后，引入产品文化设计。通过在产品设计中融入文化情调、文化功能、文化心理和文化精神，提升产品的文化意蕴，增加产品的附加值，体现本企业的文化特色。企业生产环境的创新。家族企业可以通过对当前员工的需求出发，针对当前企业生产环境中存在的问题，积极改进。如可以通过用色彩、音乐优化环境，改变人们对当前生产环境的不满，减轻劳动者的疲劳感，增强企业生产环境的人性化色彩。企业技术设备的更新。家族企业技术设备的更新就是要根据当前企业外部技术环境和企业内部技术条件的改变，结合当前企业员工的文化技术水平的变化，在企业生产中采用新设备和新技术，从而提升企业产品在国内外市场上的竞争力，推进家族企业的发展。企业环境容貌的创新。根据当前企业的发展状况，更新企业环境，为员工提供更多更好的生活环境，从而提升企业的吸引力，增强企业员工的向心力。根据家族企业价值观的创新重新设计企业的名称、象征物，重新对企业的内外空间（包括厂容厂貌、内部装饰、车间布局、交通布局等）进行设计，以使企业容貌能够直接体现企业新的价值观。

7. 家族企业形象创新

企业形象是企业自身所具有的以及社会公众和本企业内部员工对企业的总印象和评价，是企业长期以来所形成的以及为内外部公众感知和记忆的企业特色的反映。家族企业要有意识、有目的、有规划地通过各种媒介明确清晰地表述本企业形象。首先要深入认识本企业的形象宣传是否真实有效地反映了企业的客观形象。如果没有，则要针对出现的差异采取措施，改进企业的形象宣传。其次要检验本企业的形象宣传是否系统一致地反映了本企业的真实形象。加强与社会的互动与沟通，及时了解社会公众心中的企业形象。根据新的家族企业文化要求，判断这种企业形象是否符合企业价值理念，从而采取措施努力在公众心中树立企业所需的形象。

五、家族企业文化重构

家族企业成功之后容易滋生自满心理，不自觉地排斥新文化、新观点、新理念的进入，这势必阻碍企业的进一步发展。家族企业必须跟上时代的步伐，在进行管理创新的同时，进行文化创新，把现代优秀企业文化融入家族企业文化之中，实现企业的可持续发展。为此，家族企业必须从自身的实际出发，重构企业文化。

（一）实现家族企业文化多元化融合

1. 强化家族企业文化与现代企业文化的融合

现代企业的竞争实质上是文化的竞争，是积极文化与消极文化的竞争，是开放文化与保守文化的竞争。积极、开放的现代企业文化具有拼搏、奋进、灵敏、宽容、理性、民主的精神，无论环境怎样变化都可以赢得主动；消极、保守的家族企业文化具有排外、唯亲、集权、专断的特征。家族企业文化与现代企业文化融合，必须对原有的家族血缘文化进行理性的变革，客观的保留与摒弃。家族企业要克服家族情结的缠绕，加强家族企业文化与现代企业文化的结合，探索如何将现代企业制度和管理模式与家族企业文化有效融合的道路，要紧密结合自身企业的实际情况，选择合适的企业制度。只有这样，中国家族企业才有可能自我完成企业制度变迁。

2. 强化家族企业文化与人本文化的融合

人本文化实质上是从人的本性，如需求、发展、平衡出发，以关心和满足人性为基础，激发人的积极性、主动性、创造性的发挥的企业文化。家族企业文化容易形成相对封闭、家族有优越感、偏听偏信、任人唯亲心理态势，严重伤害非家族企业成员。构建平等、和谐的人文氛围，要放弃重资产轻人力的管理理念，要放弃专制的企业文化，要做到对内以全体员工为本，对外以顾客、用户为本，要提倡平等、公平、公正意识，要与非家族成员真诚沟通，同甘共苦，和谐共处。这样员工才会感到自己是企业的主人，才会认同企业的价值观与长远目标，才会发自内心地去为企业发展贡献自己的力量。

3. 强化家族企业文化与社会型企业文化的融合

家族企业要放弃利润第一的企业文化，追求社会效益最大化的企业文化。利润最大化是每一个家族企业追求的目标，但是企业利润最大化不能以损害社会利益为代价，如果损害了社会利益即使取得了利润最大化，也只能是一时的，从长远来看企业就会失去社会的信任，最终会使企业长期利益不能达到最大化。两者的融合要从以下三个方面着手：一是把家族利益与企业利益分开。企业的利益不仅包括家族的利益，家族利益只是企业利益的一部分，企业文化要体现各种利益的协调、共赢。二是把家族的价值观与企业的价值观分开。既然家族的利益不等于企业的利益，那么，就不能把家族的价值观强加给企业，要建立起企业自身的价值观。三是把家族所有与企业经营分开。在形成现代企业治理结构的基础上建立起企业的经营观、人才观。

4. 强化家族企业文化与共生型的企业文化融合

家族企业要放弃"单打独斗闯天下"的企业文化，实现共生型的文化。

（1）企业之间存在着互惠互利、优势互补。家族企业的竞争并非就是你死我活，而是存在着互惠互利、优势互补，在此基础上可以加强合作形成企业联盟，即竞争中有合作，在合作中有竞争，从而实现双赢。

（2）在激烈的竞争中，家族企业单靠自己一家公司独霸市场是做不到的。一个行业有成千上万个企业，要想在激烈的市场竞争中独占鳌头，必须放弃相互诋毁、相互攻击、相互欺骗，一心想打垮同行的观念，树立一荣共荣、一损共损，实现双赢的超越。

（3）企业文化可以相融。企业要吸收借鉴其他企业的先进文化，因此，企业要建构共生型的文化。

5. 强化家族企业文化与诚信企业文化融合

企业受"老实吃亏"的影响，企业信用缺失，假冒伪劣商品泛滥，产品质量差，消费需求降低，市场萎缩；合同违约，债务拖欠，三角债普遍，现金交易增加，资金周转不灵；交易成本提高，投资风险加大，接受投资减少。从长远来看，企业缺乏信用百害而无一利，因此，企业要树立诚信文化。

6. 要突出家庭亲和力的特色

家族企业是家庭关系与企业相结合的产物，其所具有的独特企业文化传统，是企业发展必不可少的内在动力。企业文化的建设需要突出家庭的亲和力特色，要以家族成员之间信任度高、目标容易统一、经营中"道德风险"行为概率小的特点，来培育企业精神、共同的价值观念、文化氛围。

（二）家族企业文化再造

1. 理性看待家族文化对家族企业的影响

中国几千年历史发展中形成的优秀文化遗产，尤其是以孔子为代表的儒家管理思想，包含着不少具有现代价值的东西，如诚信为本、以义取利的思想。这些有生命力的思想，必然融入家族企业的文化中，构成现阶段中国家族企业文化建设的根基。但是，中国传统文化毕竟是在长期自然经中形成的一种文化模式，本质上是小农经济在意识形态上的反映，是一种以亲情为基础、缺乏制度意识的文化，从骨子里排斥理性，因此而不适合现代市场经济。杨静（2006）认为，传统文化的"贵义贱利"观念束缚着企业对经济效益的追求，"中庸之道"与平均主义思想压抑了人的创新、进取精神，传统的"奉献观"过分强调群体意识，忽视个体，不利于家族企业家的开拓。因此，在市场经济条件下，传统文化中的精华有待于在接受现代新观念的基础上加以继承和发扬，实现传统家族文化在现代企业发展中的扬弃。

2. 努力培养现代家族企业家

企业领导在组织文化的形成过程中发挥着关键作用，既包括超越企业领导者自己，使个人的经营理念不凌驾于组织文化之上，又包括选择能继承企业基本理念系统，并能发扬光大的文化传人。从某种意义上讲，企业文化就是企业家文化。培养家族企业家，必须通过更新家族企业家的知识结构来提高家族企业家素质，使家族企业家从只为自己家庭积累财富和权势的狭隘利益观念中超脱出来，成为诚商、智商、和商、儒商，从而不断提高其决策民主化的能力。

3. 树立优秀的企业伦理观

Daft（2003）指出，在构成组织文化的价值观中，伦理价值观现在已被认为是其中最重要的方面。家族企业要妥善处理传统家族伦理中非理性的如血缘、亲缘、姻缘、地缘及友缘观念，树立"以人为本、关心人、尊重人、善用人"的人本观念和业缘、事缘理念，设计出多层次参与管理、多样化激励措施、管理人员分享决策权、给员工提供学习深造机会等丰富的企业文化氛围。同时，塑造良好的家族企业形象。千百年来，中华民族历来以诚实守信著称于世，家族企业必须树立正确的义利观和诚信观，不能见利忘义，企业既要追求利润又必须兼顾消费者的利益，在谋求利润的同时把长远发展、造福社会作为企业立足之本，建立起有利于企业发展的良好环境。

4. 设计独特的家族企业文化路径

中国家族企业经过近30年的发展，已面临一个全新的社会经济环境。家族企业应通过仔细地分析和诊断原有文化来设计新的企业文化，新企业文化要注重包含原有文化的优秀元素，不能将原有文化全盘否定而追求所谓的优秀企业的先进文化。同时，文化的独特性也非常重要，企业文化作为企业核心竞争力的组成部分具有不可模仿性，缺乏个性和特色，就没有了企业文化的意义。这些路径包括：从传统的亲情文化向契约文化的创新，从以伦理为中心的文化向以价值为中心的文化创新，从非职业化主导向职业化主导创新，从等级观念向平等观念的创新。

5. 融合中西方企业文化精华

按照叶亚飞（2006）的理解，美国人富于冒险、开拓和创新精神，奉行物质主义和实用主义，美国文化更多宣扬的是追求利润最大化和创新。日本民族有强烈的民族昌盛愿望和一种永不满足的学习精神，具有强烈的团队精神和"家族"精神及与两者相联系的亲和一致的精神，日本企业文化常常把经营理念放在首位，同时追求经济效益和报效国家的双重价值目标，更多倡导"以人为本"的团体主义和团队协作精神，努力激发员工的自主性、创造性，崇尚人文管理。欧洲文化颂扬人文主义和理性，受其影响，欧洲的企业文化注重更多的是对员工的培训和考核。西方企业文化建设的有益经验，对中国企业文化建设有参考借鉴价值，我们应该用批判的精神吸取和借鉴，最主要的是借鉴他们在培育、发展企业文化过程中所经历和采用的模式，寻找我们自己企业文化建设的途径。企业文化建设最终要形成自己的风格与特色，走自己的路。

6. 建立学习型组织

学习型组织文化的内涵是指以系统思考为主线把自我超越和改善心智模式这两项理念的突变与团队学习这项组织制度结合起来，建立一个强有力的动力机制——共同愿景，并以此形成一种组织长久生存、发展的信念和精神力量，使整个组织充满创造性，具有较强的学习能力，能够自觉地、不断地修正自己，使自己在竞争中立于不败之地。中国家族企业在建设学习型组织时要注意组织学习，注重组织群体智力的提高，而不单是组织成员的学习；组织的学习能力是组织认知能力、适应能力和创新能力的集中体现；组织学习能力的提高需要组织结构的相应改造；学习型组织需要调整组织的文化战略。学习型组织的文化是倡导民主平等、鼓励自我超越、鼓励冒险并宽容失败的文化。

（三）重构新一代企业家精神

1. 诚信为本，不妨义利并重

（1）依法经营，诚信为本。在中国，第一代企业家所处的市场环境基本上属于机会主义市场，只要大胆抓住市场机会进入高利润行业便能盈利。公平竞争环境还没有真正形成，在追求利润的过程中也的确存在许多违规操作乃至违法经营的例子。目前，随着我国社会主义法制建设的完善，执法力度加大，法律监督的作用得以很好地发挥，而且随着信息技术的普及和消费者意识的觉醒，舆论监督等各种社会监督更加广泛和有力。企业缺少诚信，即使可以靠广告效应等一时获利，但不能长久立足。成功的同时也意味着成为别人研究的靶子或是竞争的对手，潜在的品质等因素更易于为广大消费者所辨识。以暂时盈利为目标而违反市场规律，到头来可能会搬起石头砸自己的脚。鉴于此，新一代企业家应该顺应时代潮流和社会发展步伐，进一步规范和提升自己的经营之道——依法经营，诚信为本。企业家必须深明市场经济是法治经济的大义，正所谓君子爱财取之有道，依法经商这也是企业最基本的责任和义务。不仁不义，即使可以短时间内聚敛大量财富，却很难走得更远。

此外，也更需要认识到现代市场经济也是一种信用经济。没有信誉就没有市场和客户，没有贷款和投资者，就是取消了自己进入市场的资格。而且面对日趋激烈的国内外竞争和日益微薄的利润机会空间，信誉和品牌也成为优秀企业胜出的法宝。而树立信誉的唯一方法就是要实实在在地考虑顾客和各利益相关者的利益，以诚相待。尤其是现在对于员工满意的关注越来越多，通过善待员工、提高员工满意度，可以从企业内部角度入手，从而最根本地解决顾客满意度的问题，这都需要新一代企业家引以为鉴。

（2）精明做事，义利并重。要成为真正的商人，必须具备商人的思维，习惯商人的行为。商人以赚钱为目的，没有利润，企业就没有了生存的物质基础，更谈不上发展了。很多家族企业之所以衰败，与朋友义气盲目担保或者盲目多元化铺摊子，不讲究经济效益都有关系。诚信不等于哥们义气，既要重仁义，更要讲究方法。如对于思想落后、能力不足的创业元老或是家族成员可以给其股权，释其管理权，使其享受企业长远发展的盈利也可谓仁义已至。引以为鉴，新一代企业家在企业管理和投资决策中可以用"义利并重"的价值取向逐渐替代传统的"重义轻利"的价值取向，公司的决策行为必须进行具体的利润数字的计算，切忌决策浪漫化随意化。此外诚信不仅体现在要自律上，也体现在要互信互律。要相信对方会严守协议，也要对对方的行为建立一定的监督和控制。互信互律结合会使诚信得到提升，利于大家双赢。尤其体现在人才的使用上，一方面要加强信任，大胆使用外来人才，知人善用，人尽其才；另一方面信任是相对的，也不能忽视了监督。"好人也要监督",任何人都不能例外,即使是家族成员。

2. 勇于创新,不失理性科学

(1) 勇于创新,克敌制胜。市场经济本质上是一种竞争经济,创新是竞争最有效的动力引擎,创新能力决定着竞争能力。如不熟不作是商业法则之一,但是也有很多企业熟了不作,永远创新。如容庆集团的总裁张玉庆便说过,"成功不可能有固定的模式,遵循理论和别人模式永远也成不了第一。有了一定资本积累的有能力发掘新的利润增长点,放弃虽然做熟但是利润空间已经很小的传统业务,一样可以在不断创新中取得企业更大的发展。"上一代企业家抓住了历史的机遇,勇于创新和掌握时机取得了事业的成功。如今新一代企业家更要继续发扬上一辈创业者所具有的勇于创新和果敢决断精神。一方面市场只有开始没有终结,竞争者层出不穷,企业已有的竞争优势很快就会被别人复制模仿,只有不断进行创新才能以奇制胜,使企业保持长盛不衰的势头。另一方面企业在发展中问题也会不断彰显问题,市场需求也迅速改变,正可谓不进则退。创新,很多时候意味着要突破历史,冒险尝试,所以需要解放思想,需要大无畏的精神。社会文化和社会氛围是企业家精神形成和复苏的深层原因,我国传统的谨慎保守文化无疑影响了人们创业的热情和企业采取创新和变革的积极性。尤其是第二代企业家并没有经历创业的艰辛,更有守业的压力,这也影响了开拓创新精神的形成。所以接班人更需要勇于解放思想,从理念上转变,意识到变革创新是公司转型和企业持久发展的根本动力,而且创新不仅是投资决策的创新,还包括企业技术、管理方式等系统的创新。

(2) 科学民主,理性决策。企业发展确实需要一种勇于突破、锐意创新的精神气概,但勇敢并不等同于鲁莽和蛮干,它需要一种理性精神贯穿其中。不打没把握的仗,在市场机会空间急剧缩减的形势下,我国很多家族企业也变得更为理性。"随着 20 世纪 90 年代多元化,很多企业开始业务归核化,删繁就简,从片面追求规模向提高企业竞争力转变。在多元化遭受普遍非议的时候,新希望总裁刘永好从饲料业挺进到房地产、医药和国际贸易等领域,但是他对于多元化态度相当谨慎,每次投资前总是先让专业部门考察立项然后经过外脑专家小组批驳论证之后才放手去做,而且多元化项目不超过总资产的 40%,因此,从未做过亏本生意。"但是,也不得不承认我们现在仍然有很多的家族企业实行的是集权专制决策,决策风险未能得到有限分散。纵使企业由企业家说了算,但企业能否生存发展最终还是要市场来检验，经营不善或者诚信不足则会经历优胜劣汰而被淘汰出局。尤其是现在市场竞争越来越激烈，市场环境越来越复杂多变，风险也日益加大，新一代企业家更应该学习成功者的经验，摆脱传统家长式集权专制的旧体制和旧观念的束缚，在决策中贯彻科学民主精神，尽量化解由于创新不确定性可能衍生的风险。作为一个现代企业家，他的科学精神的体现不仅表现于他自身对现代科学管理知识的不断汲取，而且更表现在他对企业的科技创新能力的注重与培养，表现在他对知识和人才的尊重上。此外，现代企业家还必须具有民主精神，通过民主管理发挥集体的智慧，在促进科学管理不断提高的同时，还可以为企业长远的发展方向提供有力的保障。

3. 终身学习，不乏自我批判

随着知识经济时代的来临，知识越来越成为生产力的重要源泉。无论是科学管理知识还是经商处事之道都学无止境，需要不断学习完善。企业家不仅要有知人之智，能够知人善用；更要有自知之明，勇于超越自己。这就需要从书本和实践中广泛学习，并且适时地开展自我批判，在反省中不断进步。首先，学习反省两相为用，可以培养自己的远见卓识，为企业的长远发展掌好舵。温州正泰集团老总南存辉从一个擦鞋匠成长为一个德才兼备的集团总裁，关键在于不断与时俱进地学习提升自己。今天世界已步入知识经济时代，没有科学知识就很难洞察事物的走势，就很难有克敌制胜的创新。对于企业家而言，学习也不能急功近利，也不能拘泥于理论，更多的学习旨在提高自身知识素养，培养科学的思维方式，塑造高瞻远瞩的洞察力。需要长时间的学习积累，潜移默化，才可能在某一个点上起到作用。其次，正人必先正己，伴随着个人素质道德的提升，德才兼备才能服众，既有利于化解和平息企业交接中潜在的各种权利危机，也能为广大的员工起到积极示范作用。企业家要通过自身学习反省的表率作用，带动全体员工积极主动地学习进步，努力把企业转变成一个学习型组织。通过组织学习使知识和实践相结合运用于企业经营实际中，既是克服企业成长过程中路径依赖和思维定势的重要手段，也是企业谋求变革创新的力量源泉。此外，企业所应承担的社会责任，是企业家精神的高端体现，新一代企业家也要不断强化自身的社会责任意识。曾经上一辈的企业家很多都摆脱不了宋江情结，既希望在政治上获得安全感和归依感，同时政治角色所赋予他们的社会使命感油然而生。新一代的企业家更多接受的是西方的管理理论，更需要不断强化自身的社会责任感。总之，新一代的接班人应该顺应时势潮流并汲取前人经验,把终身学习、自我批判的理念深入内心且付诸行动。

案例思考

娃哈哈——笑到最后

娃哈哈是中国企业成功的典范,娃哈哈的成功是中国本土文化与市场经济有机结合的成功。

——《世界商业评论》

明道篇——价值取向

"家"文化

娃哈哈要打扮成什么模样呢?恐怕现在连宗庆后也说不清楚。无可否认,娃哈哈自成立以来发展还比较平稳,这与宗庆后慎重的个性有很大关系,但是,只要回顾娃哈哈走过的路,我们不难看出发展的"随意性"。宗庆后说娃哈哈要走多元化发展道路,降低企业承担的风险,这十几年来,娃哈哈的"多元化"确实让人始料不及,在娃哈哈瓜子、娃哈哈罐头食品、娃哈哈大厨艺营养湿面等产品都投入了巨额广告进行宣传,但大多以市场表现平平告终。奶粉、石油、房地产等方面,娃哈哈都想过或者尝试过涉足。由此可以看出,娃哈哈的发展需要一个整体和前瞻性的规划,立足企业的使命,让员工看到自身所在企业的发展宏图,提高员工对组织的认同感。

优术篇——组织运营管理

逐渐改变现有的组织模式,给企业注入新的活力。

宗庆后以后很难会出现第二个宗庆后,因为宗庆后的存在,娃哈哈具备培养宗庆后的土壤。现在在娃哈哈,总经理直接控制各个部门和分公司,没有任何中间环节,这种管理模式在中国乃至世界的企业中都是罕见的。自娃哈哈创立以来,这种特殊的模式一直延续到现在,历史也说明它是成功的,至少目前企业在这种模式下运行没有出现什么大问题。但是,有句话叫做"时势造英雄",宗庆后只是时代的"产物",现在的娃哈哈已经不处于这样的时代了,因为娃哈哈是宗庆后一手带大的,现在谁也找不到这样的机会了。然而,企业还要继续发展,没了宗总,娃哈哈应该怎么走下去,这是一个严峻的问题。

我们认为,娃哈哈要长远地发展下去,必须勇敢面对现在特殊的管理模式,并尝试逐渐改变它。宗庆后需要逐渐的放权,一步一步地培养起得力的帮手,设立副总经理一职，最终实现改变直管的局面。这不仅能提高高层管理者的积极性，而且能够为企业的发展输送源源不断的人才。

树人篇——人才发展篇

建立起干部储备制度，维持发展的稳定。

娃哈哈在市场上面的动作比较多，十几年来发展得比较快比较好，这是值得我们肯定的，但是我们可以看到，在另一方面，对"家里"的关注似乎相对少些。一个企业的发展壮大是一个持续的过程，这就要求优质干部的供应是持续，这才能维持企业发展的稳定。余世维过说："公司在内部培养人才应该从干部储备（MA）开始。"无论是总经理还是部长，随时都要有后备人选，前面的人倒下了或者调职了，马上有人可以顶上，尽可能地减少这方面变动带来的动荡。世界500强的CEO中，有170多个是GE（通用电气）培养出来的，他们都在GE的储备干部研究班学习过。在我国，华为有华为大学，海尔有海尔大学，形式与GE的研究班一样。娃哈哈可以效仿这种做法，建立起一种制度，随时为企业管理层输送有能力的干部，稳定企业的发展。

干部储备制度是对员工的职业规划，也是一种升迁制度。它能提高员工保留率，调动员工的积极性，提高填补空缺的速度。

开拓篇——双品牌战略

以企业自身的经验和影响力打造新的实力派品牌，实行优劣互补的双品牌战略，丰满企业的形象。

娃哈哈的单一品牌战略导致品牌延伸乏力、品牌公信力下降。总的来说，单一品牌的多元化战略会增加企业发展的风险。娃哈哈企业实行多元化发展的战略，从"喝"到"食"到"用"，娃哈哈把不关联的产品建立在一个品牌之上，这种把所有鸡蛋放在一个篮子里的做法，风险是巨大的。一旦某个产品出现了问题，会导致整个品牌失去公信力，大大地降低品牌的有效利用价值。而且，原有的品牌形象限制了新产品的发展，新产品的发展对品牌的凝聚力产生稀释作用。由于娃哈哈发展新产品，有新的品牌定位，而这种新的品牌定位使得原有的品牌形象受到冲击，品牌凝聚力被稀释。娃哈哈陷入尴尬的发展境地。双品牌的实现可以有效降低企业的风险，开拓更多难以进入的领域，同时也可以提高企业在消费者中的形象，有利于企业的长远发展。

发展篇——正视全球化

走开放发展战略，稳健中抓住经济全球化的机遇，慎重地引进来，稳健地走出去，企业要发展，必须认清楚它发展的大环境。随着经济全球化，我国受其影响越来越大，需要强调的是，中国已经顺应时代的潮流加入WTO，经济发展的大环境已经变了，我们企业都必须注意这一点。国门的开放，国际经济交往的日益频繁，娃哈哈的传统文化也要慢慢地做出适应性的改变了。娃哈哈与达能的联姻给娃哈哈上了宝贵的一课，我们不应只看到和外国企业合作商标权的问题，还应该从更高的角度去洞悉事情的本质。

资料来源：林华，载于《中国商人》2002年。

思考：

1. 家族企业文化创新动力是什么？娃哈哈笑到最后的原因是什么？
2. 家族企业文化传承是一个系统工程，如何构建家族企业文化传承机制？
3. 娃哈哈在企业发展过程中传承的是什么？

参 考 文 献

[1] 何华. 企业文化理论研究溯源与前瞻：一个文献综述 [J]. 市场论坛, 2013 (6)：43-45.

[2] 刘瑞鹏, 刘玉普. 浅议国内企业文化建设之路 [J]. 现代商业, 2008 (20)：76-78.

[3] 肖松洁. 企业文化理论文献综述 [J]. 行政事业资产与财务, 2013 (22)：223.

[4] 刘志刚. 基于和谐管理理论的企业文化与企业制度耦合机制研究 [D]. 湖南工业大学, 2012.

[5] 杨红军. 非正式制度与企业文化研究 [D]. 中国优秀博硕士学位论文全文数据库 (博士), 2005.

[6] 罗丽. 企业文化导向的员工激励机制研究 [D]. 河南大学, 2012.

[7] 郭勇. 基于餐饮业的企业文化构建制度模型研究 [D]. 天津大学, 2011.

[8] 李雪杰. 当代中国企业文化建设的意义及建设路径研究 [D]. 山西财经大学, 2009.

[9] 艾亮. 企业文化建设研究 [D]. 天津大学, 2014.

[10] 乔东. 论企业差异性与企业文化 [J]. 中国劳动关系学院学报, 2009 (5)：70-73.

[11] 印德祥. 21 世纪企业文化战略思考 [J]. 企业研究, 2004 (6)：63-65.

[12] 王卫国. 如何提升企业文化的思考与建议 [J]. 中国科技信息, 2005 (20)：218.

[13] 温永强. 技术创新与企业文化相互作用的哲学思考 [D]. 武汉科技大学, 2007.

[14] 张红波. 关于加强企业文化建设的思考 [J]. 工会博览, 2014 (6)：

39-40.

[15] 梁爱景. 成功企业与企业文化互动浅析 [J]. 山西建筑, 2007 (19): 214-215.

[16] 王伟. 企业跨国经营过程中的文化冲突问题研究 [D]. 中央民族大学, 2014.

[17] 施生达, 王京齐. 没有企业文化就不会有核心竞争力 [J]. 海军工程学院学报, 1995 (1): 78-86.

[18] 孟婷. 论企业文化与企业核心竞争力 [D]. 南京航空航天大学, 2003.

[19] 李俊杰, 谢佳. 基于农机制造行业企业文化建设途径分析 [J]. 企业导报, 2011 (20): 180-181.

[20] 沃伟东. 企业文化的经济学分析 [D]. 复旦大学, 2007.

[21] 李玉明. 基于核心竞争力的企业文化研究 [D]. 东北农业大学, 2003.

[22] 温路. 可持续发展视角下的中国家族企业文化研究 [D]. 中国优秀硕士学位论文全文数据库. 河北师范大学, 2010.

[23] 申茜, 赵培. 家族制与当代中国家族企业的成长问题研究 [J]. 商场现代化, 2007 (21): 103-104.

[24] 郑海航. 对家族企业发展趋势的研究 [J]. 经济理论与经济管理, 2003 (9): 40-45.

[25] 曾忠禄. 家族企业长寿之道 [J]. 企业管理, 2002 (10): 74-76.

[26] 王文博. 透析德隆 [D]. 清华大学, 2005.

[27] 高汉祥. "家族人": 透视中国家族企业治理结构的新视角 [D]. 苏州大学, 2005.

[28] 黄胜涛. 中小家族企业转型研究 [D]. 复旦大学, 2011.

[29] 李雯婷. 家族上市公司现金红利政策研究 [D]. 湖北大学, 2014.

[30] 王欣. 影响中国家族企业可持续发展的因素研究 [D]. 中国海洋大学, 2009.

[31] 谢白雪. 我国家族企业文化评价及建设研究 [D]. 西安理工大学, 2009.

[32] 李洙德. 从公司治理论企业社会责任法制化 [D]. 中国政法大学, 2009.

[33] 陈淑娟. 东方管理视角下中国家族企业接班传承研究 [D]. 复旦大学, 2011.

[34] 郭念哲. 工作压力、工作满意度与工作倦怠的关系研究 [D]. 吉林大学, 2011.

[35] 朱元鸳. 公司治理对内部控制有效性的实证研究 [D]. 江苏大学, 2012.

[36] 秦钰. 我国家族企业可持续发展问题研究 [D]. 山东大学, 2012.

[37] 李雅洁. 我国家族企业传承问题及对策研究 [D]. 中国石油大学, 2010.

[38] 独家基. 我国家族企业制度研究 [D]. 兰州大学, 2010.

[39] 晏忠泰. 我国家族企业发展与职业经理人引进的探讨 [D]. 西南财经大学, 2011.

[40] 黄骁娟. 国产视频投影机家族企业的管理创新研究 [D]. 电子科技大学, 2007.

[41] 谢铭. 家族企业制度建设中的权力分配研究 [D]. 广西大学, 2009.

[42] 薛治刚. 中国家族企业管理模式创新的若干问题研究 [D]. 对外经济贸易大学, 2007.

[43] 刁利. 发电企业竞争力评价指标体系及综合评价方法研究 [D]. 中国优秀博硕士学位论文全文数据库（硕士）, 2006.

[44] 赵炎. 我国物流企业竞争力评价与对策研究 [D]. 中国优秀博硕士学位论文全文数据库（博士）, 2005.

[45] 张亚洲, 张旭辉. 新经济条件下企业竞争优势与竞争力的再思考 [J]. 攀枝花学院学报：综合版, 2010.

[46] 孟云. 汽车企业竞争力评价及实证研究 [D]. 中国优秀硕士学位论文全文数据库, 2008.

[47] 李海泉. 中国证券公司竞争力研究 [D]. 中国优秀硕士学位论文全文数据库, 2012.

[48] 孙洪志. 吉林省煤炭行业制度创新与发展战略研究 [D]. 中国优秀博

硕士学位论文全文数据库（博士），2004.

[49] 王圣，张燕歌. 山东海洋产业竞争力评估体系的构建 [J]. 海洋开发与管理，2011.

[50] 崔成芳. 我国交通运输业上市公司竞争力评价研究 [D]. 中国优秀硕士学位论文全文数据库，2011.

[51] 周君侠. 区域物流竞争力评价理论与实证研究. 中国优秀硕士学位论文全文数据库，2012.

[52] 余祖德，陈俊芳. 企业竞争力来源的理论综述及评述 [J]. 科技管理研究，2009.

[53] 赵振宇，刘曦子. 企业四阶动态能力的层级建构及其模型 [J]. 华北电力大学学报（社会科学版），2014.

[54] 宋怡. 基于优势转换的钢铁企业竞争力研究 [D]. 中国优秀硕士学位论文全文数据库，2014.

[55] 蒋宁. 林产品物流企业竞争力研究 [D]. 中国博士学位论文全文数据库，2014.

[56] 王丽欣. 我国上市商业银行竞争力评价研究 [D]. 中国优秀硕士学位论文全文数据库，2010.

[57] 黄冠云. 基于战略的企业竞争力培育的决策模式研究 [D]. 中国优秀博硕士学位论文全文数据库（博士），2006.

[58] 余祖德. 制造企业竞争力的决定因素模型及其实证研究 [J]. 软科学，2008.

[59] 刘益. 企业价值链管理与供应链管理的协同性分析 [J]. 北京印刷学院学报，2007.

[60] 陶良虎. 湖北装备制造业竞争力研究 [D]. 中国优秀博硕士学位论文全文数据库（博士），2006.

[61] 史清琪. 国外产业国际竞争力评价理论与方法 [J]. 宏观经济研究，2001.

[62] 郑立鲍. 企业竞争力理论研究综述 [J]. 铜陵学院学报，2010.

[63] 朱学星. 中国上市矿业企业竞争力评价研究 [D]. 中国优秀硕士学位论文全文数据库，2013.

[64] 任慧军. 建立中小企业技术创新战略联盟的策略 [J]. 创新科技, 2006.

[65] 甄开炜. 创新民营企业用人机制的方略 [J]. 当代经济, 2006.

[66] 朱惠军. 试论民营企业人力资源管理对策 [J]. 现代商业, 2007.

[67] 朱长丰. 家族企业特质性与用人制度创新 [J]. 企业经济, 2007.

[68] 刘丽萍. 中国家族企业演进过程中的管理体制研究 [D]. 中国优秀博硕士学位论文全文数据库（硕士）, 2004.

[69] 汪腾. 家族企业用人机制的创新探析 [D]. 西昌学院学报（社会科学版）, 2006.

[70] 涂沁, 卢伟红. 我国家族企业与现代企业制度融合研究 [J]. 企业经济, 2008.

[71] 孙佳瑞. 家族企业代际传承问题研究 [D]. 中国优秀硕士学位论文全文数据库, 2013.

[72] 仲继银. 家族和民营企业的董事会与公司治理 [J]. 董事会, 2008.

[73] 林辉. 美国强生：分权管理的反向思维——反观中国的家族企业之路 [J]. 东方企业文化, 2011.

[74] 邓擎. 我国家族企业治理结构研究 [D]. 中国优秀硕士学位论文全文数据库, 2008.

[75] 潘丽萍. 中小企业人力资源管理的瓶颈及其突破 [J]. 科技资讯, 2008.

[76] 吴三清. 我国中小企业国际化经营的影响因素及方式选择研究 [D]. 中国优秀博硕士学位论文全文数据库（博士）, 2005.

[77] 吕晓文, 凌德政, 汪晓梦. 传统家族文化对我国家族企业的影响及其扬弃 [J]. 广东经济管理学院学报, 2003.

[78] 张正峰. 家族性资源与家族企业中的假性和谐 [J]. 特区经济, 2005.

[79] 汪晓梦. 传统家族文化与我国家族企业管理 [J]. 乡镇经济, 2005.

[80] 田祖海. 传统文化与中国家族企业的发展 [J]. 武汉理工大学学报（社会科学版）, 2003.

[81] 王忠民, 仲伟周. 中国中小企业：家族文化与企业管理 [J]. 人文杂志, 1994.

[82] 王磊. 民营企业文化管理的优势分析及路径选择 [J]. 江苏省社会主义学院学报, 2007.

[83] 陈乐, 彭晓辉. 传统家文化视角下家族企业文化演化路径分析 [J]. 湖南人文科技学院学报, 2013.

[84] 潘国强. 文化视角中的中外时间取向差异 [J]. 商业时代, 2006.

[85] 孔祥英. 新创企业的企业文化研究 [D]. 中国优秀硕士学位论文全文数据库, 2012.

[86] 再娜甫·衣米提. 新疆个体、私营经济发展研究 [D]. 中国优秀博硕士学位论文全文数据库（硕士）, 2006.

[87] 陈高林. 家族制管理与私营企业持续成长 [J]. 经济体制改革, 2004.

[88] 王鸽霏. 我国家族企业转化期发展对策研究 [D]. 重庆大学学报（社会科学版）, 2003.

[89] 吕群智, 王令芬. 浅析我国家族企业管理模式的改造 [J]. 商场现代化, 2007.

[90] 徐向红. 江苏沿海滩涂开发、保护与可持续发展研究 [D]. 中国优秀博硕士学位论文全文数据库（博士）, 2004.

[91] 文江. 家族企业：并非"非主流"模式 [J]. 财会学习, 2010.

[92] 陈亮. 同仁堂的直销试验 [J]. 成功营销, 2007.

[93] 程云华. 认识民营企业的生命周期 [J]. 包装世界, 2010.

[94] 梁洪松. 基于企业生命周期的组织创新动因作用机理研究 [D]. 中国博士学位论文全文数据库, 2009.

[95] 石新中. 信用与人类社会 [D]. 中国社会科学院研究生院学报, 2008.

[96] 井维玲. 和谐社会背景下民营企业文化的研究 [D]. 中国优秀硕士学位论文全文数据库, 2008.

[97] 张春阳. 我国大型石化企业的企业文化建设探析 [D]. 中国优秀硕士学位论文全文数据库, 2010.

[98] 马为贞. 中国网通地市级公司企业文化建设研究 [D]. 中国优秀硕士学位论文全文数据库, 2008.

[99] 杨醒. 企业文化在现代企业中的地位和作用 [J]. 发展, 2010.

[100] 黄赞. 基于生命周期理论的中国家族企业文化建设研究 [D]. 湘潭

大学，2012.

[101] 孙铭. 论企业文化的激励作用 [D]. 复旦大学，2005.

[102] 汪兴东. 基于企业生命周期企业文化构建的策略性分析 [D]. 重庆理工大学，2005.

[103] 李德黎. 论当代中国民营企业文化建设 [D]. 电子科技大学，2005.

[104] 刘凤姣. 我国民营企业文化建设问题研究 [D]. 湖南农业大学，2006.

[105] 张永峰. 我国民营企业文化建设研究 [D]. 东北农林大学，2006.

[106] 殷世河. 不同所有制下的企业文化研究 [D]. 山东科技大学，2011.

[107] 陈新年. 珠江三角洲民营企业文化建设研究 [D]. 广东工业大学．2006.

[108] 李明标. 建设先进企业文化促进印制电路板及其基材产业的发展 (2) [J]. 印制电路信息，2004.

[109] 汪薇. 国有勘察设计企业人力资源开发与管理研究 [D]. 西南交通大学，2005.

[110] 程欢. 互联网企业文化建设及对策分析——以微众传媒公司为例 [D]. 北京交通大学，2014.

[111] 徐敏迪. 扬州市物流企业人力资本对企业绩效影响的实证分析 [D]. 扬州大学，2013.

[112] 徐萌. SY广播电视台企业文化建设与管理研究 [D]. 中国优秀硕士学位论文全文数据库，2011.

[113] 壮蓉. 知识经济条件下的企业文化管理 [D]. 山东大学，2014.

[114] 程欢. 互联网企业文化建设及对策分析 [D]. 北京交通大学，2012.

[115] 张富刚. 东明石化企业文化研究 [D]. 山东科技大学，2007.

[116] 杨世九. 以企业文化引领企业战略的探索 [J]. 山西焦煤科技，2007.

[117] 汤飞. 现代企业如何实现人力资源的合理配置与管理 [J]. 今日科苑，2009.

[118] 郭晓春. 湘潭地区家族企业经理人力资源开发问题研究 [D]. 中南大学，2006.

[119] 陈大勇. 论我国医药行业企业文化建设 [D]. 哈尔滨工程大学, 2007.

[120] 霄峰. 民营企业文化创新研究 [D]. 东南大学, 2006.

[121] 尹恒飞. 企业文化战略实施研究 [D]. 四川大学, 2006.

[122] 张沁忠. D公司企业文化建设问题探析 [D]. 广西大学, 2006.

[123] 刘秀云. 建设新时期企业文化的程序 [J]. 中国质量, 2009.

[124] 吴海艳. 服务型企业员工服务价值观研究——以重庆市电信企业为例. 西南大学, 2007.

[125] 孟远哲. 民营企业内部营销与企业文化创新的探讨 [D]. 武汉大学. 2006.

[126] 刘秀云. 建设新时期企业文化的程序 [J]. 中国质量, 2009.

[127] 唐雪漫. 企业文化与现化企业制度建设 [D]. 西南大学, 2000.

[128] 胡舒华. 中国家族企业的国际化研究 [D]. 哈尔滨工业大学, 2007.

[129] 魏敏. 试论家族企业及其企业文化建设 [D]. 武汉科技大学, 2004.

[130] 陈松. 基于信任的家族企业用人机制研究 [D]. 河北经贸大学, 2008.

[131] 卢怀钿. 华能汕头电厂生产组织变革研究 [D]. 大连理工大学, 2005.

[132] 李朋. 独特的文化个性是企业发展之魂——海尔集团企业文化建设与文化营销策略研究 [D]. 大连理工大学, 2002.

[133] 刘玉生. 营造以人为本的企业文化——面对知识经济的泉州乡镇企业文化建设的思考 [D]. 泉州师范学院, 2001.

[134] 周昌湘. 台湾庄周企管顾问公司总经理周昌湘谈：人力资源开发与企业成长 [D]. 大连理工大学, 1998.

[135] 涂海. 国有商业银行企业文化的影响分析与塑造 [D]. 西安交通大学, 2001.

[136] 苏雪. 我国中小企业文化建设研究 [D]. 山西财经大学, 2013.

[137] 柳天夫. 论工商银行湖南省分行营业部企业文化的构建与提升 [D]. 中南大学, 2009.

[138] 秦文展. 建设先进企业文化必须弘扬科学精神 [D]. 沿海企业与科

技,2006.

[139] 张有及.现代企业激励机制研究 [D]. 东北农林大学,2004.

[140] 武秀芬.浅谈天津农村金融的企业文化 [D]. 天津大学,2010.

[141] 张兵.监理企业的经营管理研究 [D]. 中国海洋大学,2006.

[142] 姚庆霞.论人本管理与提高国有商业银行竞争力 [D]. 郑州大学,2002.

[143] 聂辉,付海燕.企业管理应制度化与人性化并重 [J]. 企业家天地:下旬刊,2012.

[144] 胡国民.试论企业文化 [J]. 昌都科技,1991.

[145] 王英,王莉.企业核心价值观与企业文化的关系 [J]. 大众科技,2008.

[146] 王永锋.企业激励机制的设计 [D]. 天津大学,2007.

[147] 李春平.青海油田供水供电公司操作员工岗位能力研究 [D]. 兰州大学,2012.

[148] 武乌云.关于国有商业银行企业文化建设的思考 [D]. 内蒙古大学.2007.

[149] 武秀芬.浅谈天津农村金融的企业文化 [D]. 天津大学,2010.

[150] 胡嘉.长沙市烟草公司企业文化建设改进研究 [D]. 湖南大学,2013.

[151] 唐弨.加强企业文化建设,创造辉煌业绩——兼议成都置信实业有限公司企业文化建设 [D]. 西南财经大学,2001.

[152] 连天雷.企业人力资源管理中的员工激励研究 [D]. 厦门大学,2003.

[153] 包铭.民营企业员工激励机制及激励措施研究 [D]. 吉林大学,2005.

[154] 陆爽.创建企业文化的重要意义 [D]. 湖北广播电视大学,2011.

[155] 吴杨.企业人性化管理问题研究 [D]. 华中师范大学,2014.

[156] 钟娟.论企业的经济民主——企业民主管理的法制化.安徽行政学院,2001.

[157] 吴爱明.我国企业跨文化人力资源管理模式选择 [J]. 生产力研

究,2007.

[158] 潘喜梅. 论体育在企业文化建设中的促进作用 [D]. 河南财经政法大学, 2009.

[159] 任远. 宏远工程建设有限责任公司企业文化体系建设研究 [D]. 中国优秀硕士学位论文全文数据库. 北京交通大学, 2010.

[160] 徐锐. 企业文化是企业的核心竞争力 [J]. 知识经济, 2010.

[161] 顾丽娜. 高职院校学生自治组织建设与教育价值实现研究 [D]. 绍兴文理学院上虞分院, 2007.

[162] 张永峰. 我国民营企业文化建设研究 [D]. 东北林业大学, 2006.

[163] 赵莹. 中国民营企业文化的系统研究 [D]. 哈尔滨工程大学, 2005.

[164] 徐佩瑛. 构建民企文化探析 [J]. 江西社会科学, 2003.

[165] 纪红坤. 中国民营企业文化现状与发展研究 [D]. 哈尔滨工程大学, 2006.

[166] 林淑贤. 家族企业的管理模式探讨 [D]. 复旦大学, 2007.

[167] 胡军华. 人家族企业网络：性质、特征与文化基础 [J]. 东南亚研究, 2003.

[168] 钟永平. 华人家族企业管理模式及其文化基础研究 [D]. 暨南大学, 2003.

[169] 王莉. 石金涛中小企业协作网络：性质、特诊与演进过程 [D]. 上海交通大学, 2006.

[170] 陈静. 家族企业向现代公司转型的制度创新研究 [D]. 中国海洋大学, 2012.

[171] 李燕苏. 论试民营企业文化再造 [D]. 南通职业大学. 2005.

[172] 运乃锋. 我国民营企业转型的内外部环境及实施途径研究 [D]. 南开大学, 2008.

[173] 蔡艳梅. 房地产开发企业绿色文化评价与建设研究 [D]. 东北石油大学, 2013.

[174] 申红利. 《论语》与家族企业文化建设 [D]. 西安理工大学, 2009.

[175] 唐向华. 家族企业成长中企业文化转型研究 [D]. 中国优秀硕士学位论文全文数据库, 2012.

［176］董随东．"有效的校本培训"研究［D］．华东师范大学，2006．

［177］郭丽丽．民营企业成长中的产权制度改革研究［D］．天津商学院，2006．

［178］蒋新葆．甘肃省民营企业制度创新研究［D］．合肥工业大学，2008．

［179］何茂涛．民营企业制度变迁与创新研究［D］．山东大学，2006．

［180］卢福财，刘满芝．我国家族企业的成长模式及其选择［D］．江西财经大学，2003．

［181］翟洪霞．家族企业与家族文化初探［D］．北京工商大学，2005．

［182］尹延波，孙秀英．浅析我国家族企业的管理瓶颈［J］．现代企业教育，2007．

［183］王霄龙．青岛TH公司家族管理模式探讨［D］．吉林大学，2006．

［184］李世荣．企业文化变革在智邦的应用研究［D］．华南理工大学，2005．

［185］高峰．民营企业变革研究［D］．河海大学，2004．

［186］唐雯雯．家族企业文化对家族企业发展的影响研究［D］．中国优秀硕士学位论文全文数据库，2013．

［187］张建业．中国轻骑集团企业文化建设研究［D］．大连理工大学，2003．

［188］钱建国．家族企业与职业经理人适应问题研究［D］．南开大学，2007．

［189］王新．家族企业引入职业化管理探讨［D］．中国地质大学，2006．

［190］熊学萍，何劲．论家族企业的职业化管理［D］．华中农业大学．2004．

［191］韩冰．信用制度演进的经济学分析［D］．吉林大学，2006．

［192］朱雅丹．浅谈企业文化在企业管理中的作用［D］．浙江工业大学，2010．

［193］李冰．略论绿色企业文化［D］．哈尔滨工程大学，2009．

［194］魏裕喜．我国家族企业可持续发展研究［D］．河南科技大学，2013．

［195］孙君．塑造以人为本的企业文化［D］．无锡商业技术学院，2006．

［196］谈新敏．创新文化是建设创新型国家的根本［D］．郑州大学，2006．

[197] 王伯芬. 家族性民营企业的企业文化现状及对策 [D]. 中国石化天津石油分公司, 2013.

[198] 王伯芬. 家族性民营企业的企业文化现状及对策 [D]. 中国石化天津石油分公司, 2009.

[199] 章登庆. 企业文化建设落地研究 [D]. 首都经济贸易大学, 2006.

[200] 刘建旬. 青岛供电公司企业文化建设研究 [D]. 南开大学, 2004.

[201] 王远. 浅谈发电企业的企业文化建设 [J]. 大众科技, 2005 (12): 291-292.

[202] 张向荣. 我国中小企业文化战略研究 [D]. 哈尔滨工程大学, 2008.

[203] 路薇. 论塑造个性化的企业文化 [J]. 山东煤炭科技, 2014 (11): 216-217.

[204] 陈喜丽. 烟草行业企业文化建设关键要素分析 [J]. 现代商贸工业, 2009.

[205] 赵鑫彩. 基于接受心理的企业文化落地策略探析 [D]. 山东师范大学, 2011.

[206] 朱建中. 企业形象及其创新探究 [D]. 东北大学, 2006.

[207] 王贝贝. 浅论企业如何提升自身社会形象 [J]. 科技信息, 2010.

[208] 庞延轶. 方兴公司企业文化建设研究 [D]. 西南交通大学, 2004.

[209] 李颖. 加强非公安专业人才培养促进公安院校发展 [J]. 吉林公安高等专科学校学报, 2008.

[210] 李雪梅. 中交天航局船舶公司企业文化建设的优化研究 [D]. 长沙理工大学, 2012.

[211] 黄扬清. 企业文化力研究 [D]. 湖南农业大学, 2005.

[212] 吴越. 科技型企业文化建设研究 [D]. 中国优秀硕士学位论文全文数据库, 2008.

[213] 刘勇, 李秀金. 关于企业文化建设中共识原则的思考 [J]. 商场现代化, 2008 (33): 331.

[214] 王芳. 论我国会计师事务所合伙文化的建设 [D]. 中国优秀硕士学位论文全文数据库, 2011.

[215] 朱元根. 企业伦理的研究范式与构建 [D]. 中国优秀博硕士学位论

文全文数据库（硕士），2005.

[216] 沈晴. 欧美日企业文化之比较与启示 [D]. 苏州大学，2006.

[217] 谭群鸣. 现代企业文化的构建 [D]. 华中师范大学，2005.

[218] 公茂虹. 建立愿景企业的十二个步骤 [J]. 中外企业文化，2003 (12)：43-45.

[219] 金跃强. 战略视角下的企业动态能力构筑 [D]. 新疆财经大学，2006.

[220] 曹英. 金昌公路总段转型期企业文化培育与提升研究 [D]. 兰州大学，2005.

[221] 沈晴. 欧美日企业文化之比较与启示 [D]. 苏州大学，2006.

[222] 王小宁. 国有银行改革：如何实现文化整合 [J]. 西部论丛，2005 (12)：64-66.

[223] 谭群鸣. 现代企业文化的构建 [D]. 华中师范大学，2005.

[224] 黄赞. 基于生命周期理论的中国家族企业文化建设研究 [D]. 湘潭大学，2012.

[225] 王哲. 我国家族企业文化建设研究 [D]. 安徽大学，2013.

[226] 王萍. 我国家族企业文化建设研究 [D]. 中国优秀博硕士学位论文全文数据库（硕士），2006.

[227] 吴大器. 供电企业文化建设道路的新思考 [J]. 上海电力学院学报，2000.

[228] 李瑾. 供电企业文化建设综合评价研究 [D]. 中国优秀博硕士学位论文全文数据库（硕士），2006.

[229] 王彦亮. 面向电力行业企业的企业文化管理研究及应用 [D]. 中国优秀硕士学位论文全文数据库，2011.

[230] 鲍玉昆. 基于SMART准则的科技项目评标指标体系结构模型设计 [J]. 科学学与科学技术管理，2003.

[231] 李天成. 无粘结预应力在无梁楼盖中的技术经济性能分析 [D]. 湖南大学，2009.

[232] 晋刚. 网上拍卖信任影响因素及其信任机制的研究——来自孔夫子旧书网的实证 [D]. 西安理工大学，2008.

[233] 贺禹. 核电站专业化运营管理研究 [D]. 中国优秀博硕士学位论文全文数据库（博士），2005.

[234] 魏三川. 黄陵县县域经济竞争力研究 [D]. 西安理工大学，2010.

[235] 鲍玉昆. 科技项目招标投标决策模型及其支持系统研究 [D]. 华中科技大学，2002.

[236] 万江. 基于多层次模糊分析法的科技招标项目评标 [D]. 上海交通大学，2005.

[237] 张金隆. IT招标项目评价模型与方法研究 [D]. 华中科技大学，2003.

[238] 黄业仲. 火电机组设备采购评标研究 [D]. 中国优秀硕士学位论文全文数据库，2007.

[239] 李高朋. 基于供应链的联合计划、预测及补货系统的规范化研究 [D]. 上海大学，2003.

[240] 柴瑜. 重庆市公益类科研院所技术创新能力评价研究 [D]. 中国优秀硕士学位论文全文数据库，2013.

[241] 廖星. 甘肃移动通信公司IT设备招标流程及评标体系的设计与实施 [D]. 中国优秀硕士学位论文全文数据库，2011.

[242] 袁惠英. 物流企业文化评价指标体系设计研究 [D]. 中国优秀硕士学位论文全文数据库，2012.

[243] 田丽. 上市公司经营业绩评价体系选择及应用研究 [D]. 中国优秀博硕士学位论文全文数据库（硕士），2005.

[244] 艾亮. 企业文化建设研究 [J]. 中国博士学位论文全文数据库，2014.

[245] 刘燕，陈英武. 电子政务顾客满意度指数模型实证研究 [J]. 系统工程，2006.

[246] 王璐，包革军. 综合评价指标体系的一种新的建构方法 [J]. 统计与信息论坛，2002.

[247] 李锦清. 基于管理熵理论的中国民营企业生命周期研究 [D]. 中国优秀博硕士学位论文全文数据库（硕士），2007.

[248] 熊富标. 企业文化建设绩效的研究 [D]. 中国优秀硕士学位论文全

文数据库，2009.

[249] 景国俊. 建立农行企业文化建设评价体系的思考 [J]. 农村金融研究，2000.

[250] 任旭萍. "低碳"背景下企业文化绩效评价体系研究 [D]. 中国优秀硕士学位论文全文数据库，2012.

[251] 陈要立，姜玉满. 基于企业文化要素论的企业文化测评体系架构研究 [J]. 全国商情（经济理论研究），2005.

[252] 王世佰. 交通建筑企业文化建设研究 [D]. 中国优秀硕士学位论文全文数据库，2014.

[253] 胡丽娜，赖非. 运用新媒体技术增强共青团吸引和凝聚力研究 [J]. 南昌师范学院学报，2014.

[254] 张成义. 南航吉林分公司安全文化建设研究 [D]. 中国优秀硕士学位论文全文数据库，2008.

[255] 韩晓霞. QHSE管理体系及其在石油企业安全管理中的应用研究 [D]. 中国优秀硕士学位论文全文数据库，2008.

[256] 李会. 西安民营科技企业知识管理水平测度研究 [D]. 中国优秀硕士学位论文全文数据库，2011.

[257] 张冬生. 高校院系创新文化评价与建设研究 [D]. 华北电力大学，2007.

[258] 郭晓磊. 构建安全生产管理长效机制研究——以云南为例 [D]. 云南大学，2010.

[259] 吴直长. 我国家族企业治理模式转型研究 [D]. 中国优秀硕士学位论文全文数据库，2012.

[260] 付蓉，徐莹敏. 我国家族企业文化创新机理研究 [D]. 商业经济研究，2015.

[261] 李书进. 家族企业文化创新探析 [D]. 商场现代化，2007.

[262] 余向前，骆建升. 家族企业成功传承的标准及影响因素分析 [D]. 江西社会科学，2008.

[263] 冯承介. 中国家族企业传承问题及对策研究 [D]. 中国优秀硕士学位论文全文数据库，2013.

[264] 陈爽. 我国家族企业突发性危机情势下的传承问题研究 [D]. 中国优秀硕士学位论文全文数据库, 2011.

[265] 马军. 我国家族企业接班人的遴选制度与指标体系探索 [D]. 中山大学, 2010.

[266] 姜云. 中国当代家族企业领导者更迭研究 [D]. 中国优秀硕士学位论文全文数据库, 2008.

[267] 赖晓东. 中国上市家族企业权杖交接时机影响因素及选择研究 [D]. 中国优秀博硕士学位论文全文数据库, 2007.

[268] 连任. 中国家族企业接班人问题研究 [D]. 厦门大学, 2006.

[269] 李春棉. 中国家族企业代际传承问题研究 [D]. 对外经济贸易大学, 2009.

[270] 张兵. 家族企业代际传承模式研究 [D]. 中国优秀博硕士学位论文全文数据库（博士）, 2005.

[271] 王海晴. 我国家族企业可持续发展研究 [D]. 中国优秀硕士学位论文全文数据库, 2012.

[272] 陈文婷. 家族企业跨代际创业传承研究——基于资源观视角的考察 [D]. 东北财经大学学报, 2012.

[273] 张彩虹, 时晓利. 家族企业继承研究述评 [D]. 中国商贸, 2013.

[274] 王国保, 宝贡敏. 国外家族企业继承研究述评 [D]. 重庆大学学报（社会科学版）, 2007.

[275] 杨莉. 中国家庭企业社会资本、组织知识、组织文化与代际传承的关系及经营管理模式选择研究 [D]. 中山大学, 2010.

[276] 黄锐. 家族企业代际传承研究综述 [D]. 山东社会科学, 2009.

[277] 王晓萍. 国内外家族企业研究的最新动态 [D]. 杭州电子科技大学学报（社会科学版）, 2005.

[278] 王海曦. 我国家族企业的传承研究 [D]. 河北经贸大学, 2008.

[279] 李卫兵. 家族企业的演进及管理模式研究 [D]. 中国优秀博硕士学位论文全文数据库（博士）, 2006.

[280] 李秦阳. 论 Gerisck 经典模型对我国家族企业权杖交接的启迪 [D]. 集团经济研究, 2007.

[281] 王芬. 传统文化对我国家族企业的影响分析 [D]. 生产力研究, 2012.

[282] 赵瑞君. 家族企业代际传承研究视角综述 [D]. 技术经济与管理研究, 2013.

[283] 王立凤. 论企业的文化管理与文化建设 [D]. 中国优秀博硕士学位论文全文数据库（硕士）, 2004.

[284] 孙金水. 我国中小企业发展的外部环境优化策略 [D]. 中州大学学报, 2013.

[285] 李锐. 我国家族企业文化管理必然性及对策研究 [D]. 中国优秀硕士学位论文全文数据库, 2009.

[286] 郑月龙. 家族制与家族企业成长 [D]. 武汉职业技术学院学报, 2012.

[287] 毛朝阳, 田祖海. 传统文化与中国家族企业的发展 [D]. 武汉理工大学学报：社会科学版, 2003.

[288] 王毅杰, 童星. 家族企业、家庭文化、社会信任 [D]. 学海, 2002.

[289] 周兴会, 秦在东. 论马克思所有制理论标准的两重性 [D]. 马克思主义与现实, 2014.

[290] 吴国权, 刘颖. 家族企业结构升级中的信任机制变迁 [D]. 经济与管理, 2007.

[291] 谢燕. 非正式制度视角下的潮汕地区劳资纠纷问题——以潮州古巷讨薪暴力事件为案例分析 [D]. 中国城市经济, 2011.

[292] 付文京. 基于社会资本理论的家族企业关系治理模式研究 [D]. 东北财经大学, 2006.

[293] 李慧. 现阶段我国家族企业的存在合理性分析 [J]. 西安财经学院学报, 2003.

[294] 王少杰. 论影响中国家族企业传承的四个核心因素 [J]. 广西社会科学, 2012.

[295] 雷原. 以法治国与建立现代企业制度 [J]. 当代经济科学, 2004.

[296] 吴敬琏. 改革，就是释放企业家的创新活力 [J]. 南方企业家, 2011.

［297］杨春权．我国国有企业文化建设探析［J］．经济师，2011．

［298］戴敏嘉．关于如何建造企业文化之路的思考［J］．现代企业文化，2010．

［299］邹昊．政府采购文化建设体系内容研究［J］．中国政府采购，2011．

［300］李斌．浅析如何加强国有企业的企业文化建设［J］．企业导报，2012．

［301］刘传清．知识经济时代的企业文化建设［D］．中国优秀博硕士学位论文全文数据库（硕士），2006．

［302］王敏．中小家族式企业人性化管理模式与运行机制研究［D］．中国海洋大学．2007．

［303］胡淑芳．革新家族企业管理势在必行［J］．经济技术协作信息，2007．

［304］许洁．浅谈我国国有企业青年职工思想政治工作机制［J］．科学与财富，2012．

［305］赖素贞．比较中西企业文化，促进家族企业的可持续发展［D］．湖北经济学院学报：人文社会科学版，2009．

［306］郭一红，张赓．建设中国特色社会主义文化与接纳外来文化问题［J］．求索，2007．

［307］冯之浚．国家创新系统的文化背景［J］．科学学研究，1999．

［308］甘露．企业文化专题之一——小议企业文化［J］．国家电网，2006．

［309］张向前．我国家族企业文化创新机理研究［J］．企业经济，2015．

［310］鹿川．小水泡子里能跳出几条过海蛟龙［J］．散装水泥，2012．

［311］戴志强．民企"子承父业"继任模式的选择、风险及控制［J］．改革与开放，2005．

［312］吴元平．家族企业可持续发展的思考［J］．广播电视大学学报（哲学社会科学版），2007．

［313］颜星．知识经济时代企业文化创新力研究［D］．中国优秀硕士学位论文全文数据库，2012．

［314］周莉．GH重庆分公司基于人本管理的企业文化研究［D］．中国优秀硕士学位论文全文数据库，2008．

[315] 袁清媛. 企业文化创新机制研究 [D]. 中国优秀硕士学位论文全文数据库, 2010.

[316] 徐平, 袁清媛. 基于要素分析的企业文化创新机制优化研究 [J]. 学术交流, 2008.

[317] 刘桂芝. 我国家族企业可持续发展的研究 [D]. 中国优秀博硕士学位论文全文数据库（硕士）, 2006.

[318] 成明. 民营企业文化的建设途径 [J]. 东方企业文化, 2012.

[319] 刘冬梅, 姚东. 家族企业文化建设认知的误区与超越 [J]. 山东工商学院学报, 2009.

[320] 冯福来. 浅析民营企业文化的构建 [J]. 集团经济研究, 2007.

[321] 柴宝成. 民营企业要过"五关"——柴宝成先生访谈录 [J]. 经济理论与经济管理, 2002.

[322] 冯鹏程. 中国家族企业存在问题及对策 [J]. 销售与管理, 2008.

[323] 吴静芬. 中国家族企业成长：一个家文化视角的研究 [D]. 西安石油大学, 2007.

[324] 曾少军. 中国当代家族企业的组织文化创新路径研究 [J]. 企业经济, 2009.

[325] 胡昱. 学习型组织的本质是学习型的组织文化 [J]. 中外企业文化, 2004.

[326] 王萍. 我国家族企业持续发展的文化解析 [J]. 企业经济, 2005.

[327] 房茂涛, 尹一安. 探析中国家族企业文化现状及其重塑 [J]. 北方经贸, 2006.

[328] 叶亚飞. 家族企业及其文化建设存在的问题与对策 [J]. 商场现代化, 2006.

[329] 林宽. 中国家族企业的现状与未来发展趋势研究 [D]. 中国博士学位论文全文数据库, 2010.

[330] 曾少军. 中国家族企业组织创新研究 [D]. 中国博士学位论文全文数据库, 2009.

[331] 贺永顺. 对学习型组织的再认识——准确理解和把握"学习型组织"的实质 [J]. 中外企业文化, 2004.

[332] 潘东林. 实德集团培训体系与培训制度的建设实践 [D]. 中国优秀博硕士学位论文全文数据库（硕士），2005.

[333] 王云飞. 我国家族企业传承中的文化分析 [D]. 中国优秀硕士学位论文全文数据库，2008.

[334] 陈哲. 中国家族企业的股票风险特征研究 [D]. 中国优秀硕士学位论文全文数据库，2011.

[335] 侯永峰. 内蒙古景建美园林有限公司管理模式研究 [D]. 中国优秀硕士学位论文全文数据库，2013.

[336] 董敏耀. 中国家族企业关键成功因素研究 [D]. 中国博士学位论文全文数据库，2011.

[337] 王晖. 面向创新型中小企业的或有债权融资研究 [D]. 中国优秀硕士学位论文全文数据库，2014.

[338] 周立新. 转轨时期中国家族企业组织演进研究 [D]. 中国优秀博硕士学位论文全文数据库（博士），2005.

[339] 黄烨. 浙江民营企业"二次创业"研究 [D]. 首都经济贸易大学，2006.

[340] 龚鹤强. 经济转型中私营中小企业关系和绩效的实证研究 [D]. 华南理工大学，2006.

[341] 冯鹏程. 中国家族企业及其财务战略问题研究 [D]. 厦门大学，2007.

[342] 乔红学. 我国家族企业制度变迁研究 [D]. 中国优秀硕士学位论文全文数据库，2007.

[343] 唐文. 中国家族企业治理研究 [D]. 湖北工业大学，2007.

[344] 程世龙. 我国家族企业发展研究 [D]. 首都经济贸易大学，2005.

[345] 林渊博. 中小家族企业融资行为分析与博弈选择研究 [D]. 中国博士学位论文全文数据库，2011.

[346] 胡水清. "民工荒"现象的人力资本分析及其哲学思考 [D]. 中国优秀硕士学位论文全文数据库，2008.

[347] 刘晶. 论政府在民营经济发展中的地位和作用——以上海市徐汇区为例 [D]. 上海交通大学，2009.

[348] 陈向阳. 剩余索取与控制在家族企业亲缘关系分析中的应用——以兰州黄河企业集团为例的研究 [D]. 中国优秀博硕士学位论文全文数据库（硕士），2004.

[349] 马静涛. 我国大型家族企业有效公司治理研究 [D]. 东北大学，2006.

[350] 李楠. 民营企业二次创业中管理者薪酬体系研究 [D]. 天津商业大学，2005.

[351] 张厚义. 私营企业人力资本运营的历史轨迹与现实矛盾 [J]. 广东社会科学，2004.

[352] 张博颖. 私营企业与集体主义道德要求——关于当代中国伦理问题的一个个案研究 [J]. 湖南师范大学社会科学学报，2006.

[353] 邢赛鹏. 我国民营企业发展环境因素与评价体系研究 [D]. 云南大学，2005.

[354] 李海涛. "新36条"的理论渊源和理论环境 [J]. 前沿，2010.

[355] 何瑞燕. 广东省民营企业国际化路径的研究 [D]. 中山大学，2009.

[356] 曹新. 民间资本蓬勃发展是整个经济发展的象征 [J]. 理论视野，2010.

[357] 申茜. 新时期中国家族企业发展史探微 [D]. 中国优秀硕士学位论文全文数据库，2008.

[358] 刘平青. 转轨期中国家族企业研究 [D]. 中国优秀博硕士学位论文全文数据库（博士），2003.

[359] 马丽波. 家族企业的生命周期 [D]. 中国博士学位论文全文数据库，2008.

[360] 孙炳芳. 中国近代企业家的经营之道管窥 [J]. 集团经济研究，2007.

[361] 王同勋. 近代民族企业的经营管理思想 [J]. 山西财经大学学报，2002.

[362] 许秋奎. 近代民族企业的经营管理思想 [J]. 全国商情：经济理论研究，2008.

[363] 吕亮，张文. 近代民族企业的"名牌"意识 [J]. 史学月刊，1996.

[364] 李坚. 上海的宁波人研究（1843—1937）[D]. 中国优秀博硕士学位论文全文数据库（博士），2004.

[365] 何成刚，夏辉辉. 再谈如何上好"中国民族资本主义的发展"课 [J]. 历史教学，2007.

[366] 王圆圆. 民族实业家管理思想的特征 [J]. 石家庄经济学院学报，2014.

[367] 陈韶华. 中国近代民族资本企业的社会责任观初探 [J]. 科技创业月刊，2010.

[368] 尹铁. 论近代浙商的企业管理思想和经营理念 [J]. 商业经济与管理，2011.

[369] 邓湧. 转轨时期中国企业管理思想演变探析 [J]. 商业时代，2014.

[370] 龙旭腾. 公司制改造研究及方案设计 [D]. 天津大学，2000.

[371] 李琪. 转轨时期的中国企业管理思想演变研究 [D]. 中国博士学位论文全文数据库，2007.

[372] 闫晨. 改革开放以来中国管理思想演变的阶段分析 [D]. 中国优秀硕士学位论文全文数据库，2013.

[373] 胡中敬. 宁波港引航管理对策研究 [D]. 大连海事大学，2007.

[374] 陈德. 科学发展观与传统人事管理理念的革新 [J]. 当代经济，2007.

[375] 余敦庆. 品牌扩展要注意的三原则 [J]. 管理与财富，2004.

[376] 盖盖儿. 方太的文化经营哲学 [J]. 企业文化，2009.

[377] 梁瑞丽. 方太：创新企业文化 [J]. 东方企业文化，2009.

[378] 张欣. 中国家族企业文化的构建 [D]. 中国优秀硕士学位论文全文数据库，2007.

[379] 王利平. "中国式"文化与"灵动"联盟——中国产业转移与转型的思维探析三 [J]. 宁波经济：财经视点，2006.

[380] 师毅. 方太父子的二次创业之争 [J]. 新财经，2007.

[381] 陈凌. 家族制企业双刃剑 [J]. 中国中小企业，2005.

[382] 李俊龙. 加强企业文化建设提升项目盈利能力 [J]. 山西建筑业，2012.

[383] 张晴. 民营企业文化战略研究 [D]. 湘潭大学, 2005.

[384] 王兴元, 欧阳鲁生. 加强战略管理创造企业名牌 [J]. 科学与管理, 1997.

[385] 宋宏业. 企业名牌战略与营销策略问题初探 [J]. 河南商业高等专科学校学报, 2003.

[386] 昔豫川. 中原油田井下特种作业处经营管理研究 [D]. 中国优秀博硕士学位论文全文数据库（硕士）, 2006.

[387] 张怡. 企业管理创新机制问题研究 [D]. 中国优秀博硕士学位论文全文数据库（硕士）, 2003.

[388] 杨静. 论现阶段中国家族企业文化的再造 [D]. 中国优秀博硕士学位论文全文数据库（硕士）, 2006.

[389] 徐金凤. 日本企业文化的渊源 [J]. 中外企业文化, 2005.

[390] 董月. 好莱坞电影《功夫熊猫》的中国文化演绎 [D]. 中国优秀硕士学位论文全文数据库, 2013.

[391] 陈瑞. 日本企业文化视角下的中国特色企业文化研究 [D]. 中国优秀硕士学位论文全文数据库, 2007.

[392] 周海英. 浅论"武士道"与日本企业文化 [J]. 法制与社会, 2007.

[393] 郭安廷. 论煤矿企业文化建设 [D]. 中国优秀博硕士学位论文全文数据库（硕士）, 2004.

[394] 钱蓝. X动画公司企业文化现状和对策研究 [D]. 时代报告：学术版, 2011.

[395] 冯素雯. 英维思公司国际化战略研究 [D]. 中国优秀硕士学位论文全文数据库, 2013.

[396] 朱小龙. 日本企业文化变化及对我国企业文化建设的启示 [D]. 中国优秀博硕士学位论文全文数据库（硕士）, 2006.

[397] 常辉. LG电子企业文化在中国成功本土化研究 [D]. 南开大学, 2005.

[398] 王波, 彭薇薇. 什么是J型文化 [J]. 四川水力发电, 2011.

[399] 陈秀中. 解析日本企业文化 [J]. 经济管理文摘, 2005.

[400] 邓少云. 企业文化之于民族精神企业兴衰之于民族危亡——赴日参加

食品博览会的感思［J］．大观周刊，2011．

［401］李庚．日本企业文化对我国文化建设的启示［J］．经济与社会发展，2009．

［402］王景芳，吴二林．日本企业文化及其对中国企业的启示［J］．黄冈师范学院学报，2006．

［403］瞿沐学，刘佳．日本企业文化的特质解析［J］．重庆工学院学报（社会科学版），2007．

［404］阮氏青寅．基于越南文化的汽车制造业 TPS 推广研究［D］．中国优秀硕士学位论文全文数据库，2010．

［405］潘向泷．文化差异对营销人才本土化的影响——美、日、德三国企业实证分析［J］．科技情报开发与经济，2007．

［406］金雪梅．日本企业文化对我国企业发展的启示［J］．北方经济：学术版，2006．

［407］网文．日本企业文化团队合作与创新精神［J］．东方企业文化，2012．

［408］米建国．论日本企业造物先造人的经营思想［J］．经营与管理，1986．

［409］袁秀华．中华儒学与日本管理哲学［J］．税收与企业，2000．

［410］姚建文．社会文化与企业伦理模式的变迁［J］．商业经济，2011．

［411］程丽萍．浅谈企业文化建设几点建议［J］．现代经济信息，2013．

［412］侯宝珍．柔性战略在家族企业中的应用研究［D］．西安石油大学，2009．

［413］鲍志伦．我国民营企业企业文化建设的问题与对策研究［J］．中国市场，2012．

［414］孔令如．日本企业文化的主要内涵及其启示［J］．巢湖学院学报，2005．

［415］王丽．日本式企业文化的宗教色彩［J］．现代情报，2005．

［416］胥敏．日本企业的精神支柱——企业文化［J］．党政干部学刊，2005．

［417］党向阳．人才的笼子与巢穴［J］．医学美学美容（财智），2005．

[418] 贺慧勇. 关于对企业文化建设的认识与思考 [J]. 山西科技, 2007.

[419] 刘磊. 松下培训之道：造物之前先造人——访北京松下控制装置有限公司人事课长申杰 [J]. 中国劳动, 2004.

[420] 邓延昭. 京卫医药科技集团企业文化研究 [D]. 北京交通大学, 2003.

[421] 杜雪. 我国私营企业伦理建设研究 [D]. 中国优秀硕士学位论文全文数据库, 2008.

[422] 郑恩强. 陕西省国有企业企业文化建设路径探析——以陕西省国资委监管企业的企业文化建设为例 [D]. 西北大学, 2009.

[423] 李让差. 中国邮政速递物流企业文化建设研究 [D]. 中国优秀硕士学位论文全文数据库, 2012.

[424] 李小丽. 论否决权 [J]. 世界经济与政治, 1996.

[425] 张明爱. 英语的形成、扩张与现状 [D]. 忻州师范学院学报, 2006.

[426] 李可, 王伟. 法国综合运输管理体制及协调发展研究 [J]. 综合运输, 2014.

[427] 张小荣. 近代法国家族企业的成因 [J]. 陕西师范大学学报（哲学社会科学版）, 2001.

[428] 梁霓霓. 法国家族企业制度分析与借鉴——兼论布伊格集团企业制度 [D]. 中国优秀博硕士学位论文全文数据库（硕士）, 2004.

[429] 杜慧. "寓哭于笑"与正统观念的颠覆——李渔白话短篇小说三论 [D]. 陕西师范大学, 2005.

[430] 刘玉生. 家族企业存在和变革的一种文化分析 [J]. 泉州师范学院学报, 2005.

[431] 刘嘉. 企业文化的比较研究 [J]. 现代管理科学, 2004.

[432] 刘安. 中法企业文化比较研究 [J]. 天津商学院学报, 2002.

[433] 张佳. 中法合资企业的文化管理模式研究 [D]. 中国优秀博硕士学位论文全文数据库（硕士）, 2004.

[434] 李旭华. 企业文化在国际性合作项目实施中的影响与管理模式研究 [D]. 中国优秀硕士学位论文全文数据库, 2011.

[435] 孔海洋. 在华德国跨国公司的企业文化本土化研究 [D]. 北京工业大学, 2009.

[436] 赵丽. 德国跨国公司在华企业人力资源本土化战略分析 [D]. 中国优秀硕士学位论文全文数据库, 2007.

[437] 赵晓霞, 孔海洋. 在华德国跨国公司的企业文化本土化研究 [J]. 经济论坛, 2008.

[438] 刘展术. 企业培训建立体系很重要 [J]. 人力资源管理, 2008.

[439] 季军良. 浅谈德国汽车企业文化及其启示 [J]. 现代营销（学苑版）, 2011.

[440] 胡峰. 外资在我国并购后的文化冲突与整合问题探析 [J]. 贵州财经学院学报, 2003.

[441] 马欣. 基于民族文化差异的企业管理方式研究 [D]. 中国优秀硕士学位论文全文数据库, 2010.

[442] 周璐. 从明基并购西门子手机看企业跨国并购中文化差异的影响 [D]. 中国优秀硕士学位论文全文数据库, 2008.

[443] 高雪. 博物馆与企业文化 [D]. 中国优秀博硕士学位论文全文数据库（硕士）, 2006.

[444] 梁立波. 中德企业文化差异及在合资公司中的整合研究 [D]. 中国优秀博硕士学位论文全文数据库（硕士）, 2007.

[445] 吴淑霞. 世界汽车企业文化典范浅析及跨国公司的跨文化冲突 [J]. 汽车情报, 2003.

[446] 卢长利. 奔驰的企业形象战略 [J]. 企业研究, 2001.

[447] 爱车. "奔驰"的企业形象战略 [J]. 企业文化, 2005.

[448] 龚晓琦. 企业 CI 战略的策划与实证研究 [D]. 中国优秀博硕士学位论文全文数据库（硕士）, 2002.

[449] 张立鹏. 一汽多元文化冲突与融合研究 [D]. 中国优秀硕士学位论文全文数据库, 2011.

[450] 张千里. PLZIV 汽车防撞安全装置商业化可行性分析与营销战略 [D]. 复旦大学, 2001.

[451] 刘晖. 企业质量文化及其国内外案例 [J]. 企业改革与管理, 2008.

[452] 张红梅. 奔驰的企业文化 [J]. 石油政工研究, 2010.

[453] 文泽. 质量——企业的生命 [J]. 政策与管理, 1998.

[454] 王安霞. 奔驰成功的秘诀 [J]. 市场经济导报, 1998.

[455] 夏治沔. 奔驰汽车的成功之路 [J]. 瞭望周刊, 1993.

[456] 高凤. 奔驰: 百年品牌路 [J]. 企业改革与管理, 2004.

[457] 华铭. 米其林的故事 [J]. 企业文化, 2006.

[458] 刘平. MICHELIN 轮胎巨擘——米其林的企业文化 [J]. 中外企业文化, 2005.

[459] 李延冰. 米其林沈阳轮胎有限公司授权型组织结构设计与实施探讨 [D]. 东北大学, 2005.

[460] 刘平. 轮胎巨擘——米其林的企业文化 [J]. 中外企业文化, 2005.

[461] 姜光辉, 薛燕华. 跨国公司企业文化的历史背景——基于国际企业文化对比研究 [J]. 商场现代化, 2007.

[462] 郑淑云. 单极霸权——20世纪美国国策强度的三次提升 [D]. 中国优秀博硕士学位论文全文数据库（博士）, 2004.

[463] 梅璘昉. 中国现代企业人本管理文化建设研究 [D]. 中国博士学位论文全文数据库, 2015.

[464] 周博鸾. 巴纳德的协作系统思想研究 [D]. 中国优秀硕士学位论文全文数据库, 2013.

[465] 贾春峰. 企业文化: 理论与实践述评（一）[J]. 实践, 1996.

[466] 王晓伟. 《科学管理原理》中的行为科学成分 [J]. 现代商业, 2013.

[467] 方统法. 组织设计的知识基础论 [D]. 中国优秀博硕士学位论文全文数据库（博士）, 2004.

[468] 魏占杰. 国有企业公司治理与社会责任的融合——基于"企业本质"的视角 [J]. 会计之友, 2013.

[469] 张小雪. 关于"80后"新型员工的非物质激励研究 [D]. 中国优秀硕士学位论文全文数据库, 2009.

[470] 马洪. 盘点西方管理思想发展史（下）[J]. 秘书工作, 2012.

[471] 孔冬. 管理生态学 [D]. 中国优秀博硕士学位论文全文数据库（博士）, 2004.

[472] 张兵. 基于CAS理论的企业可持续发展研究 [D]. 中国优秀博硕士学位论文全文数据库（硕士）, 2004.

[473] 张永超. 科技情报工作的过去, 现在和未来 [J]. 西藏科技情报, 1993.

[474] 王国平. 美国企业文化对武汉城市圈企业文化建设的启示 [J]. 襄樊学院学报, 2009.

[475] 齐爱兰. 企业伦理目标的确立与获利行为的相互关系 [J]. 北京科技大学学报 (人文社会科学版), 1998.

[476] 杨春方. 背景依赖视角下中美企业社会责任比较研究 [J]. 广东第二师范学院学报, 2015.

[477] 陆彦. 跨文化交流探究 [J]. 东北农业大学学报 (社会科学版), 2010.

[478] 王雪. 中国企业家成长机制研究 [D]. 中国优秀博硕士学位论文全文数据库 (博士), 2004.

[479] 郭晓川. 文化认同视域下的跨文化交际研究——以美国、欧盟为例 [D]. 上海外国语大学, 2012.

[480] 潘克. 跨文化交际能力与深层的跨文化意识 [J]. 淮海工学院学报: 社会科学版, 2006.

[481] 张宏毅. 早期美利坚人的民族性格 [J]. 世界历史, 1986.

[482] 郑予捷. 造就更多企业家 [J]. 中国统计, 2007.

[483] 王丽敏, 肖昆, 田晓红. 美日企业家精神比较研究及对我国高等教育的启示 [J]. 继续教育研究, 2009.

[484] 霍传颂. 非物质文化视角下中美大学篮球文化构建的对比研究 [D]. 中国优秀硕士学位论文全文数据库, 2014.

[485] 李安斌. 清教主义在北美的传播与变异 [J]. 前沿, 2011.

[486] 易宗堂. 天命观与美国对外政策 [D]. 中国优秀硕士学位论文全文数据库, 2012.

[487] 贺雪飞. 文化符号及其象征意义——论广告文化附加值的表现形式 [J]. 现代传播 (中国传媒大学学报), 2006.

[488] 石丽明. 他山之石, 可以攻玉——日美企业价值观之探析 [J]. 政策与管理, 2002.

[489] 张栋梁. 跨国经营中的文化冲突与规避对策研究 [D]. 中国优秀博

硕士学位论文全文数据库（硕士），2004.

［490］谢民. 武汉仪器仪表行业企业文化现状及对策研究［D］. 武汉大学，2002.

［491］姜露. 传统文化影响下家族制企业组织文化的研究［D］. 中国优秀硕士学位论文全文数据库，2011.

［492］雷霆. 民族文化——美国企业文化的起源［J］. 当代经济，2009.

［493］梁小妙. 西部地区企业文化建设研究［D］. 中国优秀博硕士学位论文全文数据库（硕士），2006.

［494］王朝晖，普燕霞. 美国企业文化具有哪些特色？［J］. 中外企业文化，2002.

［495］杜文莉. ERP在国有企业应用中的文化冲突［J］. 华中科技大学，2002.

［496］陈丹. 论当代中国企业家道德价值观及其建设［D］. 中国优秀博士学位论文全文数据库（硕士），2006.

［497］江丽. 知识经济时代我国企业文化管理研究［D］. 中国优秀博硕士学位论文全文数据库（硕士），2005.

［498］杨林. 关于企业员工激励和企业文化问题的探讨［D］. 西南交通大学，2000.

［499］刘月霞，罗峰，王素芬. 企业文化攸关企业兴衰［J］. 经济论坛，2003.

［500］赫修贵. 企业文化——美国企业管理革命的新理论［J］. 企业文化，2000.

［501］李育霞. 基于企业文化的核心竞争力构建［J］. 中外企业家，2011.

［502］胡兆贵. 沃尔玛企业文化中国化进程的实践分析［D］. 中国优秀硕士学位论文全文数据库，2013.

［503］李雅琴. 沃尔玛的企业文化［J］. 东方企业文化，2012.

［504］万方. 近看沃尔玛［J］. 企业管理，2001.

［505］胡慧平. 沃尔玛成功创业的小秘密［J］. 财务与会计，2006.

［506］霍曙光. 连锁零售业经营发展状况研究［D］. 中国优秀博硕士学位论文全文数据库（硕士），2005.

[507] 伍红建. 知识经济条件下商品价值创造的特殊性 [D]. 中国优秀博硕士学位论文全文数据库（硕士），2005.

[508] 郝志杰. 北京网通基于核心竞争力的企业文化建设研究 [D]. 中国优秀硕士学位论文全文数据库，2009.

[509] 楼林炜, 张欢. 文化双刃剑——从企业文化的视角看沃尔玛的成与败 [J]. 现代经济信息，2014.

[510] 周佩. 基于企业文化的仆从领导 [J]. 中国证券期货，2013.

[511] 刘希举, 李型传. 深圳沃尔玛经营管理概况 [J]. 商业经济研究，1999.

[512] 汤雪琴. 零售业全球供应链核心竞争力的研究——基于文化的思考 [D]. 厦门大学，2007.

[513] 宁德煌. 沃尔玛营销战略探析 [D]. 昆明理工大学学报（自然科学版），2001.

[514] 李建丽. 从企业理财理论浅析沃尔玛的成功经验 [J]. 河南商业高等专科学校学报，2004.

[515] 王尚来. "幽默"的沃尔玛 [J]. 当代电力文化，2014.

[516] 段慧群. 沃尔顿的草裙舞 [J]. 职业，2012.

[517] 陈黎萍. 沃尔玛的"幽默文化" [J]. 中外管理，2001.

[518] 宋慧. G海关公务员激励机制研究 [D]. 中山大学，2010.

[519] 刘迎香. 从企业文化功能看沃尔玛的成功之道 [J]. 决策与信息：财经观察，2008.

[520] 金永红. 沃尔玛：文化制胜的典范 [J]. 上海商业，2007.

[521] 姜太. 沃尔玛企业文化研究 [D]. 对外经济贸易大学，2009.

[522] 杨依依. 企业价值与价值创造的理论研究 [D]. 中国优秀博硕士学位论文全文数据库（博士），2006.

[523] 尚鸣. 沃尔玛：激励无处不在 [J]. 中外企业家，2005.

[524] 由莉颖. 沃尔玛营利模式探析 [J]. 学理论，2008.

[525] 刘益东. 企业文化、企业智力和企业核心竞争力——对网络时代企业组织和科研组织三大要素的理解和构想 [J]. 哈尔滨工业大学学报（社会科学版），2003.